Jinyang Zhu

Chinesische Grammatik für Deutsche

Jinyang Zhu

Chinesische Grammatik für Deutsche

Ein Lehr- und Übungsbuch mit Lösungen

Unter Mitarbeit von Ruth Cordes

BUSKE

Prof. Dr. Jinyang Zhu ist seit 2003 an der Hochschule Konstanz als Professor für Chinesisch und Wirtschaftskommunikation tätig. Sein Lehrgebiet umfasst die chinesische Sprache, Kultur und Wirtschaft, sein Forschungsinteresse konzentriert sich auf die Syntax und Lexikologie.

Bibliografische Information der Deutschen Nationalbibliothek

Die Deutsche Nationalbibliothek verzeichnet diese Publikation in der Deutschen Nationalbibliografie; detaillierte bibliografische Daten sind im Internet über <http://portal.dnb.de> abrufbar.
ISBN 978-3-87548-715-2

2. Auflage

 Umschlaggestaltung: QART – Büro für Gestaltung, Hamburg. Druck und Bindung: Druckhaus Beltz, Bad Langensalza. Werkdruckpapier: alterungsbeständig nach ANSI-Norm resp. DIN-ISO 9706, hergestellt aus 100% chlorfrei gebleichtem Zellstoff. Printed in Germany. *www.buske.de*

Inhalt

Vorwort

Die *Chinesische Grammatik für Deutsche* ist sowohl für Anfänger als auch für fortgeschrittene Lernende gedacht, die begleitend zum Sprachunterricht oder im Selbststudium eine umfassende und systematische Darstellung der modernen chinesischen Standardsprache wünschen.
In zusammenhängenden Lehr- und Lerneinheiten, die sich gegenseitig ergänzen und aufeinander beziehen, werden die wichtigsten grammatischen Erscheinungen vermittelt. Themenauswahl und Wortschatz orientieren sich am praktischen Sprachgebrauch sowie an den aktuellen Richtlinien für die HSK-Prüfungen (Hànyǔ Shuǐpíng Kǎoshì) der Stufen 1–5 und für die YCT-Prüfungen (Youth Chinese Test) der Stufen 1–4.
Bei den Erklärungen wird darauf geachtet, dass sie so verständlich wie möglich formuliert sind. Auf der Grundlage des Sprachvergleichs werden Unterschiede zwischen dem Chinesischen und dem Deutschen beschrieben und erläutert. Schwierige Beispielsätze werden übersetzt. Auf Fehler, die erfahrungsgemäß typisch für deutschsprachige Lernende sind, wird besonders eingegangen. Die Grammatik fußt auf dem aktuellen Forschungsstand. Diskussionen über umstrittene Punkte der chinesischen Grammatik werden aus didaktischen und methodischen Gründen nicht geführt.
Zahlreiche unterschiedlich schwierige Übungen bieten die Möglichkeit zur Festigung und Vertiefung der grammatischen Kenntnisse. Die im Buch enthaltenen Lösungen verstehen sich als Hilfe beim selbstständigen Lernen.
Das chinesische und das deutsche Register ermöglichen zudem ein gezieltes Nachschlagen bei konkreten Fragestellungen.

Mein besonderer Dank gilt Herrn Michael Hechinger und Herrn Axel Kopido vom Helmut Buske Verlag; ohne ihre wertvolle Unterstützung hätte dieses Buch nicht in dieser Form erscheinen können. Für die aktive Mitarbeit von Frau Ruth Cordes bin ich ebenfalls sehr dankbar. Ich bedanke mich auch bei Frau Song Zhuomei und vielen meiner Studierenden für ihre wertvollen Vorschläge. Meiner Frau Sha Wei und meinen beiden Kindern Siyi und Siran ist zu verdanken, dass das Buch zustande gekommen ist.

Hamburg, im September 2007 und Januar 2015 — Zhu, Jinyang

Abkürzungen und grammatische Begriffe

Abkürzungen

chin.	chinesisch
Dp	Demonstrativpronomen
Ev	Eigenschaftsverb
HM	Hauptmerkmal
KG	Komplement des Grades
KM	Komplement der Möglichkeit
KMe	Komplement der Menge
KR	Komplement des Resultats
KRi	Komplement der Richtung
KZd	Komplent der Zeitdauer
LRW	Lage- und Richtungswort
N	Nomen
$_{\text{nom}}$O	nominales Objekt
Nu	Numeralien
$_{\text{Ort}}$O	Ortsobjekt
Part	Partikel
Präp-Gruppe	Präpositionalgruppe
$_{\text{Präp}}$O	Präpositionalobjekt
$_{\text{Satz}}$O	Objektsatz
V	Verb
$_{\text{verb}}$O	verbales Objekt
Vg	Verbalgruppe
Vk	Verbalkonstruktion
ZDA	Zeitdauerangabe
ZPA	Zeitpunktangabe
ZW	Zahlwort
ZEW	Zähleinheitswort

Grammatischen Begriffe

Adverb	副词 fùcí
Adverbialbestimmung	状语 zhuàngyǔ
Aspektpartikel	动态助词 dòngtài zhùcí
Attribut	定语 dìngyǔ
Eigenschaftsverb	形容词 xíngróngcí
Komplement	补语 bǔyǔ
Konjunktion	连词 liáncí

Kopula	系词 xìcí
Lage- und Richtungswort	方位词 fāngwèicí
Modalpartikel	语气助词 yǔqì zhùcí
Modalverb	情态动词 qíngtài dòngcí
Nomen	名词 míngcí
Nomen der Zeit	时间词 shíjiāncí
Nominales Zähleinheitswort	名量词 míngliàngcí
Objekt	宾语 bīnyǔ
Partikel	助词 zhùcí
Prädikat	谓语 wèiyǔ
Präposition	介词 jiècí
Präpositionalobjekt	介词宾语 jiècí bīnyǔ
Pronomen	代词 dàicí
Satz	句子 jùzi
Satzglied	句子成分 jùzi chéngfèn
Strukturpartikel	结构助词 jiégòu zhùcí
Subjekt	主语 zhǔyǔ
Verb	动词 dòngcí
Verbales Zähleinheitswort	动量词 dòngliàngcí
Verdoppelung	重叠 chóngdié
Zahlwort	数词 shùcí
Zähleinheitswort	量词 liàngcí
Zeitdauerangabe	时段 shíduàn
Zeitpunktangabe	时点 shídiǎn

Literatur

Beijing Yuyan Wenhua Daxue Hanyu Shuiping Kaoshi Zhongxin 北京语言大学考试中心(1998): Zhongguo hanyu shuiping kaoshi dagang (jichu) 中国汉语水平考试大纲（基础）. Beijing: Xiandai chubanshe.

Beutel, Helga (1986): Chinesisch-Deutsches Wörterbuch der Modalpartikeln, Konjunktionen, Satz-, Negations-, Umfangs- und Intentionsadverbien. Berlin (DDR): Eigenverlag.

Bußmann, Hadumod (2002): Lexikon der Sprachwissenschaft. 3., überarbeitete und ergänzte Auflage. Stuttgart: Alfred Kröner Verlag.

Cremerius, Ruth (2004): Chinesisch für Deutsche 1. Hochchinesisch für Anfänger in Kurzzeichen. 2., durchgesehene und verbesserte Auflage. Hamburg: Helmut Buske Verlag.

Dreyer, Hilke / Schmitt, Richard (2002): Lehr- und Übungsbuch der deutschen Grammatik. 3. Auflage. München: Hueber.

Helbig, Gerhard / Buscha, Joachim (2002): Deutsche Grammatik. Ein Handbuch für den Ausländerunterricht. München: Langenscheidt.

Hou Xuechao 侯学超(1998): Xiandai hanyu xuci cidian 现代汉语虚词词典. Beijing: Beijing daxue chubanshe.

Hung-nin Samuel Cheung in collaboration with Sze-yun Liu and Li-lin Shih (2006): A Practical Chinese Grammar. Hong Kong: The Chinese University Press.

Liu Yuehua/Pan Wenyu/Gu Wei 刘月桦等(1983): Shiyong xiandai hanyu yufa. 实用现代汉语语法 Beijing: Waiyu jiaoxue yu yanjiu chubanshe.

Lü Shuxiang 吕叔湘 (1980): Xiandai hanyu babai ci 现代汉语八百词. Beijing: Shangwu yinshuguan.

Wang Ziqiang 王自强 (1984): Xiandai hanyu xuci yongfa xiaocidian 现代汉语虚词用法小词典. Shanghai: Shanghai Cishu chubanshe.

Yu Shiwen 余士汶 u.a. (1998): Xiandai hanyu yufa xinxi cidian 现代汉语语法信息词典. Beijing: Qinghua daxue chubanshe.

Zheng Yide / Ma Sheng Jingheng / Liu Yuehua / Yang Jiarong 郑懿德等(1992): Hanyu yufa nandian shi yi 汉语语法难点释疑. Beijing: Huayu jiaoxue chubanshe.

Zhang, Wei / Xu, Denan (1985): Grammatik des modernen Chinesischen. Beijing: Verlag für Fremdsprachige Literatur.

Zhongguo shehui kexueyuan yuyan yanjiusuo cidian bianjishi 中国社会科学院语言研究所词典编辑室 (2005): Xiandai hanyu cidian 现代汉语词典. Beijing: Di 5 ban. Shangwu yinshuguan.

Zhu Dexi 朱德熙 (1982): Yufa jiangyi 语法讲义. Beijing: Shangwu yinshuguan.
Zhu Jinyang (2006): Chinesisch für Deutsche 2. Hochchinesisch für Fortgeschrittene. 2., durchgesehene Auflage. Hamburg: Helmut Buske Verlag.

1 Nomina 名词

Nomina bezeichnen Dinge, Lebewesen, Begriffe oder Sachverhalte. Im Unterschied zum Deutschen werden sie im Chinesischen nicht dekliniert.

1.1 Merkmale

a) Modifizierung durch Artikelwörter und Attribute

Nomina können durch Artikelwörter wie Zahl- und Zähleinheitswortgruppen (Nu-ZEW) und Demonstrativpronomen- und Zähleinheitswortgruppen (Dp-ZEW) modifiziert werden.

一个学生　　一本词典　(Nu-ZEW)
这个学生　　这本词典　(Dp-ZEW)

Nomina können durch Attribute näher bestimmt werden.

今天的天气　　他买的书

b) Nicht modifizierbar durch Adverbien wie 不 oder 很

Nomina lassen sich nicht durch Adverbien wie 不 oder 很 modifizieren.

* 不地图　　* 很地图

c) Präfixe und Suffixe

Nomina lassen sich zum Teil an Präfixen wie 老- und Suffixen wie -子 erkennen, die keine oder nur eine verblasste lexikalische Bedeutung haben und zur Wortbildung dienen. Sie werden meistens unbetont ausgesprochen.
Präfixe sind z. B.:

老　老师, 老板, 老虎, 老鼠　　**阿**　阿姨, 阿哥, 阿爸, 阿妈

Suffixe sind z. B.:

子　本子, 桌子, 杯子　　**儿**　画儿, 花儿, 空儿　　**头**　木头, 石头, 骨头

Darüber hinaus gibt es neuere Präfixe und Suffixe, deren Bedeutung noch erkennbar ist.

Präfixe:

非　非卖品　*unverkäufliches Exemplar,* 非金属　*Nichtmetall*

半　半神　*Halbgott,* 半价　*halber Preis*

Suffixe:

具 玩具 *Spielzeug,* 工具 *Werkzeug,* 雨具 *Regenzeug*

生 学生 *Schüler,* 留学生 *Auslandsstudent,* 先生 *Herr,* 医生 *Arzt*

员 工作人员 *Angestellter,* 营业员 *Verkäufer,* 邮递员 *Briefträger*

工 电工 *Elektriker,* 汽车修理工 *Automechaniker,* 木工 *Tischler*

化 现代化 *Modernisierung,* 老龄化 *Vergreisung,* 自动化 *Automatisierung*

主义 资本主义 *Kapitalismus,* 社会主义 *Sozialismus,* 现实主义 *Realismus*

d) Pluralsuffix 们

Bei Nomina, die Personen bezeichnen, kann zum Ausdruck der Mehrzahl das Pluralsuffix 们 verwendet werden. Wenn aber die Mehrzahl etwa durch eine Nu-ZEW-Gruppe oder eine Dp-ZEW-Gruppe erkennbar ist, wird 们 nicht verwendet.

同学**们** → **三个**同学
经理**们** → **十位**经理
老师**们** → **一些**老师
朋友**们** → **这点儿**朋友

Nur im Märchen kann 们 auch an Tiernamen angehängt werden.

猫们 狗们 大象们

1.2 Funktionen

Nomina können hauptsächlich als Subjekt, Objekt oder Attribut fungieren.

老师来了 (Subjekt)
我看**电影** (Objekt)
他在**图书馆**看书 (Präpositionalobjekt)
这是**朋友**的书 (Attribut)

Modifiziert durch eine Nu-ZEW-Gruppe können Nomina auch als Adverbialbestimmung fungieren.

我**一个人**看电视

1.3 Nominalisierung von Verben

Ein Verb kann mithilfe der Strukturpartikel 的 nominalisiert werden und so zum Bezugswort einer Nominalgruppe werden, entsprechend dem Wechsel von „studieren“ zu „Studium“ im Deutschen.

Satz		
Subjekt	**Prädikat/Verb**	**Objekt**
这位老师	研究	历史

Nominalgruppe I			
Attribut (im Satz (s.o.) das Subjekt)	**Präp.+ Attribut** (im Satz (s.o.) das Objekt)	**Partikel**	**Nomen** (im Satz (s.o.) das Prädikat/Verb)
这位老师	**对** 历史	**的**	研究

Nominalgruppe II			
Attribut	**Präp. + Attribut**	**Partikel**	**Nomen**
	(对) 历史	**的**	研究

Nominalgruppe III			
Attribut	**Präp. + Attribut**	**Partikel**	**Nomen**
这位老师		**的**	研究

a) Es gibt zweisilbige Nomina, die als Nominalisierung von Verben zu betrachten sind (**vgl. 8.2.12**). Sie weisen Merkmale eines allgemeinen Nomens auf.

1. 妈妈工作了 (Verb) 我找了一个新的工作 (Nomen)

2. 他**计划**明年去英国 (Verb) 哥哥有一个新的学习**计划** (Nomen)

b) Das Objekt im Satz mit Verbalprädikat wird bei der Nominalisierung zum Attribut, das durch die Präposition 对 markiert wird. Wenn die Bedeutung klar ist, kann 对 entfallen.

1. 他们**研究**中国历史 → 对中国历史的**研究** → 中国历史的**研究**

2. 这部电影**影响**了很多人 → 对很多人的**影响**

c) Das Subjekt im Satz mit Verbalprädikat wird bei der Nominalisierung zum Attribut, das durch die Partikel 的 markiert wird.

1. **我们**在工作 → **我们**的工作
2. **他们**研究中国历史 → **他们**的研究 → **他们**对中国历史的研究
3. **这部电影**影响了很多人 → **电影**的影响 → **电影**对很多人的影响

1.4 Verdoppelungen

Es gibt einsilbige Nomina, die verdoppelt werden können und dann die Bedeutung „jede / r / s" tragen.

人人 = 每(一)个人 *jeder Mensch*
家家 = 每(一)家 *jede Familie*

1.5 Übungen

1.5.1 Welche Sätze sind falsch? Warum?

1. 老师们都走了。
2. 我跟三个人们聊天。
3. 一些经理们才二十几岁。
4. 她看见同学们在学习。
5. 他家里有三只小狗们。
6. 三个学生不想上课。

1.5.2 Übersetzen Sie, wenn möglich, mit 们

1. Die Kinder spielen mit ihrem Spielzeug.
2. Zwei Ärzte sind aus China zurückgekommen.
3. Alle Studenten sind damit einverstanden, morgen ins Kino zu gehen.
4. Ich habe mit allen Lehrern telefoniert.
5. Ich habe viele Freunde und sie sind heute alle gekommen.
6. Die Kommilitonen sind alle müde und wollen schlafen.

1.5.3 Formulieren Sie die Nominalgruppen zu Sätzen um

1. 今天的休息（我）
2. 对我的帮助（她）
3. 德国历史的研究（我们）
4. 汉语语法的学习（同学们）
5. 一个问题的发现（医生）
6. 这本小说的翻译（张老师）
7. 对中文生词的复习（我弟弟）
8. 对新同学的欢迎（大学）

1.5.4 Formulieren Sie die Sätze zu Nominalgruppen um

1. 老师欢迎学生
2. 我朋友介绍这本小说
3. 这家公司帮助几个大学生
4. 学校规定了学习时间
5. 王先生翻译这两本小说
6. 妹妹安排这次的旅游
7. 同学们分析新的问题
8. 我弟弟解释这个想法

2 Nomina der Zeit 时间词

2.1 Häufig gebrauchte Zeitnomina

Deutsch	Chinesisch	Kombinierbar mit 个
Jahrhundert	世纪	+
Jahrzehnt	年代	+
Jahr	年	-
Quartal	季度	+
Monat	月	+
Woche	星期 / 周	+ / –
Tag	天 / 日	– / –
Stunde	小时 / 钟头	(+) / +
Viertelstunde	刻(钟)	–
Minute	分(钟)	–
Sekunde	秒(钟)	–
Morgen	早上 / 早晨	+
Vormittag	上午	+
Mittag	中午	+
Nachmittag	下午	+
Abend	晚上	+
Nacht	夜 / 夜里 / 夜间	+

Deutsch	Chinesisch	Kombinierbar mit 个
Frühling	春天	+
Sommer	夏天	+
Herbst	秋天	+
Winter	冬天	+

2.2 Die Reihenfolge der Zeitnomina

Wenn mehrere Zeitnomina in einem Satz vorkommen, gilt die Regel „die größere Einheit vor der kleineren".

十九世纪三十年代　　二零零六年八月十六日
去年夏天的一个晚上　　昨天上午十点
十八点三十五分二十二秒

2.3 Zeitnomina mit und ohne Zähleinheitswort

Bei Zeitnomina ist darauf zu achten, dass manche beim Ausdruck des Zahlverhältnisses das Zähleinheitswort 个 verlangen, manche nicht.

a) Zeitnomina, bei denen der Gebrauch oder Nichtgebrauch des Zähleinheitsworts bedeutungsunterscheidend ist, sind u. a. 世纪, 年代, 季度 und 月.

	mit ZEW	ohne ZEW
世纪	三个世纪 *drei Jahrhunderte*	三世纪 *das dritte Jahrhundert*
年代	我们这个年代 *unser Zeitalter/diese unsere Jahre*	九十年代 *die 90er Jahre*
季度	一个季度 *ein Quartal*	一季度 *das erste Quartal*
月	五个月 *fünf Monate*	五月 *Mai*

Bei 钟头 ist der Gebrauch des ZEW obligatorisch, sonst ist der Ausdruck nicht richtig.

八个钟头　八个钟头的工作时间
*八钟头

b) Zeitnomina, die ohne das ZEW 个 gebraucht werden müssen, sind u. a.

年, 天, 刻(钟), 分(钟), 秒(钟)

Sie können selber als ZEW fungieren. Dabei gilt, dass das attributive 的 bei häufig gebrauchten Kombinationen nicht verwendet werden muss.

一年	一年(的)时间	五天	五天(的)休息
三刻钟	三刻钟的时间	十分钟	十分钟的考试
九秒钟	十秒钟的比赛		

c) Zeitnomina, die in der Regel das ZEW 个 verlangen, sind

星期 三个星期 小时 十个小时

Ohne ZEW bleibt die Bedeutung unverändert.

星期 三星期 小时 十小时

2.4 Uhrzeiten

11.00	11.05	11.10	11.15
十一点	十一点零五分	十一点十分	**a.** 十一点十五分 **b.** 十一点一刻
11.30	**11.35**	**11.45**	**11.55**
a. 十一点三十分 **b.** 十一点半	十一点三十五分	**a.** 十一点四十五分 **b.** 十一点三刻 **c.** 差一刻十二点	**a.** 十一点五十五分 **b.** 十二点差五分 **c.** 差五分十二点

a) Anders als im Deutschen muss „0“ ausgesprochen werden, wenn die Minuten unter 10 liegen.

1.03 Uhr 一点零三分
4.06 Uhr 四点零六分

b) Die Uhrzeiten zwischen 13 Uhr und 24 Uhr werden wie im Deutschen ausgedrückt.

13.10 Uhr 十三点十分 oder (下午) 一点十分
18.30 Uhr 十八点三十分 oder (下午) 六点三十分 / (下午)六点半

In der Umgangssprache werden Ausdrücke mit 下午 bevorzugt.

下午三点半喝咖啡，好不好？

c) 分 kann in der Umgangssprache entfallen.

6.07 Uhr 六点零七
9.20 Uhr 九点二十

d) Vorsicht bei den Ausdrücken mit „halb", die im Chinesischen anders gebildet werden als im Deutschen.

	deutsch	chinesisch
8.30 Uhr	halb neun	八点半 *(acht Uhr und eine halbe Stunde)*
10.30 Uhr	halb elf	十点半 *(zehn Uhr und eine halbe Stunde)*

2.5 Verdoppelungen

Einsilbige Zeitnomina können verdoppelt werden und tragen dann die Bedeutung „jede / r / s …" (**vgl. 1.4**).

年年 = 每(一)年， 月月 = 每(一个)月， 天天 = 每(一)天
分分 = 每(一)分， 秒秒 = 每(一)秒

2.6 Feste Wendungen

Feste Wendungen					
	Vorvergangene/r/s	**Vergangene/r/s**	**Laufende/r/s**	**Nächste/r/s**	**Übernächste/r/s**
Jahr	前年	去年	今年	明年	后年
Monat	上上个月	上个月	这个月	下个月	下下个月
Woche	上上个星期	上个星期	这个星期	下个星期	下下个星期
Tag	前天	昨天	今天	明天	后天

2.7 Zeitpunkt- und Zeitdauerangaben

Je nachdem, ob es sich um die Angabe eines Zeitpunktes oder einer Zeitdauer handelt, haben Zeitnomina unterschiedliche Stellungen und Frageformen im Satz.

2.7.1 Funktion und Stellung der Zeitpunktangabe

Die Zeitpunktangabe fungiert im Satz als Adverbialbestimmung und steht deshalb vor dem Prädikat.

我**今天**看书了。 **昨天**弟弟没上课。

Will man nach einem Zeitpunkt fragen, benutzt man 什么时候 (wann), was normalerweise nach dem Subjekt steht.

王先生**什么时候**来？他**明天**来。
你们**什么时候**回家？我们**下午三点钟**回家。

2.7.2 Funktion und Stellung der Zeitdauerangabe

Die Zeitdauerangabe kann als Komplement des Prädikats oder als Attribut des Objekts fungieren. Sie gibt die Dauer einer Handlung oder eines Zustandes an und wird in der Form von Nu-ZEW gebildet.
Was die Stellung betrifft, gibt es folgende Möglichkeiten:

a) bei Prädikaten ohne Objekt steht sie hinter dem Prädikat

她病了**三天**。*Sie war drei Tage lang krank.*
我们在北京住了**五年**。*Wir haben fünf Jahre lang in Beijing gewohnt.*

b) beim Prädikat mit Objekt ergeben sich zwei Möglichkeiten:
1. das Prädikatsverb wird wiederholt und die Zeitdauerangabe steht hinter dem wiederholten Verb,

姐姐打电话打了**一个小时**。 他们学汉语学了**三个月**。

2. die Zeitdauerangabe wird als Attribut vor das Objekt gestellt, wobei der Gebrauch von 的 fakultativ ist.

姐姐打了**一个小时(的)**电话。 他们学了**三个月(的)**汉语。

c) Enthält das Objekt eine Dp-ZEW-Gruppe, wird es meistens an den Satzanfang gestellt, und die Zeitdauerangabe steht am Satzende.

这本书他写了两年 这几间房间我们打扫了四个小时

d) Die Zeitdauerangabe steht dann vor dem Prädikat,
1. wenn betont werden soll, dass etwas gar nicht passiert ist,

我**一秒钟觉**也没睡。*Ich habe keine Sekunde geschlafen.*
他**一分钟报纸**也没看。*Er hat keine einzige Minute Zeitung gelesen.*

2. wenn ein verneinter Zustand eine längere Zeit angedauert hat.

张先生**两个星期**没看电视。*Herr Zhang hat schon zwei Wochen lang nicht ferngesehen.*
高经理**两年**没回家。*Manager Gao war seit zwei Jahren nicht mehr zu Hause.*

e) Bei der Frage nach der Zeitdauer wird 多长时间 oder 多久 (wie lange) verwendet. Es steht dort, wo die Zeitdauerangabe hingehört.

王小姐病了**多长时间**？她病了三天
你哥哥今天看书看了**多长时间**？他今天看书看了一天
他弟弟今天睡了**多长时间**的觉？他弟弟今天睡了一天的觉

f) Bei der Negation der Zeitdauerangabe steht 不 oder 没 vor dem Prädikat.

你工作八个小时吗？**不**工作八个小时，只工作五个小时
他等你等了一个小时吧？**没**等一个小时，只等了半个小时
你去了两个月上海吧？**没**去两个月，只去了一个月

[Übungen zu dem voran gehenden Abschnitt **2.7** s. **2.9**]

2.8 Übungen zu 2.1–2.6

2.8.1 Übersetzen Sie

1. im September 1960
2. in den 50er Jahren des 20. Jahrhunderts
3. im März letzten Jahres
4. am 1. April 1978
5. Ein Jahr hat 12 Monate.
6. Der August hat 31 Tage.
7. Er geht jeden Tag zur Arbeit.
8. Diese Woche hat es nicht geregnet.
9. Letzte Woche war er nicht hier.

2.8.2 Wie spricht man die Uhrzeiten auf Chinesisch aus?

1. 5.10 Uhr
2. 6.20 Uhr
3. 7.30 Uhr
4. 8.50 Uhr
5. 9.06 Uhr
6. 10.15 Uhr
7. 11.30 Uhr
8. 12.45 Uhr
9. 13.50 Uhr

2.8.3 Übersetzen Sie

1. Ich stehe morgens um 7.30 Uhr auf.
2 Um 8 Uhr frühstücke ich.
3. Um 8.30 Uhr gehe ich zur Arbeit.
4. Mittags um 12.30 Uhr gehe ich zum Mittagessen.
5. Um 15.30 Uhr trinke ich Kaffee.
6. Um 17.30 Uhr gehe ich nach Hause.
7. Abends um 18.30 Uhr mache ich das Abendessen.
8. Um 20 Uhr sehe ich fern.
9. Nachts um 1 Uhr gehe ich ins Bett.

2.8.4. Was ist jeweils davor oder danach?

1. ___________今年
2. 明天___________
3. ___________下下个星期
4. 上个月___________
5. ___________今天
6. 下个月___________
7. ___________后年
8. ___________这个星期
9. ___________上个星期

2.8.5. Ordnen Sie

1. 两点，我们，今天下午，上课
2. 下午，我们，下个星期六，去游泳
3. 我，回家，晚上，十一月，二十三日
4. 明年，去北京，工作，他，九月一日
5. 他，去柏林，上午，坐飞机，后天，十点
6. 在德国，留学，三十年代，张老师

2.8.6. Welche Sätze sind richtig?

1a. 一月我还在德国。
1b. 一个月我还在德国。
2a. 我花了一个月时间学游泳。
2b. 我花了一月时间学游泳。
3a. 王先生休息了十分钟。
3b. 王先生休息了十个分钟。
4a. 我们上了三个星期的中文课。
4b. 我们上了三星期的中文课。

2.9. Übungen zu 2.7

2.9.1 Wohin gehört die Zeitangabe?

1. 我忙了。(一天)
2. 他上班了。(昨天)
3. 他们不在德国。(去年)
4. 我打了电话。(三分钟)
5. 我去游泳了。(上个星期)
6. 我看了电视。(一个小时)
7. 她还不认识我。(一年前)
8. 下下个月我学英语。(一个星期)

2.9.2. Ordnen Sie

1. 洗澡，我，了，的，一个小时
2. 我，上课，了，的，三个小时，上午
3. 他们，五个月，学德语，学了，在德国，去年
4. 几个月，我们，没说，汉语
5. 他，一天，昨天，看，没，电视
6. 一个月，上个月，他，在家，不

2.9.3 Stellen Sie Fragen zum markierten Teil: 什么时候 oder 多长时间 / 多久?

1. 我**两天**没休息了。
2. 她**上个星期**没打电话。

3. 我们**一个月**没看报纸了。
4. 我姐姐**昨天**没复习英语。
5. 妹妹**上午**没听音乐。
6. 弟弟**上个星期**没收拾房间。
7. 我们**一个星期**没聊天了。
8. 王老师**一个月**不上课。

2.9.4 Bilden Sie Sätze mit der Zeitdauerangabe
a) als Attribut
b) als Komplement

1. 我们游泳。（一个小时）
2. 他们上地理课。（两个钟头）
3. 中文系的学生学汉语。（四年）
4. 王经理每天锻炼身体。（三十分钟）
5. 高小姐喝咖啡了。（半个小时）
6. 同学们准备了英语考试。（三个星期）
7. 我们打网球了。（一个半小时）
8. 李老师翻译了这本小说。（一年）

3 Lage- und Richtungswörter (LRW) 方位词

Lage- und Richtungswörter bezeichnen die Lage oder die Richtung eines Bezeichneten.

Lage- und Richtungswörter					
einsilbige LRW	kombinierbar mit 以	kombinierbar mit 边	kombinierbar mit 面	kombinierbar mit 头	kombinierbar mit 间
上	以上	上边	上面	上头	–
下	以下	下边	下面	下头	–
前	以前	前边	前面	前头	–
后	以后	后边	后面	后头	–
左	–	左边	左面	–	–
右	–	右边	右面	–	–
内	以内	–	–	–	–
外	以外	外边	外面	外头	–
里	–	里边	里面	里头	–
中	–	–	–	–	中间
旁	–	旁边	–	–	–
对	–	–	对面	(–)	–
东	以东	东边	东面	东头	–
南	以南	南边	南面	南头	–
西	以西	西边	西面	西头	–
北	以北	北边	北面	北头	–

3.1 Einsilbige LRW

上	*oben, über*	下	*unten, unter*				
前	*vorn, vor*	后	*hinten, hinter*				
左	*links*	右	*rechts*				
内	*innen, in*	外	*außen*				
里	*innen, in*	中	*inmitten, in*	旁	*neben*	对	*gegenüber*
东	*Ost*	南	*Süd*	西	*West*	北	*Nord*

Die einsilbigen LRW können normalerweise nicht allein verwendet werden, außer in folgenden Situationen:

a) in festen Redewendungen

七上八下 *unsicher, durcheinander*　　前思后想 *hin und her überlegen*

b) als Präpositionalobjekt

往前 *nach vorn*　　向后 *nach hinten*　　朝东 *nach Osten*

c) als Attribut vor einem Nomen

上半年 *die erste Hälfte des Jahres*　　下个月 *der nächste Monat*
西花园 *der westliche Garten*

d) nach einem Nomen

三天前 *vor drei Tagen/drei Tage vorher*
十年后 *zehn Jahre danach/nach zehn Jahren*
城东 *der östliche Stadtteil*
地上 *auf dem Boden*
门外 *draußen vor der Tür*

[Übungen zu dem voran gehenden Abschnitt **3.1** s. **3.6**]

3.2 Zweisilbige LRW

3.2.1 Funktionen der zweisilbigen LRW im Satz

Zusammengesetzte LRW können als verschiedene Satzglieder fungieren.

a) als Subjekt　西边是一座山，东边是一个湖
b) als Objekt　中文书在上头，德文书在下头
c) als Attribut　前边的图书馆

Sie können nicht nur als Attribut verwendet werden, sondern auch selber als Bezugswort fungieren, das durch ein Nomen modifiziert wird.

前边的图书馆 (als Attribut) *die Bibliothek vorne*
图书馆的**前边** (als Bezugswort) *vor der Bibliothek*
上面的书 (als Attribut) *das obere Buch*
书的**上面** (als Bezugswort) *auf dem Buch*

3.2.2 Wortstellung

Die Wortstellung ist abhängig von der Funktion: Als Attribut stehen die LRW vor dem Bezugswort / Nomen, wobei die attributive Partikel 的 verwendet werden muss. Wenn das LRW selber als Bezugswort fungiert, ist der Gebrauch von 的 beim Attribut davor fakultativ.

前边的图书馆 *die vordere Bibliothek*
vs. 图书馆(的)前边 *vor der Bibliothek*

上面的词典 *das obere Wörterbuch*
vs. 词典(的)上面 *auf dem Wörterbuch*

3.2.3 Betonung

Durch die Betonung kann sich die Bedeutung verändern.

'词典上面 *im Wörterbuch*
vs. 词典'上面 *auf/über dem Wörterbuch*

'墙上面 *an der Wand*
vs. 墙'上面 *oberhalb der Wand*

3.2.4 Kombinationen mit 边, 面 oder 头

Ein einsilbiges LRW kann mit den Suffixen 边, 面 oder 头 ein zweisilbiges und selbstständiges Wort bilden, wobei die Bedeutung gleich bleibt. Die Unterschiede zwischen 边, 面 und 头 liegen auf der Anwendungsebene: 面 wird mehr der Schriftsprache, 头 mehr der Umgangssprache zugeordnet.

a) mit 边

Alle genannten einsilbigen LRW außer 内, 对 und 中 können mit 边 kombiniert werden.

b) mit 面

Außer 内, 中 und 旁 können alle genannten einsilbigen LRW mit 面 kombiniert werden.

c) mit 头

Außer 左, 右, 内, 中 und 旁 können alle genannten einsilbigen LRW mit 头 kombiniert werden. 东头, 西头, 南头 und 北头 werden nur regional verwendet. 对头 bedeutet „Gegner" und gehört nicht zu den LRW.

Beispiele für die Kombinationen und ihren Gebrauch:

上边 (上面/上头)	书架**上边** *auf dem Bücherregal* **上边**的书 *das obere Buch*
下边 (下面/下头)	桌子**下边** *unter dem Tisch* **下边**的报纸 *die untere Zeitung*
前边 (前面/前头)	窗户**前边** *vor dem Fenster* **前边**的学生 *die Studenten vorne*
后边 (后面/后头)	椅子**后边** *hinter dem Stuhl* **后边**的公园 *der Park dahinten*
左边 (左面)	邮局**左边** *links von der Post* **左边**的书店 *die Buchhandlung links*
右边 (右面)	书店**右边** *rechts von der Buchhandlung* **右边**的老师 *der Lehrer rechts*
里边 (里面/里头)	食堂**里边** *in der Mensa* **里边**的房间 *der Raum drinnen*
外边 (外面/外头)	教室**外边** *draußen vor dem Klassenzimmer* **外边**的人 *die Leute draußen*
旁边	大楼**旁边** *neben dem Gebäude* **旁边**的大楼 *das Gebäude nebenan*
对面	公司**对面** *gegenüber der Firma* **对面**的公司 *die Firma gegenüber*
东边 (东面/东头)	校园(的)**东边** *das Nachbargebiet östlich des Uni-Geländes* oder *der östliche Teil des Uni-Geländes* **东边**的校园 *das östliche Uni-Gelände*
西边 (西面/西头)	公园(的)**西边** *das Nachbargebiet westlich des Parks* oder *der westliche Teil des Parks* **西边**的公园 *der westliche Park*

南边 (南面/南头) 大学(的)**南边** *das Nachbargebiet südlich der Universität* oder *der südliche Teil der Universität*
南边的大学 *die südliche Universität*

北边 (北面/北头) 操场(的)**北边** *das Nachbargebiet nördlich des Sportplatzes* oder *der nördliche Teil des Sportplatzes*
北边的食堂 *die nördliche Mensa*

Die Bedeutung von „Nomen + (的)东边 / 东面" ist zweideutig. 公园(的)东边 kann „das Nachbargebiet östlich des Parks" oder „der östliche Teil des Parks" heißen. Die konkrete Bedeutung hängt vom Kontext ab. Dasselbe Prinzip gilt auch für 南边, 西边 und 北边.

3.2.5 Kombinationen mit 间

a) 中间

中间 bedeutet „in der Mitte eines Raumes/Ortes" oder „unter Sachen oder Personen". Es kann sowohl als Bezugswort (mit oder ohne 的) als auch als Attribut (mit 的) fungieren.

操场(的)**中间** *mitten auf dem Sportplatz*
学生(的)**中间** *unter den Studenten*

中间的操场 *der mittlere Sportplatz*
中间的学生 *der mittlere Student*

b) 之间

之间 entspricht der Präposition „zwischen" im Deutschen. Der Gebrauch von 的 ist nicht möglich.

他和我**之间** *zwischen ihm und mir*
邮局和图书馆**之间** *zwischen dem Postamt und der Bibliothek*

[Übungen zu dem voran gehenden Abschnitt **3.2** s. **3.7**]

3.3 Kombinationen mit 以

3.3.1 Kombinationsmöglichkeiten

Ein einsilbiges LRW kann mit der Präposition 以 kombiniert werden und damit einen zeitlichen oder einen räumlichen Umfang markieren.

以上 *über, oberhalb, mehr als* 三岁**以上**; 三公尺**以上**
以下 *unter, unterhalb, weniger als* 八岁**以下**; 八公尺**以下**
以前 *vor, früher* 四年**以前**
以后 *nach, später* 六年**以后**

以外 *außer, außerhalb* 九公尺**以外**; 八小时**以外**
以内 *binnen, innerhalb* 三个月**以内**
以东 *östlich* 黄河**以东**
以南 *südlich* 长江**以南**
以西 *westlich* 长城**以西**
以北 *nördlich* 西湖**以北**

3.3.2 以上, 以下, 以前 und 以后 als Satzglieder

以上, 以下, 以前 und 以后 können außerdem im Satz allein als Satzglieder fungieren, was bei den anderen Kombinationen nicht möglich ist.

以上 *oben, obenstehend* **以上**是我想说的话
以下 *folgend, im Folgenden* 北京大学，**以下**简称北大
以前 *früher* **以前**王先生不在大学
以后 *später* **以后**请你常来这里

3.3.3 Gebrauch von 以后

以后 kann ein „später" sowohl in der Vergangenheit als auch in der Zukunft sein. Dabei muss die Vergangenheit durch eine Zeitangabe ausgedrückt werden, die Zukunft kann, muss aber nicht besonders ausgedrückt werden.

张先生二零零一年来到德国，两年**以后**去了法国。(Vergangenheit)
以后他想在北京工作。(Zukunft)
三天**以后**她弟弟过生日。(Zukunft)

3.3.4 Unterschied von 以南 und 南部

Man muss 以南 und 南部 voneinander unterscheiden: Während 南部 „den südlichen Teil eines größeren Gebietes (Provinz, Land)" bezeichnet, meint 以南 „südlich eines Gebietes".

中国**南部** *der südliche Teil von China*
黄河**以南** *südlich des Gelben Flusses*
德国**北部** *der nördliche Teil von Deutschland*
黄山**以北** *nördlich des Huangshan-Berges*

[Übungen zu dem voran gehenden Abschnitt **3.3** s. **3.8**]

3.4 Kombinationen mit 在

LRW können zusammen mit 在 Präpositionalgruppen bilden. Die Präpositionalgruppen entsprechen meistens einer Präposition im Deutschen. 在 entfällt, wenn die Präpositionalgruppe am Satzanfang steht.

3.4.1 Einsilbige LRW mit 在

a) Kombinationen

Bei den einsilbigen LRW sind folgende Kombinationen möglich:

在 … 上 *auf, über* 他在沙发上睡觉。
在 … 下 *unter* 我的床下有很多书。
在 … 前 *vor* 睡觉前她喜欢看书。
在 … 后 *hinter* 报纸我放在门后。
在 … 里 *in* 儿子把足球放在汽车里了。
在 … 外 *außerhalb* 我们站在大门外。
在 … 中 *in* 他在一本德文书中找到了这个故事。

b) Gebrauch von 的

Vor den einsilbigen LRW darf kein attributives 的 stehen.

在地上 * 在地的上
在桌子上 * 在桌子的上

3.4.2 Zweisilbige LRW mit 在

a) Kombinationen

Bei zweisilbigen LRW sind folgende Kombinationen möglich:

在 … 上边/上面/上头 *auf, über* 在书上边 *auf dem Buch, über dem Buch*
在 … 下边/下面/下头 *unter* 在床下面 *unter dem Bett*
在 … 前边/前面/前头 *vor* 在他前头 *vor ihm*
在 … 后边/后面/后头 *hinter* 在我后头 *hinter mir*
在 … 里边/里面/里头 *in* 在家里边 *zu Hause*
在 … 外边/外面/外头 *außerhalb* 在宿舍外面 *außerhalb des Wohnheims*
在 … 左边/左面 *links von* 在电视机左边 *links vom Fernseher*
在 … 右边/右面 *rechts von* 在收音机右面 *rechts vom Radio*
在 … 东边/东面 *im Osten von* 在北京东边 *im Osten von Beijing*
在 … 南边/南面 *im Süden von* 在上海南面 *im Süden von Shanghai*
在 … 西边/西面 *im Westen von* 在南京西边 *im Westen von Nanjing*
在 … 北边/北面 *im Norden von* 在西安北面 *im Norden von Xi´an*
在 … 中间 *in der Mitte* 在操场中间 *in der Mitte des Sportplatzes*
在 … 之间 *zwischen* 在银行和商店之间 *zwischen der Bank und dem Laden*
在 … 对面 *gegenüber* 在邮局对面 *gegenüber der Post*

b) Gebrauch von 的

Bei zweisilbigen LRW ist der Gebrauch der attributiven Partikel 的 fakultativ, nur bei 之间 ist der Gebrauch von 的 nicht möglich.

在桌子的左边 oder 在桌子左边
在大学的后面 oder 在大学后面

3.4.3 Gebrauch von 在 ... LRW (在 ... 上 / 在 ... 上面)

a) bei allgemeinen Nomina

Wenn 在...LRW (在 ... 上 / 在 ... 上面) am Satzanfang steht, entfällt 在. In anderen Positionen muss 在 verwendet werden, wenn der Ausdruck räumlich gemeint ist. In der zeitlichen Bedeutung ist der Gebrauch von 在 fakultativ. Das LRW muss immer gebraucht werden.

沙发**上**睡着一个人。(räumlich) → 我睡**在**沙发**上**。
睡觉**前**她喜欢看书。(zeitlich) → 她**(在)**睡觉**前**喜欢看书。

b) bei geografischen Namen

Vor geografischen Namen muss 在 stehen, aber hier darf kein LRW folgen, ansonsten wird der Satz ungrammatisch.

他们**在**中国工作。 * 他们**在**中国**里**工作。
我们喜欢**在**北京住。 * 我们喜欢**在**北京**里**住。
我弟弟出生**在**亚洲。 * 我弟弟出生**在**亚洲**里**。

[Übungen zu dem voran gehenden Abschnitt **3.4** s. **3.9**]

3.5 Feste Wendungen in übertragener Bedeutung

Die Konstruktion 在 ... LRW kann auch in übertragener Bedeutung verwendet werden. Sie fungiert im Satz als Adverbialbestimmung der Art und Weise und kann vor oder nach dem Subjekt stehen (**vgl. 12.3.1**).

3.5.1 在 ... 上 hinsichtlich, in Bezug auf

在...上 kann auf den Erstreckungsbereich eines Geschehens verweisen und ist durch 在...方面 ersetzbar. Folgende Wendungen werden oft gebraucht:

在学习上 *hinsichtlich des Studiums*
在工作上 *hinsichtlich der Arbeit*
在方法上 *hinsichtlich der Methode*
在投资上 *hinsichtlich der Investition*
在解决问题上 *in Bezug auf Problemlösungen*

Beispiele

他**在学习上**很努力。= 他**在学习方面**很努力。
在解决问题上张先生比我强。= **在解决问题方面**张先生比我强。

3.5.2 在 … 中 während, in

在 …中 kann einen Prozess bezeichnen. In diesem Rahmen werden meistens nominalisierte Verben verwendet.

在学习中 *während des Studiums, im Studium*
在工作中 *während der Arbeit, bei der Arbeit*
在生活中 *im Leben*
在实习中 *während des Praktikums*
在 … 过程中 *im Ablauf, während eines Prozesses*

Beispiele

她们**在工作中**很认真。 **在学习**电脑的过程**中**我们也玩电脑游戏。

3.5.3 在 … 下 mit, mittels

在 … 下 drückt aus, dass eine Handlung sich unter bestimmten Umständen ereignet.

在 … 帮助下 *mit (der) Hilfe (von)*
在 … 支持下 *mit (der) Unterstützung, durch die Unterstützung (von)*
在 … 指导下 *durch die Betreuung, unter der Betreuung (von)*

Bespiele

我**在**哥哥的**帮助下**修好了自行车。
在王教授的**指导下**我们写好了论文。

[Übungen zu dem voran gehenden Abschnitt **3.5** s. **3.10**]

3.6 Übungen zu 3.1

3.6.1 Übersetzen Sie mit einsilbigen LRW

1. letzte Woche
2. nächster Monat
3. vor fünf Tagen
4. nach drei Jahren
5. im Buch
6. unter der Erde
7. der südliche Stadtteil
8. der nördliche Stadtteil

3.6.2 Verteilen Sie die Wörter auf die passenden Lücken

上，下，前，后，左，右，里，外

1. 公司______没有人。
2. 食堂门______站着很多人。
3. 五年______我还在南京。
4. 一年______他们要去日本。
5. ______个星期我没来。
6. ______个月我不来。
7. 我们往______走。
8. 他们向______看

3.6.3 Verbinden Sie die Nomina mit passenden LRW (außer 内 und 对) und übersetzen Sie

1. 楼___，楼___，楼____，楼___
2. 城____，城____，城____，城____
3. 屋____，屋____，屋____，屋____
4. ____年，____年
5. 年____，年____
6. ____手，____手
7. 桌____，桌___
8. 地____，地___
9. 门____，门___，门___，门____
10. 往____，往____，往____，往____，往____，往____，往____，往____

3.7 Übungen zu 3.2

3.7.1 Übersetzen Sie

1. Da vorne ist Deutschlands größter Bahnhof.
2. Der Flughafen ist im Osten, und der Bahnhof ist im Westen.
3. Ich schlafe oben, du schläfst unten.
4. Das vordere Wohnheim gehört der Firma, und das hintere gehört der Universität.
5. Die obere Zeitung ist chinesisch, und die untere deutsch.
6. Auf dem Sofa mitten im Zimmer liegt eine Katze.

3.7.2 Wo ist der Gebrauch von 的 obligatorisch? Übersetzen Sie

1a. 汽车上面
1b. 上面汽车
2a. 里面房间
2b. 房间里面
3a. 图书馆前面
3b. 前面图书馆
4a. 左边邮局
4b. 邮局左边
5a. 电脑里面
5b. 里面电脑
6a. 公园对面大楼
6b. 对面公园大楼

3.7.3 Übersetzen Sie

1. auf dem Tisch
2. der Fernseher auf dem Tisch
3. vor der Bibliothek
4. die Studenten vor der Bibliothek
5. im Klassenzimmer
6. die Katze im Klassenzimmer
7. auf dem Wörterbuch
8. das obere Wörterbuch
9. das Büro vorne
10. vor dem Büro

3.7.4 中间 oder 之间?

1. 他们和我们_________没有问题。
2. 我们_________关系不错。
3. 学生_________有一个人去过美国。
4. _________的那辆自行车是他的。
5. 这家公司与那家公司_________联系很多。
6. 书店在食堂和图书馆的_________。

3.8 Übungen zu 3.3

3.8.1 Setzen Sie das passende LRW ein 以北，以南，以东，以西，以上，以下，以前，以后，以外，以内

1. 六十岁_________的人不用买票。
2. 三十岁_________他没工作过。
3. 十二岁_________的学生不可以看这部电影。
4. 洗完澡_________他喜欢听听音乐。
5. 上海_________是大海。
6. 工作时间_________你什么书都可以看。
7. 长江_________地区没有暖气。
8. 黄河_________有很多草原。
9. 你三个小时_________得把作业写完。
10. 高速公路_________是工业区。

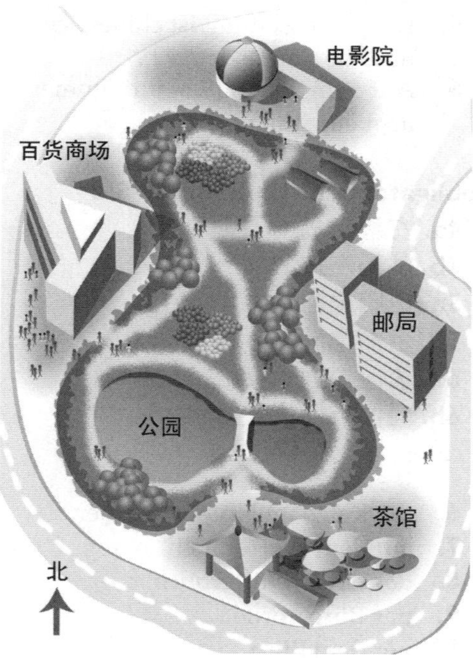

3.8.2 Beschreiben Sie das Bild

1. 商店在公园的__________,
2. 邮局在公园的__________,
3. 公园的__________是茶馆,
4. 公园的__________是电影院,
5. 公园在电影院和茶馆__________,
6. 商店、电影院、邮局和茶馆的_________是公园。

3.9 Übungen zu 3.4

3.9.1 Ordnen Sie

1. 很多，每天，有意思的事情，都，有，在生活中
2. 一直，吃饭前，在，工作，她
3. 结完婚后，去，旅行，法国，他们
4. 帮助，她，我，很多，在医院里，给
5. 在，想，出来，电影院，里面，的，人
6. 他们，城，里，住，在，北京

3.9.2 Korrigieren Sie

1. 啤酒在他的饭桌。
2. 我们北京学习汉语。
3. 东边的北海公园是一座山。
4. 谁站在医院大门的前？
5. 沙发躺着一个病人。
6. 灯的墙上是红的。
7. 他德国踢了一年足球。
8. 钱在包里的桌子上。

3.9.3 Setzen Sie das passende Wort oder die passende Wortgruppe in Kombination mit einem LRW ein 停车场，车，楼，楼，下班，离开办公室，沙发，电视，经理，上，上，下，前，后，里，里面，左边，旁边

1. 我跟经理住一个宿舍，我住在________，他住在________。
2. 我们俩在一个办公室办公，我坐在________。
3. 办公室里有一张沙发，________是一台电视。
4. 中午休息时，经理喜欢看电视。________有好节目他就告诉我。
5. 因为经理很忙，所以________我先回家。
6. 在________________我总要跟经理说一声“再见”。
7. 经理的汽车停在办公楼前的________。
8. 司机总是在________等他。

3.9.4 Übersetzen Sie

1. Im vorderen Auto sitzt der Manager.
2. Vor der Tafel steht eine chinesische Lehrerin.
3. Heute Abend gibt es im Fernsehen einen sehr interessanten Film.
4. Nachdem ich einen Brief geschrieben habe, gehe ich ins Krankenhaus, um einen Freund zu besuchen.
5. Gehen Sie zuerst Richtung Osten und biegen Sie dann nach Norden ab.
6. Außerhalb der Stadtmauer ist ein langer und sauberer Fluss.
7. Bevor ich ihn kennenlernte, wusste ich nicht, dass er ein Schriftsteller ist.
8. In Deutschland brauchen Kinder unter 6 Jahren keine Busfahrkarte zu kaufen.

3.10 Übungen zu 3.5

3.10.1 Was passt? 上，中，下

1. 她在学习____经常帮助我。
2. 在朋友们的帮助____张小姐找到了工作。
3. 在实习____他们学到了很多新东西。
4. 在父母亲的支持____他完成了大学的学习。
5. 在投资____香港对中国非常重要。
6. 他们在投资的过程____发现了不少问题。
7. 在工作____经理们对她很满意。
8. 在解决问题的过程____大家应该互相帮助。

3.10.2 Beantworten Sie die Fragen und übersetzen Sie

1. 他在谁的支持下写完了这本书？
2. 王小姐在什么过程中认识了很多人？
3. 你在谁的指导下写完了硕士论文？
4. 小李在什么过程中了解了德国？
5. 北京在经济发展上怎么样？
6. 中国在投资上怎么样？
7. 大陆跟台湾在经济上怎么样？
8. 德国和法国在政治上怎么样？

4 Zahlwörter 数词

4.1 Kardinalzahlen 基数词

Die chinesischen Zahlen basieren auf dem Dezimalsystem. Die niedrigen Kardinalzahlen sind einsilbige Wörter. Höhere Zahlen werden durch Addition und Multiplikation gebildet.

Kardinalzahlen 1–99							
0–9		10–19		20–29		30–99	
0	零	10	十	20	二十	30	三十
1	一	11	十一	21	二十一	42	四十二
2	二	12	十二	22	二十二	54	五十四
3	三	13	十三	23	二十三	66	六十六
4	四	14	十四	24	二十四	78	七十八
5	五	15	十五	25	二十五	81	八十一
6	六	16	十六	26	二十六	99	九十九
7	七	17	十七	27	二十七		
8	八	18	十八	28	二十八		
9	九	19	十九	29	二十九		

Kardinalzahlen 100–199					
100–109		110–119		120–199	
100	一百	110	一百一十	120	一百二十
101	一百零一	111	一百一十一	132	一百三十二

Kardinalzahlen 100–199					
100–109		110–119		120–199	
102	一百零二	112	一百一十二	143	一百四十三
103	一百零三	113	一百一十三	154	一百五十四
104	一百零四	114	一百一十四	165	一百六十五
105	一百零五	115	一百一十五	176	一百七十六
106	一百零六	116	一百一十六	187	一百八十七
107	一百零七	117	一百一十七	199	一百九十九
108	一百零八	118	一百一十八		
109	一百零九	119	一百一十九		

Kardinalzahlen 200–1 199					
200–999		1 000–1 009		1 100–1 199	
200	二百	1 000	一千	1 100	一千一百
311	三百一十一	1 001	一千零一	1110	一千一百一十
421	四百二十一	1 002	一千零二	1 123	一千一百二十三
533	五百三十三	1 003	一千零三	1 134	一千一百三十四
646	六百四十六	1 004	一千零四	1 145	一千一百四十五
787	七百八十七	1 005	一千零五	1 156	一千一百五十六
865	八百六十五	1 006	一千零六	1 167	一千一百六十七
999	九百九十九	1 007	一千零七	1 178	一千一百七十八
		1 008	一千零八	1 189	一千一百八十九
		1 009	一千零九	1 199	一千一百九十九

Kardinalzahlen 2 000–9 999 und 10 000–1 000 000 000			
2 000–9 999		10 000–1 000 000 000	
2 001	两千零一	10 000	一万
3 101	三千一百零一	100 000	十万
4 214	四千二百一十四	1 000 000	一百万
5 325	五千三百二十五	10 000 000	一千万
6 446	六千四百四十六	100 000 000	一亿
7 555	七千五百五十五	1 000 000 000	十亿
8 662	八千六百六十二		
9 999	九千九百九十九		

4.1.1 Der Gebrauch von 零 (null)

Wenn die Null in der Mitte steht, wird sie mitgesprochen; wenn sie am Ende steht, nicht. Bei zwei und mehr Nullen spricht man nur eine.

108 一百零八 1.006 一千零六
180 一百八十 1.060 一千零六十

Statt 零 schreibt man auch 0.

二零零零 = 二 000

4.1.2 Der Gebrauch von 二 und 两

a) Wenn die Zahl Zwei vor einem ZEW steht, wird 两 verwendet.

两个人 两本书

b) Bei der Zahl Zwanzig oder einer Zahl mit Zwanzig am Anfang (二十一, 二十二, …; 二十万, 二十亿) wird jedoch auch vor einem ZEW 二 gesprochen.

二十一个 二十万个

c) Bei anderen Zahlen mit Zwei am Anfang (二百, 二千, 二万, 二百万, 二千万, 二亿) können vor einem ZEW dann beide Formen, 二 oder 两, gebraucht werden.

二千个/两千个　　二万人/两万人

d) Steht die Zwei nicht am Anfang, wird sie immer als 二 gesprochen.

4.1.3 Telefonnummern

Im Chinesischen werden Telefonnummern der Reihe nach gelesen. Dabei wird 一 sehr oft als „yāo“ statt „yī“ ausgesprochen.

010-8213 4692　　líng-yāo-líng bā-èr- yāo-sān-sí-liù-jiŭ-èr

Telefonnummern werden nicht wie im Deutschen zusammengefasst (zweiundachtzig-dreizehn sechsundvierzig-zweiundneunzig) gelesen.

4.2 Ordinalzahlen 序数词

a) mit 第

Die Ordinalzahlen werden aus den Kardinalzahlen gebildet, indem das Präfix 第 davor gesetzt wird.

第一, 第二, 第三 … 第二十, 第一百零八
第一名 *der erste Platz*　　第一学期 *das erste Semester*

b) ohne 第

In vielen Fällen wird das Präfix 第 jedoch nicht gebraucht.

二年级 *der zweite Jahrgang*
15 楼 *Haus Nr. 15/das 14. Stockwerk*
6 月 1 日 / 号

4.3 Jahreszahlen 年代

Jahreszahlen werden Ziffer für Ziffer oder wie eine normale Zahl gesprochen, am Ende steht dann 年 (Jahr).

das Jahr 618	das Jahr 1840	das Jahr 2008
六一八年	一八四零年	二零零八年
六百一十八年	一千八百四十年	两千零八年

Für die Jahreszahlen vor Christus / vor unserer Zeitrechnung wird 公元前 gebraucht.

das Jahr 221 v. Chr.　　das Jahr 206 v. Chr.
公元前 二二一年　　公元前二零六年
公元前二百二十一年　　公元前二百零六年

Für die Jahreszahlen nach Christus/unserer Zeitrechnung kann 公元 verwendet werden, was aber normalerweise entfällt.

公元四二零年　　公元二零零六年

4.4 Annäherungszahlen 概数

4.4.1 Bedeutungen

几 *einige*	十几个 *über zehn,* 几十个 *einige -zig*
多 *mehr als*	两个多小时 *über zwei Stunden,* 二十多个小时 *mehr als zwanzig Stunden*
上下 *um*	二十上下 *um die zwanzig*
左右 *um*	三十左右 *um die dreißig*
以上 *oberhalb*	三十以上 *ab/über dreißig*
以下 *unterhalb*	二十以下 *unter zwanzig*
约/大约 *ungefähr*	大约一百 *ungefähr einhundert*
近 *knapp*	近一千 *knapp eintausend*
差不多 *ungefähr*	差不多五十 *ungefähr fünfzig*
不到 *weniger als*	不到一百 *weniger als einhundert*

4.4.2 Wortstellung

Bei den unbestimmten Zahlen ist die Wortstellung zu beachten.

a) 上下, 左右, 以上 und 以下 stehen nach dem Nu-ZEW

二十岁**上下**,　　二十岁**上下**的大学生
三十元**左右**,　　三十元**左右**的衬衫
四十瓶**以上**,　　四十瓶**以上**的啤酒
五十天**以下**,　　五十天**以下**的工作

Beispiele

这个大学生有二十岁**上下**。
一个二十岁**上下**的大学生走进了教室。
那件衬衫卖三十元**左右**。
她想买一件三十元**左右**的衬衫。

b) 约, 近 und 不到 stehen davor.

约二十年,　　约二十年时间

近三十个，　　近三十个人
不到四十辆，　　不到四十辆车

Beispiele

她工作了**约**二十年时间。　　今天来的人有**近**三十个。
这里停了**不到**四十辆车。

c) 差不多 und 大约 können vor dem Nu-ZEW oder dem Prädikat/Verb stehen.

昨天来了**大约**五十个人。　　昨天**大约**来了五十个人。
他们打了**差不多**一个小时电话。　　他们**差不多**打了一个小时电话。

4.5 Bruchzahlen 分数

Um das Verhältnis zwischen dem Nenner und dem Zähler anzugeben, wird im Chinesischen …分之… verwendet. Dabei steht der Nenner vor dem Zähler, also genau anders herum als im Deutschen. 四分之一 bedeutet $\frac{1}{4}$ und 五分之三 $\frac{3}{5}$. Stehen die Bruchzahlen direkt vor dem Nomen, ist der Gebrauch der Partikel 的 fakultativ.

三分之一（$\frac{1}{3}$）　*ein Drittel*　　三分之一(的)学生是上海人。
四分之三（$\frac{3}{4}$）　*drei Viertel*　　那本书我看了四分之三。

4.6 Prozentzahlen 百分数

Das Schema der Bruchzahlen findet auch bei den Prozentzahlen Anwendung, hier in der Form 百分之 X, also X Hundertstel.

百分之一　*1%*　百分之一的人没有电视机。
百分之三十三　*33%*　工资增加了百分之三十三。
百分之九十九点九　*99,9%*　百分之九十九点九的书都是中文的。

4.7 Vervielfältigungszahlen (Multiplikativa) 倍数

倍 bedeutet *-fach* und bezeichnet das Vielfache. Ein Ausdruck mit 倍 kann je nachdem die Basiszahl ein- oder ausschließen. Bei „Zweifach" benutzt man 两倍 statt 二倍.

一倍	*das Einfache*	他的工资增加了一倍。*Sein Lohn hat sich verdoppelt*. (z.B. früher 1 000 元, jetzt 2 000 元)
两倍	*das Zweifache*	他的工资是原来的两倍。*Sein Lohn ist das Zweifache von früher*. (z. B. früher 1 000 元, jetzt 2000 元)

		你的房间比我的房间大两倍。*Dein Zimmer ist doppelt so groß wie meins.*
十倍	*das Zehnfache*	大学的面积增加了十倍。*Die Fläche der Universität hat sich um das 10-fache vergrößert.* 大学的面积是原来的十一倍。*Die Fläche der Universität ist das Elffache von früher.*

4.8 Dezimalzahlen 小数

Die Dezimalzahlen im Chinesischen gleichen denen im Deutschen. Wenn eine Dezimalzahl Nullen hat, muss jede Null genannt werden: *0,06* wird als 零点零六 gesprochen.

三点五　*3,5*　这辆汽车长三点五米。
九点九九　*9,99*　他的房间只有九点九九平方米。
二十点零八　*20,08*　这些书重二十点零八公斤。
五十点五　*50,50*　那座大楼高五十点五米。

4.9 Hälfte, halb 半

4.9.1 半 + Nu-ZEW

半 bedeutet *die Hälfte eines Ganzen* und steht direkt vor dem ZEW oder zusammen mit ihm vor dem Nomen.

他喝了半瓶啤酒。　　啤酒他喝了半瓶。
弟弟吃了两块半巧克力。　　巧克力弟弟吃了两块半。

4.9.2 半 + 多 und 不到 + 半

Man kann 半 durch 多 *mehr als* und 不到 *weniger als* modifizieren. 多 steht hinter dem ZEW, 不到 direkt vor 半.

半年　*ein halbes Jahr*
半年多　*mehr als ein halbes Jahr*
不到半年　*weniger als ein halbes Jahr*
半个小时　*eine halbe Stunde*
半个多小时　*mehr als eine halbe Stunde*
不到半个小时　*weniger als eine halbe Stunde*

4.9.3 一半 und 有一半

一半, auch als 有一半, bedeutet *eine Hälfte, die Hälfte* und kann direkt oder zusammen mit der Partikel 的 vor dem Nomen stehen. 一半 wird meistens in der Funktion als Objekt oder Komplement, 有一半 in der Funktion als Subjekt oder Subjektteil verwendet.

三十个人来了一半。*Von dreißig Leuten ist die Hälfte gekommen.*
有一半的老师不认识我。*Von den Lehrern kennt mich die Hälfte nicht.*
这本书我看了一半。*Ich habe die Hälfte des Buches gelesen.*
他的书(有)一半是德文的。*Seine Bücher sind zur Hälfte deutsch.*

一半 kann durch 大 und 小 modifiziert werden.

一大半 *die größere Hälfte*
一小半 *die kleinere Hälfte*

一块巧克力弟弟吃了一大半，我吃了一小半。*Von der Schokolade hat mein jüngerer Bruder mehr als die Hälfte, ich habe weniger als die Hälfte gegessen.*

Weitere Beispiele

一岁半 *anderthalb Jahre alt* 他女儿一岁半了
一年半 *anderthalb Jahre (lang)* 我工作了一年半
一个半月 *anderthalb Monate* 你可以休息一个半月
三点半钟 *halb vier* 我们三点半钟上课
半票 *Fahr-/Eintrittskarte zum halben Preis* 他可以买半票

4.10 Übungen

4.10.1 Wie werden diese Zahlen auf Chinesisch gelesen?

1. 108, 110, 115, 133
2. 1.001, 1.010, 1.166, 1.908
3. 10.000, 12.528, 34.050, 53.456
4. 60.000, 6.00.000, 6.000.000, 60.000.000
5. 800.000.000, 1.300.000.000

4.10.2 Wie werden diese Zahlen in arabischen Ziffern geschrieben?

1. 一百零一，二百二十，三百九十二
2. 六千五百六十五，三千三百零五，四千零八十四
3. 三万五千，六万五千四百，八万九千二百二十二
4. 四十二万三千二百五十，一百七十万零五千，三百万
5. 一亿五千三百万，十三亿

4.10.3 Wie werden diese Jahreszahlen auf Chinesisch gelesen?

1. das Jahr 1871, 2. das Jahr 1914, 3. das Jahr 1989, 4. das Jahr 2006
5. das Jahr 447 v. u. Z., 6. das Jahr 206 v. u. Z.

4.10.4 Lesen Sie auf Chinesisch

1. ½ ⅔ ⅞
2. 5% 20% 100%
3. 1,99 3,05 122,22

4.10.5 Wo gehören die Annäherungszahlen hin?

1. （　）三十（　）	差不多	**4.** （　）一百（　）	上下
2. （　）五十（　）	左右	**5.** （　）六十五（　）	约
3. （　）十二（　）	以上	**6.** （　）一千（　）	不到

4.10.6 Wo passt 二? Und wo passt 两?

1. （　）十杯，十（　）瓶，（　）百（　）十（　）种

2. （　）千人，（　）万个学生，（　）亿五千万

3. （　）个书架，（　）十万个，六十（　）只猫

4. （　）双鞋，（　）倍，十（　）件衬衫

4.10.7 Wo steht 半?

1. 我喝了____杯____茶。

2. 姐姐买了____个____面包。

3. 他女儿不到____岁____。

4. 哥哥来北京____年____多了。

5. 今天的报纸她读了____一____。

6. 有____一____的同学不知道老师姓什么。

7. 今天的比赛没意思，我们只看了____小____场。

8. 这个星期他一____大____时间不在家。

4.10.8 Übersetzen Sie

1. Vor einem halben Jahr war er in China.

2. Ihr Sohn ist in diesem Jahr zweieinhalb Jahre alt geworden.

3. Den Roman hat sie zur Hälfte gelesen.

4. Seine Freundin hat knapp anderthalb Jahre lang gearbeitet.

5. Vor einem halben Monat hat er angefangen, Chinesisch zu lernen.

6. Von diesem Film habe ich mir nur die Hälfte angeschaut.

5 Nominale Zähleinheitswörter 名量词

Zähleinheitswörter gehören zu den Wortarten, die die chinesische Sprache prägen. Der systematische Gebrauch der individuellen ZEW gilt als eine Besonderheit des modernen Chinesischen. Sie können auf ein bestimmtes Merkmal des Nomens hinsichtlich der Form, des Umfangs und der Menge hinweisen.

Nonimale ZEW		
Untergruppen		Beispiel
universal	个	一个人
individuell	张	一张桌子
kollektiv	双	一双鞋子
Maß und Menge	公斤	一公斤水果
unbestimmt	一点儿	一点儿时间
Zeitnomen	年	一年(的)工作
allg. Nomen	房间	一房间(的)学生

Anders als im Deutschen können Zahlwort und/oder Demonstrativpronomen im Chinesischen nicht allein das Nomen näher bestimmen.

ein Buch ≠ * 一 书

Hier ist ein ZEW zwischen dem Zahlwort oder 这/那 und dem Nomen erforderlich.

ein Buch = 一本书

5.1 Funktionen der ZEW

5.1.1 als Artikelwort

Das ZEW bildet mit dem Zahlwort oder dem Demonstrativpronomen 这/那 eine Gruppe (Nu-ZEW-Gruppe oder Dp-ZEW-Gruppe), welche die Funktion eines Artikelwortes hat und vor dem näher zu bestimmenden Nomen steht.

Nu-ZEW +	Nomen
一 本	书
Dp-ZEW +	**Nomen**
这/那 本	书

5.1.2 als Subjekt oder Objekt

Die Nu-ZEW-Gruppe oder eine Dp-ZEW-Gruppe kann selbstständig als Subjekt oder Objekt fungieren.

她买了两条裙子，**一条**是红的，**一条**是黄的。(als Subjekt)
我们去喝啤酒，我喝了**一瓶**，他喝了**两瓶**。(als Objekt)

5.1.3 als Prädikat

Maß- und Mengenbezeichnungen können zusammen mit dem Zahlwort als Prädikat auftreten.

他七十公斤了。　　这件房间**七十平方米**。

5.1.4 als Adverbialbestimmung

Manche Nu-ZEW-Gruppen oder Dp-ZEW-Gruppen können auch als Adverbialbestimmung verwendet werden.

我**一个人**工作。　　他们**这个星期**上很多课。

5.1.5 als Komplement

Als Komplement können die Nu-ZEW-Gruppen das Prädikat näher bestimmen.

他重了三公斤。　　水我喝了一杯。

5.2 Besonderheiten beim Gebrauch

Die individuellen ZEW (vgl. unten) sind keine selbstständigen Wörter und können nur in Verbindung mit einem Zahlwort oder 这/那 gebraucht werden.

本　一本地图，这/那本杂志　　**辆**　一辆自行车，这/那辆汽车

Wegen ihres Charakters als Artikelwort darf zwischen Nu-ZEW / Dp-ZEW und Nomen keine attributive Partikel 的 verwendet werden, es sei denn, es handelt sich um allgemeine Nomina, die als ZEW fungieren (**vgl. 5.9**).

一本书　→　* 一本的书　(本　ZEW)
一房间人　→　一房间的人　(房间　Nomen)

Abweichende Verwendungen bei Zeitnomina: **vgl. 2.3.**

5.3 Individuelle ZEW

5.3.1 Bedeutung und Gebrauch

Viele Nomina haben individuelle ZEW, deren Zuordnung semantisch bestimmt ist. Das ZEW kann z. B. auf ein bestimmtes Merkmal des Nomens hinsichtlich der Form, des Umfangs oder der Menge hinweisen.

把 für einen Gegenstand mit Griff
张 für einen Gegenstand mit Fläche
位 höfliche Bezeichnung für eine Person
打 zwölf Stück

Unterschiedliche ZEW können unterschiedliche Bedeutungen ergeben.

一张地图 *eine Landkarte* (auf einem Blatt Papier o.ä.)
一本地图 *ein Atlas* (geheftet, gebunden)

一杯啤酒 *ein Glas Bier*
一瓶啤酒 *eine Flasche Bier*
一箱啤酒 *eine Kiste Bier*

Viele Nomina werden mit einem oder mehreren speziellen ZEW gezählt,

信	→	封	一封信
老师	→	个	一个老师
	→	位	一位老师

ein ZEW kann wiederum bei unterschiedlichen Nomina verwendet werden.

把	←	刀	一把刀
	←	伞	一把伞
	←	椅子	一把椅子

5.3.2 Gebräuchliche individuelle ZEW

Im Folgenden sind die gebräuchlichen ZEW mit ihrem jeweiligen Hauptmerkmal (HM) und Beispielen aufgeführt.

把 bǎ (Gegenstände mit Griff) 刀，雨伞，椅子
杯 bēi (Becher / Glas) 水，茶，咖啡，啤酒
本 běn (geheftete Drucksachen) 书，杂志，地图
部 bù (Filme) 电影
场 chǎng (Platz) 电影，比赛，京剧
层 céng (Stockwerk) 楼
朵 duǒ (Blüte) 花
份 fèn (Exemplar) 报纸
封 fēng (zugeklebt) 信
根 gēn (kleine lange Gegenstände) 黄瓜，头发
家 jiā (Arbeitsorte) 公司，工厂，银行

间 jiān (Raum) 房间，屋子

件 jiàn (Kleidung) 衬衫，毛衣，大衣，事情

句 jù (Satz) 话，诗

棵 kē (Pflanze) 草，树

颗 kē (Kern, Korn) 糖，心

块 kuài (Stück) 巧克力，糖

辆 liàng (Fahrzeuge mit Rädern) 自行车，汽车

匹 pǐ (Pferde oder Stoffballen) 马，布

篇 piān (Geschriebenes) 文章，小说

瓶 píng (Gefäß/Flasche) 水，酒

台 tái (elektronische Geräte) 收音机，电视机，电脑

条 tiáo (lange Gegenstände) 裙子，裤子，路，河，狗

位 wèi (höflich für Personen) 老师，老人

张 zhāng (Gegenstände mit einer Fläche) 纸，画，报纸，桌子，床

只 zhī (kleine Tiere) 猫，狗; (für einen Teil eines Paares) 手，眼睛，鞋子

枝 zhī (lange Gegenstände wie Stifte) 笔，香烟

座 zuò (für sehr große liegende/stehende Gegenstände) 山，大楼，城市

5.4 Universales ZEW 个

Für die Nomina, die kein individuelles ZEW haben, wird das universale 个 verwendet. Es ist das in der Umgangssprache am häufigsten gebrauchte ZEW. 个 ist kein selbstständiges Wort und kann nur in Verbindung mit einem Zahlwort oder Demonstrativpronomen verwendet werden. 个 kann sich auf Konkreta und Abstrakta sowie auf Personen und Gegenstände beziehen.

Personen 一个人，一个朋友
Gegenstände 一个书架，一个图书馆
Tätigkeiten 一个工作，一个练习
Abstrakta 一个办法，一个想法

5.5 ZEW für Art und Sorte 种

种 bedeutet eine „bestimmte Sorte von etw." und kann, sobald die Bedeutung stimmt, bei fast allen Nomina verwendet werden.

一种人　　这种牛　　那种房子　　一种工作方法

5.6 Kollektive ZEW

Mit den kollektiven ZEWn werden nicht einzelne Stücke, sondern Mengen gezählt. Das zweisilbige 系列 tritt auch als selbstständiges Wort auf.

包 bāo (Packung) 一包茶 *eine Packung Tee*
袋 dài (Tasche, Tüte) 一袋水果 *eine Tasche (voll) Obst*

对 dùi (Paar) 一对花瓶 *ein Paar Blumenvasen*
打 dǎ (Dutzend) 一打铅笔 *ein Dutzend Bleistifte*
副 fù (Paar) 一副手套 *ein Paar Handschuhe*
盒 hé (Packung) 一盒巧克力 *eine Packung Schokolade*
伙 huǒ (Menge / Bande) 一伙人 *eine Bande von Menschen (negativ)*
群 qún (Menge / Gruppe) 一群学生 *eine Gruppe von Schülern*
双 shuāng (Paar) 一双筷子 *ein Paar Essstäbchen,* 一双鞋子 *ein Paar Schuhe*
套 tào (Satz) 一套房子 *eine Wohnung mit Küche und Bad*
条 tiáo (Stange) 一条香烟 *eine Stange Zigaretten*
系列 xìliè (Serie) 一系列(的)问题 *eine Reihe von Problemen*

[Übungen zu den voran gehenden Abschnitten **5.1–5.6** s. **5.12**]

5.7 Maß- und Mengenwörter

Maß- und Mengenwörter sind im modernen Chinesischen i.d.R. internationalisiert.

Gewicht

克 *Gramm* 十克金子
斤 *Pfund (500 Gramm)* 一斤面条
公斤 *Kilogramm* 三公斤羊肉
吨 *Tonne* 七吨重的汽车

Länge

公分 / 厘米 *Zentimeter* 60 公分 / 厘米长
公尺 / 米 *Meter* 一公尺高
公里 *Kilometer* 一千公里远

Fläche

平方公尺 / 平方米 *Quadratmeter* 89 平方公尺的房子
平方公里 *Quadratkilometer* 700 平方公里的面积

[Übungen zu dem voran gehenden Abschnitt **5.7** s. **5.13**]

5.8 ZEW 些 und 点儿 für unbestimmte Mengen

些 und 点儿 können mit 一 und mit 这/那 kombiniert werden und damit Nomina modifizieren.

些 一些 *einige, manche* 一些大楼
这些 *diese, die* 这些猫

	那些	*jene, die*	**那些**狗
点儿	**一点儿**	*ein wenig, ein paar*	**一点儿**时间
	这点儿	*diese wenigen, diese paar*	**这点儿**书
	那点儿	*jene wenigen, diese paar*	**那点儿**钱

Bei 些 und 点儿 ist die Menge nicht bestimmt, wobei 一些 eine vergleichsweise größere Menge als 一点儿 bezeichnet.

我有一些书。*ich habe einige Bücher*
vs. 他有一点儿书。*er hat ein paar Bücher*

5.8.1 Funktionen von 一点儿 und 一些

a) als Artikelwort

一点儿 und 一些 können als Artikelwörter Nomina modifizieren. Zu beachten ist allerdings, dass 一些 sowohl das Subjekt als auch das Objekt näher bestimmen kann, während 一点儿 nur das Objekt modifizieren kann.

一些人站在教室里。(Subjekt)
他买了**一些玩具**。(Objekt)
我看了**一点儿书**。(Objekt)

b) als Komplement

一点儿 und 一些 können auch als Komplement fungieren.

他哥哥比以前胖了**一点儿**。
吃了药以后王先生觉得舒服了**一些**。
我喜欢喝茶，咖啡只喝**一点儿**。

5.8.2 一点儿 vs. 有一点儿

一点儿 und 有一点 lassen sich wegen der ähnlichen Bedeutung leicht verwechseln, haben aber unterschiedliche Funktionen. 有一点儿 modifiziert adverbial das Prädikat und muss deshalb vor dem Prädikat stehen, während 一点儿 als Komplement hinter das Prädikat gestellt wird.

一点儿	他喝了**一点儿**啤酒。
	张先生的身体好了**一点儿**。
有一点儿	王先生**有一点儿**累了。
	她姐姐**有一点儿**想家了。

5.8.3 一点儿也不/没

Die Verbindung aus 一点儿 + 也 + 不/没 bedeutet „gar nicht", „überhaupt nicht", „kein bisschen" und kann nur vor dem Prädikat stehen, entweder als Adverbialbestimmung oder als Attribut zum vorangestellten Objekt.

他弟弟**一点儿也不**高兴。
我**一点儿也不**喜欢踢足球。
王小姐**一点儿**咖啡**也没**喝。oder 咖啡王小姐**一点儿也没**喝。

[Übungen zu dem voran gehenden Abschnitt **5.8** s. **5.14**]

5.9 Nomina als ZEW

Zeitnomina (**vgl. 2.3**) und einige allgemeine Nomina können als ZEW verwendet werden: Zusammen mit Zahlwörtern fungieren sie wie andere Nu-ZEW-Gruppen als Artikelwort. Die häufig als ZEW verwendeten Nomina sind:

三**碗**米饭 *drei* Schüsseln *Reis* 两**壶**茶 *zwei* Kannen *Tee*
一**盆**花 *ein* (Blumen)Topf *Blumen* 一**车**学生 *ein* Bus *Studenten*
一**桌子**菜 ein Tisch (voll) Speisen 一**房间**人 ein Zimmer (voll) Menschen

Nominale ZEW, besonders zweisilbige, können in Verbindung mit der attributiven Partikel 的 als Attribut verwendet werden. Damit haben sie eine beschreibende Funktion und die Bedeutung von „voll von etwas".

一**车的**学生 *ein* Bus *(voller) Studenten*
一**桌子的**菜 *ein* Tisch *(voller) Speisen*
一**房间的**人 *ein* Zimmer *(voller) Menschen*

5.10 Modifizierung von ZEW durch 大 und 小

ZEW können zum Teil durch 大 oder 小 modifiziert werden, die zwischen Zahl und ZEW stehen. Diese Möglichkeit ist abhängig davon, ob das ZEW die Eigenschaft besitzt, größer oder kleiner ausfallen zu können, oder ob der bezeichnete Gegenstand aufteilbar ist.

一块巧克力 *ein Stück Schokolade* → 一大块巧克力 *ein großes Stück Schokolade*
一张纸 *ein Blatt Papier* → 五大张纸 *fünf große Blätter Papier*
三瓶白酒 *drei Flaschen Schnaps* → 三小瓶白酒 *drei kleine Flaschen Schnaps*
一包糖 *eine Packung Bonbon* → 一大包糖 *eine große Packung Bonbons*
一套房子 *eine Wohnung* → 一小套房子 *eine kleine Wohnung*

5.11 Verdoppelung des ZEW

ZEW können meistens verdoppelt werden.

5.11.1 Formen

Das ZEW kann allein oder zusammen mit dem Zahlwort 一 verdoppelt werden. Es bedeutet dann „ausnahmslos" oder „sehr viel" und hat folgende Verdoppelungsformen:

AA 张张
一AA 一张张
一A一A 一张一张

Man vergleiche:

我们个个都努力工作。= 我们每(一)个人都努力工作。
这些书本本都是新的。= 这些书每(一)本都是新的。

5.11.2 Funktionen

a) als Attribut, wobei der Gebrauch von 的 fakultativ ist:

一台台(的)电脑 一座一座(的)大楼

b) als Adverbialbestimmung, wobei der Gebrauch von 地 fakultativ ist:

他们一杯一杯(地)喝白酒 汽车一辆一辆(地)开过去

c) als Apposition:

经理们个个都很努力 他买的书本本都很有意思

[Übungen zu den voran gehenden Abschnitten **5.9–5.11** s. **5.15**]

5.12 Übungen zu 5.1–5.6

5.12.1 Welches ist das passende individuelle ZEW?

1. 一(　)电影，一(　)笔
2. 四(　)狗，这(　)电脑
3. 十(　)裙子，这(　)老师
4. 三(　)床，五(　)椅子
5. 这(　)信，一(　)比赛
6. 五(　)啤酒，那(　)房子
7. 一(　)花，一(　)话
8. 一(　)工作，一(　)黄瓜
9. 一(　)眼睛，一(　)方法

5.12.2 Welches ist das passende kollektive ZEW?

1. 一(　)学生，一(　)花瓶
2. 三(　)房子，这(　)手套

3. 十(　　)鞋子,　一(　　)铅笔　　5. 一(　　)问题,　一(　　)苹果
4. 一(　　)水果,　一(　　)咖啡

5.12.3 Nennen Sie zu jedem Nomen zwei passende ZEW

1. 老师　　3. 啤酒　　5. 衣服　　7. 巧克力
2. 地图　　4. 图书馆　　6. 银行　　8. 房子

5.12.4 Nennen Sie zu jedem ZEW möglichst viele passende Nomina

1. 杯　　4. 本　　7. 只　　10. 座
2. 瓶　　5. 根　　8. 件　　11. 篇
3. 张　　6. 条　　9. 枝　　12. 种

5.13 Übungen zu 5.7

5.13.1 Ergänzen Sie

1. 一公斤有 1000 ______。
2. 1000 公斤是 一______。
3. 一公尺有 100 ______。
4. 1000 公尺是一______。
5. 一平方公里有 1000000______。

5.13.2 Was passt?

克, 公斤, 米, 平方公里, 平方公尺, 公里

1. 他的房间有 20 ________。
2. 北京到南京的距离是 1100 ________。
3. 这封信不到 20 ________。
4. 她弟弟 10 岁了，个子有 1 ________ 60。
5. 他的体重只有 62 ________。
6. 中国的面积是 960 万________。

5.14 Übungen zu 5.8

5.14.1 Was ist richtig: 一点儿 oder 有一点儿?

1. 张小姐今天________累。
2. 王先生________也不高兴。
3. 我昨天买了________绿茶。
4. 李老师________酒也不喝。
5. 他弟弟________想回家了。
6. 她哥哥________牛奶也不喝。
7. 电视我今天________也没看。
8. 游泳以后我觉得舒服了______。
9. 她________也不知道今天学校罢课。

5.14.2 Wo passt 一点儿, wo passt 一些?

1. 我只喝了________咖啡。
2. 她认识________法国学生。
3. ________学生回家了。
4. 弟弟学了________汉字。
5. 我对他________也不了解。
6. 王老师在德国参观了________博物馆。
7. 他________中文也不会说。

8. 电脑我只懂________。

9. 她的房间比我的房间只大________。

10. 张经理比我想得多________。

5.14.3 Verneinen Sie mit 一点儿

1. 你累吗？
2. 她今天休息了吗？
3. 你弟弟吃面包了吗？
4. 她哥哥抽烟吗？
5. 你们喜欢游泳吗？
6. 他们知道这件事吗？
7. 你会说上海话吗？
8. 她喜欢听现代音乐吗？

5.15 Übungen zu 5.9-5.11

5.15.1 Welche Ausdrücke sind richtig?

1. 一点儿的茶（　）　一条的裙子（　）
2. 一床的玩具（　）　一件的衬衫（　）
3. 一张的桌子（　）　一桌子的饭（　）
4. 一些的人（　）　这台的电脑（　）
5. 一车的人（　）　一房间的书（　）
6. 三本的地图（　）　这家的公司（　）

5.15.2 Was passt?

碗, 床, 桌子, 口袋, 箱子, 飞机

1. 一________的衣服
2. 一________的饭菜
3. 一________的玩具
4. 一________汤
5. 一________的糖
6. 一________的旅游者

5.15.3 Wo kann man 大 und 小 einsetzen?

1. 一（　）把椅子，　三（　）台收音机
2. 五（　）瓶水，　一（　）条裙子
3. 一（　）个书架，　一（　）只猫
4. 三（　）碗饭，　一（　）杯咖啡
5. 一（　）双鞋子，　一（　）群学生
6. 一（　）家图书馆，　一（　）盆花
7. 一（　）间房间，　四（　）打筷子
8. 一（　）辆自行车，　一（　）包咖啡

5.15.4 Formulieren Sie den markierten Teil mit einer Verdoppelung um

1. 经理们**每个人**都在工作。
2. 桌子上的啤酒**每一瓶**都是空的。
3. 他写的小说**每一篇**都不错。
4. 我们**每一场**比赛都赢了。
5. 他们的房间**每一间**都收拾得很干净。
6. 只要有新电影他**每一场**都看。

6 Verbale Zähleinheitswörter 动量词

Nicht nur Nomina, auch Handlungen werden im Chinesischen mithilfe von ZEW wie 次 oder 遍 gezählt (vgl. im Deutschen „drei *mal* nach China fahren“). Daneben können auch bestimmte Nomina wie 眼 oder 口 als verbale ZEW dienen.
Das verbale ZEW bezieht sich auf die Häufigkeit einer Handlung. Es gibt an, wie oft eine Handlung stattfindet. Wie beim nominalen ZEW bildet es mit dem Zahlwort eine Nu-ZEW-Gruppe, die hauptsächlich als Komplement fungiert und hinter dem Prädikat steht.

6.1 Häufig gebrauchte ZEW für Verben

Die ZEW für Verben sind nicht so zahlreich wie die für Nomina. Die wichtigsten sind:

a) **次 und 回** ***… mal*** für 来, 去, 看, 玩 etc.

Die Bedeutung von 次 und 回 ist identisch, beide geben die Häufigkeit einer Handlung an. 回 wird häufiger in der Umgangssprache verwendet.

他去了三次 / 三回。 我休息了两次。

b) **遍** ***… mal*** für 看, 听, 想, 找 etc.

Mit 遍 betont man, dass eine Handlung von Anfang bis Ende stattfindet (z.B. ein Buch durchlesen, einen ganzen Satz noch einmal wiederholen).

这本书我看过三遍。 这首歌他听了十遍。

遍 kann durch 次 oder 回 ersetzt werden.

这首歌他听了十遍。= 这首歌他听了十次。

c) 下 ***… mal kurz*** für 来, 去, 看, 玩 etc.

Mit 下 wird die Kürze einer Handlung betont.

请你等一下，我想休息一下。

d) **趟** ***… mal*** für 来, 去, 走, 飞, 跑, 回, 进, 出

趟 kann nur bei Verben der Fortbewegung verwendet werden.

请你明天去一趟。 北京我飞了十趟了。

趟 kann oft durch 次 und 回 ersetzt werden.

请你明天去一趟。= 请你明天去一次。

e) 顿 ***... mal*** für 吃, 说 etc.

顿 wird hauptsächlich für das Verb 吃 verwendet. Es kann aber auch für 说 (*vorwerfen*) und 骂 (*schimpfen*) gebraucht werden.

我们昨天在饭店吃了一顿。　他们一天吃两顿。
他妈妈说了他一顿。*Die Mutter hat ihn kritisiert.*

6.2 Nomina als ZEW

Nomina, die Instrumente einer Handlung bezeichnen und so mit dem Verb in Verbindung stehen, können als verbale ZEW verwendet werden. Die gebräuchlichen sind:

刀 *Messer* 切一刀 *(mit einem Messer) einmal schneiden*
脚 *Fuß* 踢一脚 *jn. (mit dem Fuß) einmal treten*
口 *Mund* 喝一口 *einen Schluck trinken*
枪 *Gewehr* 打一枪 *(mit einem Gewehr) einmal schießen*
声 *Stimme/Laut* 说一声 *einmal sagen*
眼 *Auge/Blick* 看一眼 *jm. einen Blick zuwerfen = einmal anschauen*

Die Ausdrücke mit solchen ZEW gelten als bildhaft und werden besonders gerne in der Literatur verwendet. Diese ZEW können aber meistens durch 下 ersetzt werden:

看一眼 → 看一下
踢一脚 → 踢一下
说一声 → 说一下

6.3 Funktionen des verbalen ZEW

a) als Komplement

Die Hauptfunktion des ZEW des Verbs besteht darin, zusammen mit dem Zahlwort als Komplement das Prädikat näher zu bestimmen.

我去一次　她走了一**趟**

Wenn das Prädikat ein Objekt verlangt, gibt es unterschiedliche Möglichkeiten bezüglich der Wortstellung: Pronomina als Objekt stehen vor dem ZEW, Nomina als Objekt haben ihren Platz nach dem ZEW und Ortsnomina als Objekt können entweder vor oder nach dem ZEW stehen.

同学们叫了他三声。　他想听一遍**这篇课文**。
请你去**北京**一趟，好吗？ oder 请你去一趟**北京**，好吗？

In Sätzen mit verbalem ZEW wird das Objekt meist durch eine Dp-ZEW-Gruppe modifiziert. Es wird sehr oft vorangestellt oder durch 把 markiert.

这家博物馆我想参观一下。　　**这个问题**我们讨论几回了。
他**把这本小说**又看了一遍。

b)　　als Adverbialbestimmung

Das ZEW kann auch zusammen mit dem Zahlwort oder 这/那 als Adverbialbestimmung fungieren.

我**这次**找你。　　老师**一次**也不知道。　　你**这回**走不了了。

c)　　als Artikelwort

Wie nominale ZEW können die verbalen ZEW 次 und 趟 zusammen mit einem Zahlwort oder 这/那 eine Nu-ZEW- oder eine Dp-ZEW-Gruppe bilden. Sie haben dann die Funktion eines Artikelwortes und können nominalisierte Verben als Bezugswörter modifizieren (**vgl. 8.2.12**).

他们做了**一次**调查。　　对**这次**调查大家都很满意。
这趟旅行让我看到了很多东西。

6.4　Verneinung

Bei der Verneinung muss die Nu-ZEW-Gruppe vor das Prädikat platziert werden, dabei wird meistens das Adverb 也 verwendet.

我想去看他一次 → 我一次也不想去看他。
oder → 我不想去看他。
他去过一趟汉堡 → 汉堡他一趟也没去过。
oder → 他没去过汉堡。
姐姐喝了一口咖啡 → 姐姐一口咖啡也没喝。
oder → 姐姐没喝咖啡。

6.5　Verdoppelung

Verbale ZEW können wie nominale ZEW (**vgl. 5.11**) verdoppelt werden. Die Bedeutung ist dann „sehr viel", „sehr oft", ähnlich wie bei den nominalen ZEW. Verdoppelungsformen:

AA　**次次**　他**次次**都帮我。
一 AA　**一遍遍**　我**一遍遍**地看。
一 A 一 A　**一回一回**　老师**一回一回**地来。

Verbale ZEW fungieren in ihrer Verdoppelungsform im Satz hauptsächlich als Adverbialbestimmung, wobei der Gebrauch von 地 fakultativ ist.

他**一趟一趟**(地)回家。
啤酒他**一口一口**(地)喝。

6.6 Übungen

6.6.1 Übersetzen Sie

1. Nanjing ist sehr schön. Ich bin schon einmal dort gewesen.
2. Er war schon dreimal in Shanghai (nach Shanghai gefahren).
3. Den neuen Film habe ich schon zweimal gesehen.
4. Warte bitte mal eben!
5. Den Roman hat er einmal von Anfang bis Ende gelesen.
6. Darf ich einmal kurz mit deinem Fahrrad fahren?
7. Sie kommt oft nach Hause. Dieses Mal fährt sie mit der Bahn.
8. Der Manager rief ihn dreimal.
9. Seine Freundin warf ihm einen Blick zu.
10. Diese Geschichte habe ich mir schon viermal von vorne bis hinten angehört.

6.6.2 Welches ZEW passt?

次, 遍, 回, 下, 声, 眼

1. 他爸爸叫了他三______。
2. 我去找了他两______。
3. 王经理看了他一______。
4. 这部电影我已经看了五____了。
5. 我有个小问题，请你来帮我一______，好吗？
6. 这句话我听了三______也没听懂。
7. 听到这个消息，他想了一______，马上打了个电话。
8. 她坐火车去了两______慕尼黑。

6.6.3 Antworten Sie mit dem passenden ZEW

下, 声, 趟, 次, 顿, 眼, 遍, 口

1. 你今年回过家吗？
2. 这部电影你看了吗？
3. 柏林你去过吗？
4. 她刚才休息了吗？
5. 王经理昨天说你了吗？
6. 他今天叫你了吗？
7. 你弟弟喝了多少白酒？
8. 这件衣服他看了吗？

6.6.4 Verneinen Sie mit ZEW im Sinne von „niemals/noch nie"

1. 这本书我看过两遍。
2. 这个游戏他玩过几回。
3. 这件事他已经告诉我两次了。
4. 中餐我已经吃过三次了。
5. 这条裙子她只看了一眼。
6. 这瓶啤酒我只喝了一口。
7. 我在他家吃了几顿饭。
8. 她今年出了一次差。

6.6.5 Formulieren Sie den markierten Teil mit einer Verdoppelung um

1. 老师们**每一次**都不休息。
2. 王先生**每一回**都来。
3. 他说话**每一次**都受欢迎。
4. 我回家**每一趟**都能见到老朋友。
5. 他**每一次**都把她送回家。
6. 我在食堂**每一顿**都吃不饱。

7 Pronomina 代词

7.1 Personalpronomina 人称代词

Person	Singular	Plural
1.	我，咱	我们，咱们
2.	你，您	你们
3.	他，她，它	他们，她们，它们

a) 咱 (ich) und 咱们 (wir) werden hauptsächlich in der Region Beijing gebraucht. Wo beide Formen verwendet werden, schließt 咱们 die angesprochene(n) Person(en) mit ein, während 我们 sie ausschließt. Wo nur 我们 verwendet wird, wird kein Unterschied zwischen inklusivem und exklusivem „wir" gemacht.

我们现在回家。*Wir* (der / die Sprecher) *gehen jetzt nach Hause.*
咱们走吧。*Lasst uns* (alle Anwesenden) *gehen!*

b) 您们 als Pluralform für 您 wird in der Standardsprache nicht verwendet.

7.2 Personalpronomina in possessivem Gebrauch

Person	Singular	Plural
1.	我的，咱的	我们的，咱们的
2.	你的，您的	你们的
3.	他的，她的，它的	他们的，她们的，它们的

a) Personalpronomina können zusammen mit der Partikel 的 Besitzverhältnisse und Zugehörigkeiten ausdrücken. Sie sind vergleichbar mit Possessivpronomina im Deutschen.

我的书 *mein Buch* 您的自行车 *Ihr Fahrrad*
他们的公司 *ihre Firma*

b) 的 kann entfallen, wenn die Beziehung zum Bezugswort als besonders eng verstanden oder die Zugehörigkeit zu einer Gruppe ausdrückt wird.

我家 = 我的家　　你哥哥 = 你的哥哥
我们公司 = 我们的公司　　他们大学 = 他们的大学

c) Manche Ausdrücke können je nach Kontext zwei verschiedene Bedeutungen haben.

我们老师 = *wir Lehrer* oder *unser Lehrer* (我们的老师)
你们经理 = *ihr Manager* oder *euer Manager* (你们的经理)

[Übungen zu den voran gehenden Abschnitten **7.1–7.2** s. **7.8**]

7.3 Demonstrativpronomina 指示代词

Bezeichnetes	in der Nähe Befindliches	Entferntes
Person oder Sache	这 *dieses, das* 这次 *dieses Mal* 这些 *diese (hier)* 这点儿 *das bisschen/diese paar (hier)*	那 *jenes* 那次 *jenes Mal* 那些 *jene (dort)* 那点儿 *das bisschen/jene paar (dort)*
Ort	这里/这儿 *hier*	那里/那儿 *da, dort*
Art und Weise	这样 *so, solch*	那样 *so, solch*

Die Demonstrativpronomina haben zwei Funktionen:
a) Sie fungieren als Attribut und weisen auf eine Person oder eine Sache, einen Ort oder auf die Art und Weise hin.

b) Sie beziehen sich auf ein vorher genanntes Satzglied oder einen Satzgliedteil, wobei 这 etwas in der Nähe Befindliches und 那 etwas Entferntes bezeichnet.

7.3.1 这 *das hier* und 那 *das da*
a) als selbstständiges Wort

这 und 那 können als selbständiges Wort verwendet werden.

这是王老师，那是张老师。*Das hier ist Herr Wang, das da ist Herr Zhang.*

明天不上课。这太好了。*Morgen fällt der Unterricht aus. Das ist toll.*

b) als Artikelwort

In Kombination mit einem ZEW oder mit einer Nu-ZEW-Gruppe fungieren 这 und 那 als Artikelwort.

这张桌子 *dieser Tisch* 那三杯啤酒 *die drei Glas Bier*

7.3.2 这次 und 那次

这 und 那 können auch mit dem verbalen ZEW 次 kombiniert werden.

这次 *diesmal* **这次**练习他做得很好。
那次 *jenes Mal* **那次**吃饭时我们喝了青岛啤酒。
这一次 *dieses eine Mal* **这一次**我不想开车去。
那两次 *jene zwei Male* **那两次**比赛他们都没去。

7.3.3 这些/那些 und 这点儿/那点儿

a) 这/那 können mit 些 und 点儿 kombiniert werden und damit Nomina modifizieren (**vgl. 5.8**). 这些 und 那些 stehen für die Mehrzahl und brauchen daher kein weiteres ZEW.

这些自行车 *这些辆自行车

b) 这点儿 und 那点儿 bedeuten „das bisschen", „ein paar", „sehr wenig". Auch sie brauchen kein weiteres ZEW.

这点儿作业 *so wenige Hausaufgaben/diese paar Hausaufgaben*
那点儿啤酒 *so wenig Bier/das bisschen Bier*

7.3.4 这里/这儿 *hier* und 那里/那儿 *da, dort*

a) **这里/这儿** und **那里/那儿** können als Subjekt oder Ortsobjekt fungieren.

这里是图书馆。(Subjekt) **那儿**有一个人。(Subjekt)
我去**那儿**。(Ortsobjekt) 他住在**这儿**。(Ortsobjekt)

b) Das Verb 在 und Richtungsverben wie 来, 去, 回, 到 sowie Präpositionen wie 从 und 往 verlangen ein Ortsobjekt. Da Personalpronomina und Nomina für Personen alleine kein Ortsobjekt sein können, brauchen sie den Zusatz **这里/这儿** oder **那里/那儿** um als Ortsobjekt fungieren zu können (**vgl. 8.2.4**).

1. 你去哪里？ *Wohin gehst du?*
我去**朋友那里**。*Ich gehe zu einem Freund.*
2. 报纸在哪儿? *Wo ist die Zeitung?*
报纸在**王先生那儿**。*Die ist hier bei Herrn Wang.*

你弟弟到哪儿去？ *Wohin geht dein Bruder?*
我弟弟到**我妈那儿**去。*Mein Bruder geht zu meiner Mutter.*

c) Daher muss auch zwischen 我 und 我这儿 / 我那儿 unterschieden werden, z.B. in

我有十本书。vs. 我这儿有十本书。

Bei 我 geht es um den Besitzer (ich habe 10 Bücher), bei 我这儿 um eine Ortsangabe (bei mir gibt es 10 Bücher), das bedeutet, dass die Bücher bei mir sind, aber nicht unbedingt auch mir gehören.

7.3.5 这样 und 那样

这样 und 那样 fungieren hauptsächlich als Attribut, können aber auch als Subjekt oder Objekt auftreten.

a) als Attribut

这样的人不多。*Solche Menschen gibt es nicht viel.*
那样的电影我不看。*Filme jener Art schaue ich mir nicht an.*

b) als Subjekt

这样很好。*Das* (das, was genannt wurde) *ist gut./So ist es gut.*

c) als Objekt

他不喜欢**这样**。*Er mag das nicht./So mag er das nicht.*

[Übungen zu dem voran gehenden Abschnitt **7.3** s. **7.9**]

7.4 Interrogativpronomina 疑问代词

Mit Interrogativpronomina können Ergänzungsfragen gebildet werden.

Interrogativpronomina		
谁	*wer*	fragt nach Personen
什么	*was*	fragt nach Sachen
哪里 / 哪儿	*wo*	fragt nach dem Ort
哪	*welch*	fragt nach einer Identifikation
怎么 / 怎么样	*wie*	fragt nach der Art und Weise

Interrogativpronomina		
几 / 多少	*wie viel*	fragt nach der Anzahl
为什么	*warum*	fragt nach der Ursache oder dem Grund

7.4.1 谁 *wer*

谁 kann im Satz als Subjekt, Objekt oder Attribut fungieren.

谁是你的好朋友？ (als Subjekt)　　你找**谁**？ (als Objekt)
这是**谁**的书？ (als Attribut)

In der Funktion als Attribut verlangt 谁 normalerweise die Attributpartikel 的 und entspricht dann „wessen" im Deutschen.

这是**谁**的桌子？　　这是**谁**的自行车？

7.4.2 什么 *was*

什么 kann im Satz als Subjekt, Objekt oder Attribut fungieren.

什么好吃？ (als Subjekt)　　你吃**什么**？ (als Objekt)
这是**什么**书？ (als Attribut)

Wird 什么 als Attribut verwendet, ist der Gebrauch von 的 nicht notwendig.

这是**什么**桌子？　　这是**什么**自行车？

什么时候 *wann* und **什么地方** *wo*

什么 kann zusammen mit 时候 und 地方 die Fragewörter 什么时候 „zu welcher Zeit", „wann" und 什么地方 „an welchem Ort", „wo" bilden.

他们**什么时候**上课？　　你们在**什么地方**休息？

7.4.3 哪里/哪儿 *wo*

Die Bedeutung von 哪里 und 哪儿 ist identisch, wobei 哪儿 mehr nordchinesisch geprägt ist. Beide können im Satz als Subjekt, Objekt oder Attribut fungieren.

哪里 / 哪儿有问题？ (als Subjekt)
去**哪里/哪儿**？ (als Objekt)
这是**哪里 / 哪儿**的汽车？ (als Attribut)

Zusammen mit 在 wird 哪里 / 哪儿 als Adverbialbestimmung gebraucht.

你在**哪里 / 哪儿**休息？ *Wo machst du eine Pause?*
你在**哪里 / 哪儿**学中文？ *Wo lernst du Chinesisch?*

In der Umgangssprache geht es manchmal auch ohne 在, wenn das Subjekt entfallen ist.

我在哪儿能买到这本书？　我在那儿能买到这本书。
(在)哪儿能买到这本书？　(在)那儿能买到这本书。

Bezüglich des Gebrauchs von 有, 在, 是 zusammen mit dem Fragepronomen 哪儿 gibt es einige Besonderheiten. 有, 在, 是 können, anders als andere Verben, direkt mit 哪儿 kombiniert werden. Dabei weisen sie sowohl in der Satzgliedstellung als auch in der Bedeutung Unterschiede auf.

哪儿 + 有
在 + 哪儿
哪儿 + 是

哪儿有…

哪儿 muss vor 有 stehen. 哪儿 + 有 wird verwendet, um zu erfragen, wo sich etwas Unbestimmtes (im Deutschen mit unbestimmtem Artikel bezeichnetes) befindet.

哪儿有德汉词典？图书馆里有德汉词典。*Wo gibt es ein chinesisch-deutsches Wörterbuch? In der Bibliothek gibt es …*
哪儿有中国公司？汉堡有中国公司。*Wo gibt es chinesische Firmen? In Hamburg gibt es …*

… 在哪儿

哪儿 muss hinter 在 gestellt werden. Mit 在 + 哪儿 fragt man nach dem unbekannten Ort einer bestimmten Sache oder Person (im Deutschen mit bestimmtem Artikel oder vergleichbar bezeichnet).

北京大学**在哪儿**？北京大学在北京的西边。*Wo befindet sich die Universität Beijing? Sie befindet sich im Westen von Beijing.*
上海博物馆**在哪儿**？上海博物馆在上海的市中心。*Wo befindet sich das Shanghai-Museum? Es befindet sich im Stadtzentrum von Shanghai.*

哪儿是…

哪儿 muss vor 是 stehen. Mit 哪儿 + 是 vergewissert man sich des im Grunde genommen schon bekannten Ortes einer bestimmten (im Deutschen mit bestimmtem Artikel oder vergleichbar bezeichneten) Sache oder Person.

哪儿是北京大学？这儿就是北京大学。*Wo ist die Universität Beijing? Hier ist …*

哪儿是上海博物馆？那儿就是上海博物馆。*Wo ist das Shanghai-Museum? Dort ist …"*

7.4.4 哪 *welche/r/s*

哪 hat eine identifizierende Funktion und muss in Kombination mit einer Nu-ZEW-Gruppe verwendet werden, wobei das Zahlwort entfallen kann:

你想买哪（一）本书？ *Was für ein/Welches Buch möchtest du kaufen?*
这篇文章是哪一年写的？ *In welchem Jahr wurde der Artikel geschrieben?*
你想上哪(一)个大学？ *An welcher Universität willst du studieren?*

哪 kann als Kurzform von 哪里 / 哪儿 gebraucht werden, allerdings nur im Sinne von „nirgendwo".

哪有这样的事？ *Wo gibt es denn so was?*
人们都走了，哪还找得到他们？ *Die Leute sind alle weg. Wo kann man sie noch finden?*

7.4.5 怎么 *wie* und 怎么样 *wie*

a) Mit 怎么 fragt man nach der Art und Weise einer Handlung.

你怎么去大学？ *Wie gehst du zur Universität?*
这个字怎么写？ *Wie wird dieses Schriftzeichen geschrieben?*

b) Mit 怎么样 wird nach Befinden, Einverständnis oder Urteil gefragt. Es kann als Prädikat oder Attribut gebraucht werden.

今天天气怎么样？ *Wie ist das Wetter von heute?*
北京大学的图书馆怎么样？ *Wie ist die Bibliothek der Universität Beijing?*
他是怎么样一个人？ *Was für ein Mensch ist er?*
他喝的是怎么样一种茶？ *Was für einen Tee hat er getrunken?*

c) Mit 怎么 kann man auch nach der Ursache fragen. Es entspricht dann „wieso" im Deutschen. 怎么样 kann in dieser Bedeutung nicht verwendet werden.

你怎么没吃饭？ *Warum hast du nicht gegessen?*
他怎么还在南京？ *Wieso ist er immer noch in Nanjing?*

7.4.6 几 *wie viel* und 多少 *wie viel*

a) Mit 几 und 多少 fragt man nach der Anzahl, wobei 几 für eine Zahl unter 10 und 多少 normalerweise für eine Zahl über 10 verwendet wird. Nach 几 muss ein ZEW stehen, nach 多少 ist es fakultativ.

你们家有几辆汽车？ 这家公司有多少(辆)汽车？
你喝了几杯咖啡？ 他们卖了多少(杯)咖啡？

Nach dem Datum wird auch nach dem 10. eines Monats noch mit 几号 gefragt.

今天几月几号？今天十二月二十四号。

b) 几 kann in einer Zahl vor jeder Stelle stehen und so ihre Größe erfragen.

这里有**几十**个人？ (wie viele –zig?)
他有**几百**本书？ (wie viele hundert?)
大学有**几万**个学生？ (wie viele zehntausend?)
德国有**几千万**(个)人？ (wie viele zehn Millionen?)

c) 多少 kann nur vor 万 und 亿 stehen.

图书馆有**多少万**本书？ (wie viele zehntausend?)
中国有**多少亿**人？ (wie viele hundert Millionen?)

7.4.7 为什么 *warum*

为什么 fungiert im Satz als Adverbialbestimmung und kann vor oder nach dem Subjekt stehen.

他今天为什么没来？ 为什么我不知道这件事？

[Übungen zu dem voran gehenden Abschnitt **7.4** s. **7.10**]

7.5 Interrogativpronomina als Universalpronomina

Interrogativpronomina als Universalpronomina	
谁	*wer auch immer*
什么	*was auch immer*
哪里 / 哪儿	*wo(hin) auch immer*
哪	*welche/r/s auch immer*
怎么	*wie auch immer*

Interrogativpronomina können auch als Universalpronomina verwendet werden, wobei Satzmelodie und Satzzeichen einem normalen Aussagesatz entsprechen.

Der Gebrauch von 都 oder 也 ist obligatorisch. Zur Hervorhebung kann 不管 oder 无论 verwendet werden.

7.5.1 谁 *wer auch immer*

Die Stellung von 谁 als Universalpronomen ist in der Funktion als Subjekt ganz normal. Als Objekt muss es vor dem Prädikat stehen.

> **S** – P/V – O
> **谁**都知道这本书。*Jeder* (wer auch immer) *weiß von diesem Buch.*
>
> S – **O** – P/V
> 她**谁**都帮过。*Sie hat jedem* (wem auch immer) *geholfen.*
>
> **O** – S – P/V
> **谁**我都不想见。*Ich möchte niemanden sehen.*

Auch ein Objekt, das durch das Universalpronomen 谁 bestimmt wird, muss vor dem Prädikat stehen. Es kann vor oder nach dem Subjekt stehen.

> S – **O** – P/V
> 她**谁的词典**都用。*Sie benutzt die Wörterbücher von jedem.*
>
> **O** – S – P/V
> **谁的忙**王先生都帮。*Wessen Aufgabe auch immer, Herr Wang hilft allen.*

7.5.2 什么 *was auch immer*

Für die Stellung von 什么 gilt dasselbe wie bei 谁: als Subjekt steht es in der normalen Position, während es als Objekt vor dem Prädikat stehen muss.

> **S** – P/V
> **什么**都是新的。*Es ist alles neu.*
>
> S – **O** – P/V
> 他**什么**都吃过。*Er hat alles schon mal gegessen.*
>
> **O** – S – P/V
> **什么**我都知道。*Ich weiß alles.*

Wenn es als Attribut zum Objekt fungiert, muss das Objekt vor das Prädikat platziert werden.

> S – **O** – P/V
> 他哥哥**什么事情**都想干。*Sein Bruder möchte alles ausprobieren.*
>
> **O** – S – P/V
> **什么博物馆**我都想看看。*Ich möchte mir Museen jeder Art mal anschauen.*

7.5.3 哪儿/哪里 *wo auch immer*

哪儿 / 哪里 bleibt als Universalpronomen weiter in der gleichen adverbialen Position wie als Interrogativpronomen.

他在哪儿都能看书。*Wo auch immer, er kann überall Bücher lesen.*
大学里哪儿都有人。*Es gibt an der Universität überall Menschen.*

7.5.4 哪 *welche/r/s auch immer*

哪 als Universalpronomen bleibt weiter attributiv.

你想买哪辆车都行。*Egal, welches Rad du kaufen möchtest, es geht alles.*
今天看哪场电影都行。*Es ist heute egal, welchen Film man sich anschaut.*

7.5.5 怎么 *wie auch immer*

怎么 als Universalpronomen wird auch weiter adverbial gebraucht.

我怎么说他都不高兴。*Egal, was ich sage, er ist nicht glücklich.*
只要能做完，你怎么做都行。*Wenn du es nur fertig machen kannst, ist es egal, wie du es machst.*

7.5.6 Hervorhebung durch 不管 oder 无论 *egal, gleich, gleichviel*

Zur Hervorhebung können am Anfang des Satzes 不管 oder 无论 verwendet werden.

不管谁都想去长城看看。*Jeder möchte mal die Große Mauer sehen.*
无论什么电影他都想看。*Er möchte Filme sehen, egal welche.*
不管你在哪儿抽烟都不好。*Rauchen ist schlecht, egal, wo du es machst.*
无论我怎么解释他都不懂。*Egal wie ich es erkläre, er versteht es einfach nicht.*

7.5.7 谁 ... 谁 ... *wer ..., der ...*; 什么 ... 什么 ... *was auch immer ..., das ...*; 怎么 ... 怎么 ... *wie auch immer ..., so ...*

Universalpronomina können parallel verwendet werden, wobei das Adverb 就 im Nachsatz gebraucht werden kann.

谁想去谁去。*Wer hingehen möchte, der kann gehen.*
这本书谁想要我就给谁。*Wer das Buch haben möchte, dem werde ich es geben.*
你买什么我就买什么。*Egal, was du kaufst, ich kaufe es auch.*
他去什么地方/哪儿我就去什么地方/哪儿。*Wohin er geht, gehe ich auch.*
李先生怎么想就怎么说。*Herr Li sagt, was er denkt.*

7.6 Interrogativpronomina als Indefinitpronomina

Interrogativpronomina als Indefinitpronomina	
谁	*irgendwer, irgendjemand*
什么	*irgendwas*
哪里 / 哪儿	*irgendwo, irgendwohin*
哪	*irgendwelch*
怎么	*irgendwie*

Interrogativpronomina können auch als Indefinitpronomina verwendet werden, wenn der Sprecher nicht konkret sagen kann oder will, um wen oder was es geht. Dabei werden Interrogativpronomina unbetont ausgesprochen und die Sätze entsprechen in Satzmelodie und Satzzeichen einem normalen Aussagesatz.

7.6.1 谁 *irgendwer, irgendjemand*

谁 kann als Subjekt verwendet werden, fungiert aber meist als Objekt.

a) als Subjekt

这件事**谁**告诉过我了。*Irgendjemand hat mir das schon mal gesagt.*

b) als Objekt

我想请**谁**帮我一下。*Ich möchte irgendjemanden bitten, mir kurz zu helfen.*
你找**谁**跟你一起去吧。*Such doch irgendjemanden, der mit dir zusammen geht.*

7.6.2 什么 *irgendetwas*

什么 wird als Objekt oder Attribut verwendet.

a) als Objekt

他好像在吃**什么**。*Es scheint so, als ob er gerade etwas isst.*
我们应该买点**什么**送他。*Wir könnten ihm doch irgendetwas schenken.*

b) als Attribut

我们一定在**什么**地方见过。*Wir haben uns bestimmt irgendwo schon mal gesehen.*

你什么时候有空来我这儿一下，好不好？*Kannst du irgendwann mal zu mir kommen, wenn du Zeit hast?*

7.6.3 没什么 *nicht so schlimm, macht nichts*

没什么 bedeutet „nicht so schlimm", „macht nichts" oder „nicht der Rede wert". Es kann allein als Prädikat fungieren, oder noch ein Objekt dazu haben.

> 自行车坏了没什么，我走回去。*Es ist nicht so schlimm, wenn das Fahrrad kaputt ist. Ich gehe zu Fuß zurück.*
> 不会洗衣服没什么，可以买一台洗衣机。*Es macht nichts aus, wenn man nicht Wäsche* (von Hand) *waschen kann. Man kann eine Waschmaschine kaufen.*

Vergleiche 没 + 什么 in der Bedeutung „nichts", „nichts von Bedeutung":

> 这个地方没什么好看的。*In dieser Gegend gibt es nichts Interessantes zu sehen*
> 这本书里没什么新东西 *In diesem Buch gibt es kaum etwas Neues*

7.6.4 哪里/哪儿 *irgendwo, irgendwohin*

哪里 / 哪儿 fungiert im Satz weiterhin als Adverbialbestimmung.

> 你坐哪儿看一会儿书吧。*Du kannst dich irgendwo hinsetzen und mal lesen.*
> 我想去哪儿休息休息。*Ich möchte irgendwohin gehen, um mich auszuruhen.*

7.6.5 哪 *irgend welch*

哪 wird als Attribut verwendet.

> 我们哪天去长城玩玩儿吧。*Lass uns irgendwann mal zur Großen Mauer fahren.*
> 这幅画儿我在哪家见过。*Dieses Bild habe ich bei irgendjemandem zu Hause schon mal gesehen.*

7.6.6 怎么 *irgendwie*

怎么 wird weiterhin adverbial verwendet, häufig zusammen mit 就是.

> 我不知怎么就是不舒服。*Irgendwie fühle ich mich sehr unwohl.*
> 他怎么就是不相信。*Irgendwie glaubt er es einfach nicht.*

7.6.7 不怎么 ***nicht besonders***

不怎么 kann als Adverbialbestimmung vor Eigenschaftsverben und Verben (insbesondere solchen für Gefühle und Empfindungen) stehen, um auszudrücken, dass etwas „nicht besonders" ist.

他今天不怎么忙。*Heute hat er nicht besonders viel zu tun.*
这间房子不怎么大。*Das Zimmer ist nicht sehr groß.*
我不怎么喜欢游泳。*Ich mag Schwimmen nicht besonders.*
他不怎么想家了。*Er hat nicht mehr so viel Heimweh.*

7.6.8 不怎么样 ***nicht* (sehr) *gut***

不怎么样 fungiert im Satz als Prädikat und drückt aus, dass etwas nicht gut ist.

他做的饭不怎么样。*Er kann nicht gut kochen.*
这本小说不怎么样。*Der Roman ist nicht interessant.*

[Übungen zu den voran gehenden Abschnitten **7.5–7.6** s. **7.11**]

7.7 Weitere Indefinitpronomina

7.7.1 Satzgliedfähige Indefinitpronomina

Einige Indefinitpronomina können selbstständig als Subjekt oder Objekt fungieren.

Satzgliedfähige Indefinitpronomina	
有人	*jemand/man*
人们	*man/Leute*
人家	*man/jemand*
别人	*andere/r … (Mensch)*

a) 有人 ***jemand, man***

有人 wird verwendet, wenn die Person einer Handlung irrelevant oder nicht identifizierbar ist. Dabei handelt es sich normalerweise um eine Einzelperson.

有人来了。*Es kommt jemand.*
有人敲门。*Jemand klopft an die Tür.*
我看见有人从图书馆走出来。*Ich sehe, dass jemand aus der Bibliothek kommt.*

b) 人们 *man, jemand*

人们 steht für eine nicht genau identifizierbare Mehrzahl von Menschen. Es wird oft mit 都 zusammen verwendet.

> 天冷了，人们不来这儿了。*Es ist kalt geworden, die Leute kommen nicht mehr hierher.*
> 人们都说黄山很漂亮。*Die Leute sagen alle, dass der Huangshan-Berg sehr schön ist.*

c) 人家 *man, jemand anderes, die anderen; ich*

人家 kann sich auf eine oder mehrere bestimmte oder unbestimmte Personen beziehen.

> 人家都走了，我也走。*Die anderen sind alle gegangen, ich gehe auch.*
> 我听人家说你去法国了。*Ich habe gehört, dass du nach Frankreich gehst.*
> 你看，人家的狗真好玩。*Guck mal, der Hund von denen ist echt lustig.*

人家 wird in der Umgangssprache von Mädchen oder jungen Frauen als Ersatzform für „ich" verwendet.

> 快说吧，人家都急死了。　人家累了，想躺一躺，好不好？

d) 别人 *andere/r, die anderen*

别人 steht für eine Person oder Personen, die der im Kontext erwähnten bestimmten Person gegenüberstehen.

> 别人不说你应该说。*Wenn die anderen nichts sagen, musst du es doch sagen.*
> 别人不看的书他看。*Er liest Bücher, die die anderen Leute nicht lesen.*
> 我们应该帮助别人。*Wir sollen den anderen helfen.*

7.7.2 Nicht satzgliedfähige Indefinitpronomina

Es gibt Indefinitpronomina, die nicht als Satzglied fungieren können. Sie können meist nur allein oder in Verbindung mit einem ZEW als Attribut fungieren.

Nicht satzgliedfähige Indefinitpronomina	
每	*jede/r/s (alle)*
各	*jede/r/s einzelne*
有的 / 有些	*manche*
某	*gewisse/r/s*

a) 每 und 各

每 und 各 bezeichnen beide die Gesamtheit eines Ganzen. Bei 每 liegt die Betonung auf der Gesamtheit, bei 各 auf (je)dem Einzelnen einer Gesamtheit.

每个公司 *alle Firmen*
各个公司 *jede einzelne Firma*
他每天都散步。*Er geht jeden Tag spazieren.*
我们在各个方面都要注意。*Wir müssen in jeder Hinsicht aufpassen.*

Bei 每 ist der Gebrauch eines ZEW obligatorisch. Bei 各 ist die Möglichkeit der Kombination mit ZEW eingeschränkt, oft kann das ZEW entfallen. 每 kann mit einer Zahl kombiniert werden, 各 hingegen nicht.

每张报纸	每一张报纸
每个公司	每一个公司
各报纸	
各公司	

In Kombination mit einer Nu-ZEW-Gruppe, in der die Zahl höher als eins ist, kann 每 ausdrücken, dass etwas regelmäßig geschieht oder gleichmäßig verteilt ist.

每两天 *alle zwei Tage*
他**每两天**洗一次澡。*Er badet alle zwei Tage*

每三家 *alle / pro / je drei Familien*
我们邻居**每三家**中有一家去旅游了。*Unter unseren Nachbarn ist von drei Familien eine in Urlaub gefahren* oder: *... ist jede dritte Familie in Urlaub gefahren*

每五个人 *alle / pro / je fünf Menschen*
他们**每五个人**中有一个人没买书。*Bei ihnen hat einer von fünfen kein Buch gekauft* oder: *... hat jede fünfte kein Buch gekauft.*

ZEW, die mit 各 kombinierbar sind, sind u.a. 个, 种, 样, 位, 方面 und 家:

各个公司	各家公司	各种公司
各位老师	各样条件	各方面专家

b) 有的 und 有些

有的 wird für unbestimmte Personen oder Dinge im Singular oder Plural, 有些 für unbestimmte Personen oder Dinge im Plural verwendet. Beides kann direkt vor dem Nomen stehen.

有的人高兴, 有的人不高兴。*Manche freuen sich, manche nicht.*

有些电影好看，有些电影不好看。*Manche Filme sind interessant, manche nicht.*

Wenn der Kontext klar ist, können 有的 und 有些 ohne ihr Bezugsnomen stehen.

有的茶好喝，有的不好喝。*Manche Tees schmecken gut, manche nicht.*
有些人想去，有些不想去。*Manche Leute wollen hingehen, manche nicht.*

c) 某

某 wird verwendet, wenn die Person oder die Sache nicht genauer genannt werden möchte oder sollte oder nicht genauer genannt zu werden braucht.

某人看过你的信。*Jemand hat deinen Brief gelesen.*
我在某本书里读过你的名字。*Deinen Namen habe ich in einem gewissen/bestimmten Buch gelesen.*
我在某某公司工作过三年。*Ich habe in einer gewissen/bestimmten Firma drei Jahre lang gearbeitet.*

某 kann mit oder ohne ZEW gebraucht werden. Es kann auch mit 些 kombiniert werden.

某家图书馆　　某个同学　　某件事情　　某些电影

[Übungen zu dem voran gehenden Abschnitt **7.7** s. **7.12**]

7.8 Übungen zu 7.1–7.2

7.8.1 我们 oder 咱们?

1. 看了您的信，________都很高兴。
2. 今天下午________一起去游泳，好吗？
3. 你不去上海，________也不去。
4. ________什么时候去看电影？
5. 你说________该不该去看他？
6. 她不想去，________去吧。

7.8.2 Wo ist 的 notwendig?

1. 我们____家在北京，他们____家在南京。
2. 他们家____狗很大。
3. 我们____电脑坏了。
4. 王老师说他们____老师还要开会。
5. 同学们对他们____老师很满意。
6. 咱们____想法都差不多。
7. 他____书架上有很多书。
8. 他们_____公司_____经理都很年轻。

7.9 Übungen zu 7.3

7.9.1 Wo fehlt das ZEW?

1. 这些____书都是中文的。
2. 这点____啤酒我喝了。
3. 这____电视机是日本的。
4. 那____事情我不会忘记。
5. 那三____问题你能回答吗？
6. 这儿____中国画很有名。

7.9.2 Was passt?

这, 这次, 那次, 这些, 那些, 这点儿

1. ________作业我 10 分钟就能做完。
2. ________位是新来的王经理。
3. ________书我都看过了。
4. ________我们一定要去西安。
5. 请你告诉我，________是谁的电脑。
6. 三年前的________旅游太有意思了。
7. 老师说________考试不难。
8. ________宿舍离这儿太远了。

7.9.3 Wo ist 这儿/那儿 notwendig?

1. 明年她想去德国________。
2. 我从汉堡______去北京______。
3. 他在我________看足球比赛。
4. 我们想去朋友________聊天。
5. 张先生在法国朋友________喝了法国葡萄酒。
6. 我的汉德词典在不在你______？
7. 王经理想到她哥哥________去。
8. 李小姐想到中国公司_______去工作。

7.9.4 Ordnen Sie

1. 我，没，这样，的，小说，看过
2. 听说，过，你，学习计划，这样，的，吗
3. 翻译，这句话，这样，不能
4. 方法，这样，的，的，最好，方法，是
5. 像，不多，她，运动员，这样，的
6. 博物馆，这样，的，没有，参观，过，从来，我

7.10 Übungen zu 7.4

7.10.1 Stellen Sie Fragen zum markierten Satzglied

1. **他**买了三个玩具。
2. 他买了**三个玩具**。
3. 他买了**三**个玩具。
4. 他**给弟弟**买了三个玩具。
5. 他**在城里**给弟弟买了三个玩具。
6. 他**昨天**在城里给弟弟买了三个玩具。
7. 他**昨天在城里**给弟弟买了三个玩具。
8. **他**昨天在城里**给弟弟**买了三个玩具。

7.10.2 Übersetzen Sie

1. Wer lernt in Beijing Chinesisch?
2. Was studierst du in Deutschland?
3. An welcher Universität sind Sie tätig?
4. Wessen Jacke ist das hier?
5. Aus welcher Gegend kommen Sie denn?
6. Wann und wo lernen sie Deutsch?
7. Welcher Grüntee schmeckt am besten?
8. Wie fährt er nach Berlin?
9. Wie wäre es mit einem Spaziergang?
10. Wie ist ihr Russisch?

7.10.3 几 oder 多少?

1. 你____月____号过生日？
2. 你有____个哥哥？
3. 你这两天看了____场足球？
4. 大教室里能坐____个学生？
5. 中文系有____个老师？
6. 汽车里能坐____个人？
7. 你给了他____百块钱？
8. 中国有____亿人？

7.10.4 哪 oder 什么? Antworten Sie

1. ______本书是你的？
2. 你看的是______书？
3. 她喝的是______茶？
4. 这是______家的猫？
5. ______朵花是你送的？
6. 你要的是______地图？
7. 王小姐买的是______水果？
8. ______辆自行车是刚修好的？

7.10.5 Wo kann 怎么 durch 为什么 ersetzt werden?

1. 你怎么不说话？
2. 这个字怎么写？
3. 这个菜怎么做？
4. 他怎么没来上课？
5. 你们怎么没坐飞机去柏林？
6. 请问，去火车站怎么走？
7. 他们怎么不高兴？
8. 你们怎么准备明天的考试？

7.10.6 Stellen Sie Fragen mit 哪儿

1. 大学附近有一家邮局。
2. 大学图书馆在邮局左边。
3. 邮局右边是学生宿舍。
4. 中国的东部有很多经济发达的城市。
5. 中国的少数民族主要在西南和西北部。
6. 中国的沿海地区是中国最发达的地区。

7.10.7 Welches Wort passt? 有, 是 oder 在?

1. 你的办公室____哪儿？
2. 哪儿____最漂亮的教堂？
3. 哪儿____电影院？
4. 火车站____市中心。
5. 植物园里____很多热带植物。
6. 港口的南面和西面____大海。
7. 德国最大的飞机场____哪儿？
8. 长江以南____几个发达的城市。

7.11 Übungen zu 7.5–7.6

7.11.1 Übersetzen Sie mit Universalpronomina

1. In dieser Firma lernt er alles.
2. Jeder will nach Frankreich reisen.
3. Du kannst mich jederzeit anrufen.
4. Den Film kann man sich überall ansehen.
5. Ich kann mit jedem Auto fahren.
6. Ihr könnt jeden fragen.
7. Sie sagte mir, wie gut der Roman ist.
8. Dieses Buch kannst du in jeder Buchhandlung kaufen.

7.11.2 Was passt?

谁, 什么, 哪, 怎么, 哪里 / 哪儿

1. ________都想看这场比赛。
2. 我第一次来柏林，________都想去看看。
3. 他________都想学，就是不想学做饭。
4. 我到________地方都想跟人聊天。
5. 你________想就________做。
6. 你们到________家公司都要努力工作。
7. 他看_____ ______就害怕。
8. 世界上_____都有中国人。

7.11.3 Formulieren Sie die Sätze unter Verwendung von Universalpronomina um

1. 昨天大家都不高兴。
2. 今天我没看见一个人。
3. 这件事情他告诉了每一个人。
4. 这一次王小姐请了每一个人的朋友。
5. 她弟弟每个东西都想玩。
6. 我哥哥打每一种球。
7. 每一座名山我都想看看。
8. 没有一家书店有这本书。

7.11.4 Beantworten Sie die Fragen unter Verwendung von Universalpronomina und 不管

1. 什么人对他不满意？
2. 你弟弟看过张先生的什么小说？
3. 他借过什么人的自行车？
4. 她哥哥去过欧洲什么国家？
5. 你喜欢哪种狗？
6. 你想去哪家银行？
7. 你们想去哪儿？
8. 你姐姐最喜欢什么花？

7.11.5 Formulieren Sie die Sätze mit passenden Indefinitpronomina um

谁, 什么, 哪儿, 什么时候

1. 房间这么干净，是不是**有人**打扫过了。
2. 这件事**有人**曾经说过一次。
3. 他明天过生日，你买点**礼物**送给他吧。

4. 还有两个星期时间，我想多学点**东西**。
5. 你**下个星期**再来一次吧。
6. 他们可能在**一个地方**等我们呢。

7.11.6 Setzen Sie 没什么, 不怎么 oder 不怎么样 ein

1. 不会开车__________，可以坐公共汽车。
2. 她不想去__________关系，回来以后我可以告诉她。
3. 王经理今天一句话也不说，好像__________高兴。
4. 他的英语__________，英国人听不懂。
5. 这几天__________新情况，你不用担心。
6. 李先生最近太忙，也__________散步了。

7.12 Übungen zu 7.7

7.12.1 有人, 人们 oder 别人?

1. 今天______来过吗？
2. ____都走了，你为什么还没走？
3. 天好了，______都去散步了。
4. 你听，______敲门。
5. ____都想知道这里的发展计划。
6. 上午______打电话找你。
7. 能帮助______，他感到很高兴。
8. ______的花园真漂亮，我们得向______学习。

7.12.2 Übersetzen Sie

1. Es gibt Leute, die sagen, dass das Buch sehr interessant ist.
2. Die Leute wollen alle wissen, wie die Lage im kommenden Jahr sein wird.
3. Er glaubt nicht an das, was die anderen gesagt haben.
4. In den letzten Tagen wollten sich alle Leute diesen Film ansehen.
5. Die anderen (Leute) wollen nach Japan reisen, ich nicht.
6. Gibt es jemanden, der Schattenboxen kann?
7. Ein gewisser Herr wird zu uns in die Firma kommen.
8. Manche Leute mögen diese Sendung, manche gar nicht.

7.12.3 Was passt? 每 oder 各?

1. 他____天都是早上五点起床。
2. 老师请____一个人写一封信。
3. ____家公司有____家公司的困难。
4. 他在____方面都很努力。
5. 德国平均____家有一辆汽车。
6. 他写的____一封信都很有意思。
7. 经理们有____种____样的想法。
8. ____公司的经理都来了。

7.12.4 Wo ist der Gebrauch eines ZEW obligatorisch? Welches passt?

套, 件, 个, 份, 种, 间

1. 北京大学的学生各____省的都有。
2. 这里的每一____房子都不错。
3. 这家商店巧克力很多，我每____都买了一点。
4. 他想到各____公司去看看。
5. 图书馆的每____报纸王先生都要看。
6. 他们把每____房间都收拾干净了。
7. 各____家有各____家的好主意。
8. 他买的衣服每____都很合适。

7.12.5 Ordnen Sie

1. 喜欢，有的，人，听，不，音乐
2. 外国留学生，长城，想，有些，去，有些，北海公园，想，去
3. 这些词，知道，我，有的，不，知道，有的
4. 技术，这个公司，有些，发明，是，自己，的
5. 他，某公司，实习，在，了，三个月
6. 张先生，一定，现在，在，茶馆，里，某家
7. 有些事，不，你，管，可以，了
8. 说话，在，某些，情况，下，最好，你，别

8 Verben 动词

Verben sind Wörter, die eine Tätigkeit, ein Geschehen, einen Vorgang oder einen Zustand bezeichnen. Im Chinesischen haben sie keine Formbildungen wie im Deutschen. Sie können durch folgende Merkmale charakterisiert werden:

a) Sie fungieren hauptsächlich als Prädikat,

学生们在图书馆**看**书。

b) sie können durch 不, oft auch durch 没 verneint werden,

马经理明天**不去**公司。 弟弟昨天**没上**课。

c) an sie können normalerweise die Partikeln 了, 着 und 过 angehängt werden.

他**喝了**一杯绿茶。 哥哥在沙发上**坐着**。 他**去过**法国。

8.1 Wortstruktur

Es gibt einsilbige und zweisilbige Verben. Zweisilbige Verben können unterschiedliche Wortstrukturen aufweisen, die wiederum ihren Gebrauch beeinflussen.

8.1.1 Koordinatives Verhältnis: 学习, 休息

Ein Verb in koordinativem Verhältnis besteht aus zwei Teilen, die hinsichtlich der Bedeutung und der Wortart ähnlich oder gleich sind. Zwischen die beiden Teile darf kein sprachliches Element wie etwa 了, 着, 过 oder Nu-ZEW eingeschoben werden. All diese Elemente müssen hinter dem Verb stehen.

学习了 **休息**着 **帮助**过 **工作**一次

Zu dieser Gruppe gehören z.B.:

帮助	参加	锻炼	发现	复习	工作
结束	介绍	开始	练习	旅游	努力
生产	实习	收拾	讨论	修理	休息
学习	知道	注意	准备		

8.1.2 Subordinatives Verhältnis: 睡觉, 见面

Ein Verb in subordinativem Verhältnis besteht aus zwei Teilen, die von der Wortart her unterschiedlich sind: Der erste Teil ist ein Verb, der zweite Teil ein Nomen. Das Nomen ist einsilbig und nicht selbstständig. Es wird vom ersten, verbalen Teil bestimmt und kann als fester Bestandteil der Verbalgruppe nicht ohne Weiteres durch ein anderes Wort ersetzt werden. Die Partikeln 了, 着, 过 oder Nu-ZEW müssen an den Verbalteil angehängt werden und somit zwischen den beiden Teilen stehen. Dahinter darf es kein weiteres Objekt mehr geben. Verben in subordinativem Verhältnis werden als Verbalgruppe (Vg) bezeichnet.

结了婚　　睡着觉　　洗过澡　　见一次面

Zu dieser Gruppe gehören z.B.:

罢课	帮忙	唱歌	吃饭	出差	打工
见面	结婚	看病	理发	留学	起床
散步	上课	失业	睡觉	说话	谈话
跳舞	退休	洗澡	下班	下课	游泳

[Übungen zu dem voran gehenden Abschnitt **8.1** s. **8.5**]

8.2 Ergänzungen

Verben lassen sich nach der Zahl der zusätzlich zum Subjekt notwendigen Ergänzungen und nach der Art der Ergänzung in verschiedene Untergruppen einteilen. Eine notwendige Ergänzung ist ein sprachliches Element, das den Satz grammatisch macht. Ergänzungen lassen sich in zwei Gruppen unterteilen: spezifisch und nicht spezifisch. Bei den spezifischen Ergänzungen handelt es sich in erster Linie um Objekte verschiedener Art: nominales Objekt (Nomina, Pronomina, Ortsobjekte etc.), verbales Objekt (Verben, Verbalgruppen, Verbalkonstruktionen und Sätze) sowie Präpositionalobjekt (Präpositionalgruppen). Zu den nicht spezifischen Ergänzungen gehören Partikeln, Adverbien, Adverbialbestimmungen, Komplemente etc. (vgl. Tabelle gegenüber)

Ergänzungen			
Anzahl	**Art**	**Abkürzung**	**Beispiele**
eine nicht spezifische Ergänzung	Partikel, Adverb, Adverbialbestimmung, Komplement etc.	V	笑　笑了 工作　不工作 休息　休息五分钟
eine spezifische Ergänzung	nicht selbstständiger Nominalteil	Vg	睡觉　他们睡觉 散步　我们散步
	ein nominales Objekt	$V_{Nom}O$	吃　吃水果 学习　学习什么
	ein nominales Objekt: Ortsobjekt	$V_{Ort}O$	来　来德国 去　去同学那儿
	ein Präpositionalobjekt oder eine Aspektartikel	$V_{Präp}O$ VAP	坐　坐在椅子上 坐着
	ein Präpositionalobjekt	$_{Präp}OV$	服务　为人民服务 感兴趣　对音乐感兴趣
	ein verbales Objekt	$V_{Verb}O$	打算　打算学法语 计划　计划去旅游
	ein verbales Objekt: Satz	$V_{Satz}O$	担心　担心他回不来 发现　发现人走了
zwei spezifische Ergänzungen	zwei nominale Objekte	$V_{Nom}O_{Nom}O$	给　给弟弟一本书 告诉　告诉妈妈这件事
	ein nominales und ein verbales Objekt	$V_{Nom}O_{Verb}O$	让　让哥哥学法语 安排　安排我去北京
	ein nominales Objekt und ein Präpositionalobjekt	$V_{Nom}O_{Präp}O$	称　称他为好朋友 借　借自行车给我
	ein Präpositionalobjekt und ein nominales Objekt	$_{Präp}OV_{Nom}O$	做　对公司做调查 进行　对历史进行研究
	zwei Präpositionalobjekte	$_{Präp}OV_{Präp}O$	放　把词典放在书架上 介绍　把他介绍给你

8.2.1 Verben mit einer nicht spezifischen Ergänzung

Diese Verben verfügen über kein Objekt, können aber nicht allein mit dem Subjekt schon einen grammatischen Satz bilden. Dafür brauchen sie eine Ergänzung, deren Art nicht festgelegt ist. Das kann eine Partikel, ein Adverb, eine Adverbialbestimmung, ein Komplement oder eine Aufzählung sein. Nur wenn der Kontext klar ist, kann diese Ergänzung entfallen.

他休息**吗**？ (Partikel)
王小姐工作**过**。(Partikel)
他**不**休息。(Adverb)
我**明天**工作。(Adverbialbestimmung)
留学生生活**得很舒服**。(Komplement)
你休息，**我工作**。(Aufzählung)
他努力吗？– (他)努力。(Kontext)

Zu dieser Gruppe gehören u. a.:

变	工作	活	旅游	努力
生活	死	笑	醒	休息

8.2.2 Verben mit einer spezifischen Ergänzung in Form einer Verbalgruppe

Eine Verbalgruppe besteht aus einem verbalen und einem nominalen Teil, der einsilbig und meistens kein selbstständiges Wort mehr ist (**vgl. 8.1.2**). Von der Bedeutung her steht der nominale in enger Verbindung mit dem verbalen Teil. Oft entspricht eine Verbalgruppe im Chinesischen einem Verb im Deutschen. Zur Bildung eines grammatisch richtigen Satzes kann sie ein zusätzliches Sprachelement dazu nehmen, muss es aber nicht tun.

睡觉 *schlafen* 马小姐睡觉。
聊天 *plaudern* 大家聊天。
游泳 *schwimmen* 弟弟游泳。

Bei Verbalgruppen kann ein sprachliches Element zwischen dem verbalen und dem nominalen Teil eingeschoben werden. Dabei ist der Gebrauch von 的 unterschiedlich. Bei Zeitangaben und Pronomina ist die Verwendung von 的 fakultativ, bei zweisilbigen Eigenschaftsverben obligatorisch.

a) Zeitangabe

学生们罢了**一个星期(的)**课。

b) Personalpronomen

谁帮**你**(的)忙？

c) Fragepronomen

王先生帮**谁(**的)忙？

d) Eigenschaftsverb

妹妹喜欢说**好听**的话。

Bei Zahlwörtern, Nu-ZEW-Gruppen, Aspektpartikeln etc. darf kein 的 verwendet werden.

a) Zahlwort

他想中午睡一觉。

b) Nu-ZEW-Gruppe

他已经结三**次**婚了。

c) Aspektpartikel

大家高高兴兴地游**着**泳。

d) Nomen

我们今天做**中国**饭。

Zu dieser Gruppe gehören u. a. (zusätzlich zu den in **8.1.2** aufgeführten Verben):

辞职	度假	放心	付钱	考试
聊天	念书	请客	上班	上学
写字	做饭	做客		

[Übungen zu den voran gehenden Abschnitten **8.2.1–8.2.2** s. **8.6**]

8.2.3 Verben mit einer spezifischen Ergänzung in Form eines nominalen Objekts

Verben dieser Gruppe verlangen ein nominales Objekt als Ergänzung. Das kann ein Nomen, ein Personalpronomen, ein Interrogativpronomen, eine Nu-ZEW-Gruppe etc. sein.

我们参观**博物馆**。　她看**我**，我看**她**。　他认识**谁**？
他们喝了**几瓶**（水）？

Wenn der Kontext klar ist, kann das Objekt entfallen.

你看报纸了吗？看了。
他打电话了吗？打了。

Verben dieser Art sind am zahlreichsten und produktivsten. Zu dieser Gruppe gehören u. a.:

帮	采用	参观	参加	尝	吃	穿	打
等	懂	读	锻炼	发现	发展	翻译	复习
改革	感谢	干(gàn)	跟	关	过	画	欢迎
回答	寄	减少	建立	叫	接	结束	解释
经过	开	看	练习	拿	念	怕	批评
骗	认识	生产	收拾	属于	算	谈	讨论
提高	听	停	同意	玩	忘	问	习惯
洗	喜欢	写	姓	修理	学	学习	用
有	增加	找	整理	知道	注意	祝贺	准备
做							

8.2.4 Verben mit einer spezifischen Ergänzung in Form eines Ortsobjekts

Es gibt Verben, die ein Ortsobjekt als Ergänzung verlangen. Die meisten dieser Verben werden als „Richtungsverben" bezeichnet.

他们去**图书馆**。　　王老师明天回**北京**。

Allgemeine Nomina, die die Person bezeichnen, und Pronomina können durch ein nachfolgendes 这里 / 这儿 oder 那里 / 那儿 zu einem Ortsobjekt werden.

姐姐去王小**姐那儿**。　　请你到**我这儿**来。

Ansonsten ist der Satz ungrammatisch.

*姐姐去王**小姐**　　*请你到**我**来

Zu dieser Gruppe gehören u. a. Richtungsverben wie

出	到	过	回	进
来	去	上	下	在

und Verben wie

位于　住

8.2.5 Verben mit einer spezifischen Ergänzung in Form eines Präpositionalobjekts oder einer Aspektpartikel

Verben dieser Gruppe verlangen ein Präpositionalobjekt, das die Lage oder Richtung bezeichnet.

S + P / V + $_{\text{Präp}}$O
他坐在椅子上。
我跳到床上。

Verben dieser Gruppe werden als „Zustandsverben" oder Bewegungsverben bezeichnet. Die Präpositionalgruppe, die vom Verb verlangt wird, kann vor oder nach dem Prädikat stehen. Wenn sie vor dem Prädikat steht oder entfällt, muss das Verb durch eine zusätzliche Ergänzung in Form der Partikeln 了, 着 oder 过 erweitert werden, sonst wäre der Satz nicht grammatisch.

S (+$_{\text{Präp}}$O) + P / V + Part.
姐姐（在沙发上）坐**着**。
*姐姐（在沙发上）坐。

Andererseits darf im Falle einer Ergänzung mit einer Aspektpartikel die Präpositionalgruppe nicht hinter dem Prädikat, sondern muss vor dem Prädikat stehen.

他们在操场上跑着　　　*他们跑着在操场上

Zur Gruppe der Zustandsverben gehören u. a.:

睡　躺　停　站　住　坐

Zur Gruppe der Bewegungsverben gehören u. a.:

飞　跑　跳　走

[Übungen zu den voran gehenden Abschnitten **8.2.3–8.2.5** s. **8.7**]

8.2.6 Verben mit einer spezifischen Ergänzung in Form eines Präpositionalobjekts

Verben dieser Gruppe verlangen ein Präpositionalobjekt, das vor oder nach dem Prädikat stehen muss.

a) vor dem Prädikat

S + $_{\text{Präp}}$O + P / V
王经理**对公司的情况**很满意。

Zu dieser Gruppe gehören u. a.:

对…担心	对…感兴趣	对…了解	对…满意
跟…合作	跟…交往	为…服务	为…送行
由…组成			

b) hinter dem Prädikat

$S + P/V + {}_{Präp}O$
王先生出身于**一个商人家庭**。

Zu dieser Gruppe gehören u. a.:

出身于… 出生于… 出自… 发源于…
立足于… 来自…

8.2.7 Verben mit einer spezifischen Ergänzung in Form eines verbalen Objekts

Verben dieser Gruppe verlangen ein Verb, eine Verbalgruppe oder eine Verbalkonstruktion als Ergänzung.

请开始**说**吧。 我们打算**度假**。 他们开始**复习生词**。

Zu dieser Gruppe gehören u. a.:

打算 敢 计划 继续 决定 开始 考虑 喜欢

8.2.8 Verben mit einer spezifischen Ergänzung in Form eines Satzes

Verben dieser Gruppe fordern ein Objekt in Form eines Satzes als Ergänzung.

我觉得**她说得对**。 他们认为去**北京的人更多**。

Zu dieser Gruppe gehören u. a.:

估计 觉得 认为 希望 以为

Es gibt Verben, die ein nominales oder ein verbales Objekt in Form eines Satzes verlangen können.

姐姐担心**弟弟**。 姐姐担心**弟弟今天回不来**。
张先生发现**一本好书**。 张先生发现**他走错路了**。

Zu dieser Gruppe gehören u. a.:

保证 猜 担心 发现 估计 规定 记得 觉得
决定 认为 希望 以为 证明 知道 祝贺

[Übungen zu den voran gehenden Abschnitten **8.2.6–8.2.8** s. **8.8**]

8.2.9 Verben mit zwei spezifischen Ergänzungen in Form zweier nominaler Objekte

Verben dieser Gruppe fordern zwei nominale Objekte, von denen eins eine Person bezeichnet und das andere eine Sache. Dabei steht die Person immer vor der Sache.

爸爸给了 **他** **一张电影票**。 王经理想告诉 **李老师** **这件事**。

Zu dieser Gruppe gehören u. a.:

告诉 给 教 借 送 问

8.2.10 Verben mit zwei spezifischen Ergänzungen in Form eines nominalen Objekts und eines verbalen Objekts

Verben dieser Gruppe verlangen ein nominales Objekt (meist eine Person) und ein verbales Objekt als Ergänzungen. Dabei dient die Person einerseits als Objekt des Prädikats, andererseits als Subjekt des verbalen Objekts. Diese Struktur wird auch als „Scharniersatz“ oder „Satz mit Doppelfunktionswort“ bezeichnet. Sie ist vergleich-bar mit der des deutschen Satzes „Er lässt mich auf ihn warten“.

老师让 **他** **参加考试**。 老朋友的信使 **她** **高兴了很长时间。**
大学安排 **钱先生** **去上课**。

Zu dieser Gruppe gehören u. a.:

安排 逼 欢迎 禁止 派 劝 让 使
提醒 同意 限制 要 要求 允许 支持

8.2.11 Verben mit zwei spezifischen Ergänzungen in Form eines nominalen Objekts und eines Präpositionalobjekts

Verben dieser Gruppe fordern ein nominales Objekt und ein Präpositionalobjekt als Ergänzungen.

他借 **钱** **给他弟弟**。 李先生称 **他** **为老朋友**。

Die Präpositionalgruppe mit 给 kann bei manchen Verben vor oder nach dem Prädikat stehen. Damit können zwei unterschiedliche Bedeutungen entstehen: vor dem Prädikat bedeutet 给 oft „anstelle von“ oder „für jemanden“ und kann durch 替 ersetzt werden, während es nach dem Prädikat auf den Empfänger einer Tätigkeit hinweist und dem Dativ im Deutschen entspricht.

我给他还书。*Ich gebe für ihn das Buch zurück.* = 我替他还书。
我还书给他。*Ich gebe ihm das Buch zurück.*

Wenn das Präpositionalobjekt mit 给 nach dem Prädikat steht, kann es seine Position mit der des nominalen Objekts tauschen, ohne dass sich die Bedeutung verändert.

他借 **钱** **给他弟弟**。= 他借 **给他弟弟** **钱**。

Zu dieser Gruppe gehören u. a.:

跟…比赛… 哥哥**跟**弟弟**比赛**。
还…给… 我**还**钱**给**他。
寄…给… 他**寄**信**给**他姐姐。

给…讲…　爸爸**给**女儿**讲**故事。
借…给…　王先生**借**录音机**给**我。
给…买…　妈妈**给**儿子**买**书。
oder 买…给…　妈妈**买**书**给**儿子。
卖…给…　马小姐**卖**词典**给**一个学生。
送…给…　**送**一盆花**给**她吧。
给 / 向…提…　公司**给**我们**提**了条件。
给 / 为…提供…　大学**给**学生们**提供**了很好的学习条件。
给…写…　他**给**爷爷**写**信。
oder　写…给…　他**写**信**给**爷爷。
选…当…　大家**选**他**当**班长。
给…造成…　大风**给**这里**造成**了很大困难。

8.2.12 Verben mit zwei Ergänzungen in Form eines nominalen Objekts und eines Präpositionalobjekts (Funktionsverbgefüge)

Es gibt Verben, die ein nominalisiertes Verb als Objekt verlangen und mit diesem eine feste Konstruktion bilden. Diese Konstruktion wird als „Funktionsverbgefüge" bezeichnet und ist vergleichbar mit „zum Ausdruck bringen" in „er bringt seinen Willen zum Ausdruck" im Vergleich zu „ausdrücken" in „er drückt seinen Willen aus". Im Funktionsverbgefüge ist die Bedeutung des als Prädikat fungierenden Verbs oft verblasst, während das nominale Objekt die Hauptbedeutung trägt. Zu Nominalisierungen vor allem **vgl. 1.3**.

我们做调查，他们搞研究。　　我们进行认真的锻炼。

Das nominale Objekt, das die Nominalisierung eines Verbs ist, kann durch eine Nu-ZEW/Dp-ZEW-Gruppe wie 一次/这次 und Attribute modifiziert werden (**vgl. 6.3**).

他想进行一次三个月的研究。　我们想做一次全面的调查。

Wenn im Satz mit Funktionsverbefüge das Objekt aus dem Satz mit Prädikatsverb erhalten bleiben soll, wird es mit der Präposition 对 markiert und vor das Prädikat gestellt (**vgl. 1.3** und **12.5.1**).

我**对这件事**要加以了解。 ← 我要了解这件事。
老师**对这件事**表示同意。 ← 老师同意这件事。

Zu dieser Gruppe gehören u. a.:

对…表示…　他**对**客人**表示**欢迎。
对…搞…　我们**对**这件事要**搞**一个调查。
对…加以…　他们**对**我的意见要**加以**研究。

对…进行…　王老师**对**北京历史**进行**研究。
对…做…　要**对**明天的比赛**做**好准备。

8.2.13 Verben mit zwei spezifischen Ergänzungen in Form zweier Präpositionalobjekte

Manche Verben verlangen zwei Präpositionalobjekte, die beide vor dem Prädikat stehen. Sie werden häufig mit Komplementen wie 起来 oder 在一起 kombiniert.

他弟弟能**把学习**　**跟玩儿**结合起来。

Zu dieser Gruppe gehören u. a.:

把…跟...结合　他们**把**骑自行车**跟**锻炼身体**结合**起来。
把…跟…联系　人们喜欢**把**长城**跟**中国**联系**在一起。

Andere Verben verlangen ein Präpositionalobjekt mit 把, das vor dem Prädikat steht, sowie ein weiteres, das nach dem Prädikat steht.

妈妈　**把词典**　放　**在书架上**。
我　**把王经理**　介绍　**给李先生**。

Zu dieser Gruppe gehören u. a.:

把…称做 / 作…　我**把**她**称做**老朋友。
把…当做 / 作…　他**把**这次的工作**当作**一个好机会。
把…翻译成…　请**把**这句话**翻译**成英语。
把…放到 / 在…　别**把**巧克力**放在**他的房间里。
把…挂到 / 在…　你能**把**衣服**挂到**衣架上去吗?
把…还给…　**把**钱**还给**她吧。
把…寄给…　快**把**车票**寄给**我吧。
把…叫做 / 作…　人们**把**愿意帮助人的人**叫做**好心人。
把…介绍给…　我想**把**你**介绍给**王经理。
把…租给…　**把**房子**租给**他，好不好?

[Übungen zu den voran gehenden Abschnitten **8.2.9–8.2.13** s. **8.9**]

8.3 Kopula 是 *sein*

是 ist Kopulaverb und kann nicht wie andere Verben durch die Aspektpartikeln 了, 着 und 过 modifiziert werden. Es kann nur mit 不 verneint werden. 是 verbindet Subjekt und Prädikativ. Als Prädikativ können Nomina, Zeitnomina, Ortsnomina, Ev+的-Konstruktionen oder Verbalkonstruktionen dienen.

他是医生。(Nomen)
今天是三月八号。(Zeitnomen)

这里是足球场。(Ortsnomen)
这台电脑是新的。(Ev+的-Konstruktion)
他想的是去哪儿旅游好。(Verbalkonstruktion)

是 wird oft mit „sein“ übersetzt. Anders als „sein“ hat 是 aber nicht die Bedeutung von „sich befinden in“. Diese Bedeutung kann im Chinesischen mit 在 ausgedrückt werden.

8.4 Verdoppelungen

A → AA 看 → 看看
A → A一A 说 → 说一说
A → A了A 听 → 听了听
AB → ABAB 学习 → 学习学习
AB → AAB 睡觉 → 睡睡觉

Auch Verben können verdoppelt werden. Es gibt verschiedene Formen der Verdoppelung, die mit der Silbenzahl und der Struktur der Verben in Zusammenhang stehen. Die wichtigste Funktion der Verbverdoppelung besteht darin, dass sie zur Abschwächung der Bedeutung dient. Mit der Verdoppelung signalisiert der Sprecher, dass die bezeichnete Handlung nur „kurz“, „einmal“, „mal eben“ oder nur „probeweise“ stattfindet. Es kommt selten vor, dass eine Verdoppelung bei Verben zusammen mit einem Eigenschaftsverb mit intensivierender Bedeutung zu einer Intensivierung der Bedeutung führt.

8.4.1 Einsilbige Verben

Einsilbige Verben können in den Formen AA, A一A und A了A verdoppelt werden.

看看 *kurz schauen* 听听 *kurz horchen*
看一看 *einmal kurz schauen* 听一听 *einmal kurz horchen*
看了看 *kurz gesehen/geschaut haben* 听了听 *kurz gehört haben*

8.4.2 Zweisilbige Verben

Zweisilbige Verben haben je nach Struktur zwei verschiedene Verdoppelungsformen: ABAB und AAB. Ein Verb im koordinativen Verhältnis nimmt die Form ABAB an, ein Verb im subordinativen Verhältnis (eine Verbalgruppe also) die Form AAB.

a) Koordinative Verben: ABAB

学习 → 学习学习 休息 → 休息休息
帮助 → 帮助帮助

b) Subordinative Verben: AAB

睡觉 → 睡睡觉　　帮忙 → 帮帮忙
见面 → 见见面

Subordinierte Verben können außerdem noch in der Form A 一 AB und A 了 AB verdoppelt werden, was bei Verben im koordinativen Verhältnis nicht möglich ist.

睡一睡觉　　洗一洗澡　　见一见面
睡了睡觉　　洗了洗澡　　见了见面

8.4.3 Bedeutungen

Wie schon erwähnt, kann man mit einer Verdoppelung eine Handlung als „kurz“, „einmal“, „mal eben“ oder „probeweise“ kennzeichnen.

a) Eine kurze Handlung (oft mit 就)

她看了看这本书就走了。
经理笑了笑，没说话。

b) Probeweise

这台电脑我修不好，你来试试？
他们都没办法了，你去看看？

c) Daraus ergibt sich auch die Möglichkeit, eine Aufforderung höflich zu formulieren, indem die Handlung als „kurz“, „mal eben“, „probeweise“ ausführbar gekennzeichnet wird.

请你坐坐，等一会儿。(höflicher als 请你坐，等一会儿)
你帮帮他吧。(höflicher als 你帮他吧)

d) Eine intensivierende Bedeutung kann nur zusammen mit einer Adverbialbestimmung mit intensivierender Bedeutung zustande kommen.

你们好好想想。　他们应该多听听别人的意见。

8.4.4 Aussprache

Bei der Verdoppelung können sich die Töne verändern. Dabei gilt im Allgemeinen die Regel, dass der erste Teil ohne Tonveränderung ausgesprochen wird, während der zweite Teil seine ursprüngliche Tonhöhe verliert und im neutralen Ton gesprochen wird.

看看 kànkan　　说说 shuōshuo　　学习学习 xuéxixuéxi

Bei der Verdoppelung einsilbiger Verben im dritten Ton gibt es eine Sonderregel: Der zweite Teil behält seine Tonhöhe, der erste Teil wird im zweiten Ton gelesen (wie überall, wo zwei dritte Töne aufeinander treffen).

想 xiǎng → 想想 xiángxiǎng

[Übungen zu dem voran gehenden Abschnitt **8.4** s. **8.10**]

8.5 Übungen zu 8.1

8.5.1 Wo stehen 了, 着, 过?

1. 帮 A 忙 B______________ 搬 A 家 B______________
2. 罢 A 课 B______________ 参 A 加 B______________
3. 吃 A 饭 B______________ 出 A 差 B______________
4. 打 A 工 B______________ 复 A 习 B______________
5. 欢 A 迎 B______________ 回 A 家 B______________
6. 介 A 绍 B______________ 讨 A 论 B______________
7. 开 A 车 B______________ 开 A 始 B______________
8. 留 A 学 B______________ 起 A 床 B______________
9. 请 A 客 B______________ 上 A 课 B______________
10. 收 A 拾 B______________ 说 A 话 B______________

8.6 Übungen zu 8.2.1–8.2.2

8.6.1 Welche nicht spezifische Ergänzung passt?

得很舒服, 了, 吗, 吧, 三年了, 得很, 还没, 着

1. 王小姐______醒。
2. 他们努力______。
3. 李先生工作______。
4. 你们休息______？
5. 他们生活______。
6. 小猫还活______。
7. 我们旅游______。
8. 公司发展______。

8.6.2 Antworten Sie

1. 哥哥帮谁的忙？（妹妹）
2. 她今年出了几趟差？（五趟）
3. 他们打了多长时间的工？（四个星期）
4. 王先生在德国留了多长时间学？（两年）
5. 去公园你付了多少钱？（五十元）
6. 你妹妹今天上什么班？（早）
7. 他洗了多长时间(的)澡？（十五分钟）
8. 这个星期你们游了几次泳？（四次）

8.6.3 Welches Wort oder welche Wortgruppe passt?

短, 好, 两个月, 两年, 两趟, 五分钟, 早,中文

1. 他暑假打了__________的工。
2. 李先生下个月要出__________差。
3. 马小姐在日本留了__________学。
4. 我睡了一个__________觉。
5. 妈妈明天上__________班。
6. 我们晚上上__________课。
7. 弟弟洗了__________的澡。
8. 哥哥理了一个__________发。

8.7 Übungen zu 8.2.3–8.2.5

8.7.1 Antworten Sie

1. 他在等谁？（他的老朋友）
2. 这家公司生产什么？（彩色电视机）
3. 你们昨天讨论了什么？（明天开会的事情）
4. 广州属于哪个省？（广东省）
5. 王老师给你们解释了什么？（这个字的意思）
6. 你怕什么？（明天的考试）
7. 他们习惯了什么？（大学的生活）
8. 李先生忘了什么？（公司的电话号码）

8.7.2 Wo ist der Gebrauch von 这儿/那儿 notwendig?

1. 他们想回北京______。
2. 王先生住他妈妈______。
3. 弟弟明天想去哥哥______。
4. 我们现在住学生宿舍______。
5. 她现在在谁______？
6. 钱先生去银行______。

8.7.3 Welche Sätze sind richtig?

1a. 老师们都站着。
1b. 老师们都站。
2a. 弟弟睡在床上。
2b. 弟弟睡着在床上。
3a. 公共汽车在银行前面停。
3b. 公共汽车停在银行前面。
4a. 他住北京。
4b. 他住在北京。

8.8 Übungen zu 8.2.6–8.2.8

8.8.1 Welches Verb passt?

发源, 服务, 感兴趣, 合作, 交往, 了解, 满意, 组成

1. 公司对王经理的工作很__________。
2. 张先生不想跟李先生__________了。
3. 我对这种汽车不太__________。
4. 德国由 16 个州__________。
5. 马先生说他们公司愿意为所有的顾客__________。
6. 他在工作中得跟不同的人__________。

7. 长江__________于青藏高原。
8. 这些孩子对画画儿都很__________。

8.8.2 Vervollständigen Sie die Sätze mit einer passenden Verbalkonstruktion

去中国投资, 一个人回家, 看电影, 讲故事, 学说话, 在哪儿实习

1. 他弟弟开始________________________。
2. 我姐姐喜欢________________________。
3. 请你继续________________________。
4. 他们打算________________________?
5. 这家公司考虑________________________。
6. 夜里她不敢________________________。

8.8.3 Antworten Sie mit einem passenden Satz

马先生来帮忙, 他们在这里工作过, 他做得不好, 每个人都去实习, 你明天能到, 你们都很努力

1. 你认为什么?
2. 他希望什么?
3. 你还记得什么?
4. 张小姐证明什么?
5. 她估计什么?
6. 这样做可以保证什么?

8.9 Übungen zu 8.2.9-8.2.13

8.9.1 Antworten Sie mit einer passenden Wortgruppe

中国地理, 工作, 出差, 早点睡觉, 明天不上课, 还词典, 开会, 一个玩具

1. 哥哥送他什么?
2. 钱老师教你们什么?
3. 他妹妹告诉他什么?
4. 你妈妈提醒你干什么?
5. 公司派你去哪儿?
6. 图书馆让他干什么?
7. 李经理要你干什么?
8. 银行安排钱经理去北京干什么?

8.9.2 Welche Präposition passt?

当, 给, 跟

1. 北京大学____南京大学比赛排球。
2. 王小姐____她的学生讲了一个故事。
3. 钱先生借____公司十万欧元。
4. 他们结婚时我送____他们一张沙发。
5. 他____他爸爸提了一个很有意思的问题。
6. 张先生____他儿子买了一台电脑。
7. 大家都选他____班长。
8. 大风大雨____这里的人造成了很多困难。

8.9.3 Welches 给 kann durch 替 ersetzt werden?

1. 哥哥给弟弟讲了一个笑话。
2. 妈妈买了一个玩具给女儿。
3. 我给他还了几本书。
4. 这位老人请马先生给他写一封信。
5. 这件事给公司造成了很大的影响。
6. 我在图书馆给妹妹借了几本书。

8.9.4 Formulieren Sie die Sätze unter Verwendung der vorgegebenen Verben um

1. 我们复习学过的课文。（进行）
2. 她欢迎新来的同学。（表示）
3. 老师介绍了这学期的课。（进行）
4. 我们同意明天罢课。（表示）
5. 我要了解这件事。（加以）
6. 请大家讨论宿舍的情况。（加以）
7. 公司要调查这件事。（搞）
8. 她想研究这个城市的交通情况。（做）

8.9.5 Vervollständigen Sie die Sätze mit den vorgegebenen Verbalkonstruktionen

想起了我的家乡, 晚上看电影, 下星期去北京, 去南京工作, 马上回家, 坐飞机去, 生日快乐, 住在留学生宿舍

1. 哥哥要弟弟________________。
2. 公司安排马小姐____________。
3. 大家都劝他________________。
4. 北京的朋友欢迎我__________。
5. 同学们祝张老师____________。
6. 他打电话提醒我____________。
7. 大学要求留学生____________。
8. 这里的风景使我想起了______。

8.9.6 Welches Verb passt?

当, 联系, 介绍, 翻译, 叫, 放, 还, 挂, 结合, 租

1. 他把你哥哥________给了电脑公司。
2. 史先生把《家》这本小说________成了德文。
3. 我把那本旅游的书________给图书馆了。
4. 李小姐请我把欧洲地图________到墙上。
5. 他们把玩儿跟休息________起来。
6. 他们家把这间房间________给了一个留学生。
7. 我们把箱子________到汽车里。
8. 人们把没有农药的水果________做生态（shēngtài）水果。
9. 很多人把抽烟跟交际________在一起。
10. 他把旅游________做最开心的事。

8.10 Übungen zu 8.4

8.10.1 Wie werden diese Verben verdoppelt?

1.	帮忙__________	搬家__________
2.	罢课__________	参加__________
3.	吃饭__________	出差__________
4.	打工__________	复习__________
5.	欢迎__________	回家__________
6.	介绍__________	喝茶__________
7.	开车__________	开门__________
8.	留学__________	起床__________
9.	请客__________	上课__________
10.	收拾__________	说话__________
11.	讨论__________	跳舞__________
12.	修理__________	休息__________
13.	学习__________	游泳__________
14.	准备__________	做饭__________

8.10.2 Formulieren Sie die Sätze um, indem Sie die Verben verdoppeln. (Beachten Sie, dass dabei die Nu-ZEW-Gruppen wegfallen)

1. 我想休息一会儿。
2. 今天晚上我想跳一会儿舞，聊一会儿天。
3. 请你认真收拾你的房间。
4. 这个月我想打一点工，复习一点德语语法。
5. 我们想请他给你们上一些课。
6. 请你好好地准备去中国的旅行。
7. 请你们讨论一下这个问题。
8. 他们看了一会儿书，聊了一会儿天，跳了一会儿舞。

8.10.3 Formulieren Sie die Sätze um, indem Sie die Verben verdoppeln und die in Klammern stehenden Eigenschaftsverben verwenden

1. 你们要关心新同学。(好好)
2. 让他们散步。(多)
3. 我们应该研究这本书。(认真)
4. 请他们想这个问题。(仔细)
5. 他们得锻炼身体。(好好)
6. 请他看他的老朋友。(多)

9 Modalverben 情态动词

Modalverben			
	Ausdruck von	häufig übersetzt als	Verneinungsform
想	Wunsch / Absicht	mögen / möchte	不想，没想；不要
要	a) starker Wunsch b) Empfehlung	wollen, sollen, müssen	不想，不要
愿意	Bereitschaft	bereit sein zu, wollen	不愿意
可以	a) Erlaubnis b) Möglichkeit	dürfen, können	不可以；不能；没能
能	a) (situationsbedingte) Fähigkeit b) Möglichkeit	können, dürfen	不能，没能
会	erlernte Fähigkeit	können	不会
应该	a) Notwendigkeit b) Empfehlung	sollen, müssen,	不应该，不该，不用
必须	Notwendigkeit	müssen	不必，不用
得 (děi)	Notwendigkeit (umgangssprachlich)	müssen	不用

9.1 Merkmale

a) Das Modalverb bildet gemeinsam mit einem Hauptverb ein zusammengesetztes Prädikat.

他们**想游泳**。　你们**应该学**电脑。

b) Modalverben können nicht mit den Aspektpartikeln 了, 着 und 过 kombiniert und auch nicht verdoppelt werden.

c) 把-Konstruktion und 被-Konstruktion stehen zwischen dem Modalverb und dem Hauptverb.

我想把这本书看完。 他能被谁带走了呢？

d) Je nach der Stellung der Adverbialbestimmung kann die Bedeutung des Satzes unterschiedlich sein:

我在家总想睡觉。*Zu Hause möchte ich immer schlafen.*
我总想在家睡觉。*Ich möchte immer zu Hause schlafen.*
他星期天总想看电影。*Sonntags möchte er immer ins Kino gehen.*
他总想星期天看电影。*Er möchte immer sonntags ins Kino gehen.*

9.2 Modalverben in affirmativer Form

9.2.1 想

想 drückt einen Wunsch oder eine Absicht aus, es kann meistens mit „möchte" übersetzt werden.

她想看电视。*Sie möchte fernsehen.*
我想看看柏林。*Ich möchte gerne mal Berlin sehen.*

Als Vollverb bedeutet 想 „denken", „an etwas denken" oder „vermuten".

让我想一想。*Lass mich mal nachdenken.*
她想家了。*Sie hat Heimweh.*
我想他今天不会来了。*Ich glaube, er kommt heute nicht mehr.*

9.2.2 要

a) 要 als Ausdruck eines Wunsches ist stärker als 想. Es entspricht im Deutschen oft „wollen".

他儿子要去动物园。*Sein Sohn will in den Zoo.*
我要休息。*Ich will/muss mich ausruhen.*

b) In seiner Bedeutung als Empfehlung kann es durch „sollen" wiedergegeben werden.

你要学会开车。*Du solltest Auto fahren lernen.*
他要学电脑。*Er soll lernen, den Computer zu benutzen.*

Als Vollverb bedeutet 要 „haben wollen", „brauchen".

妇女要平等。*Frauen wollen Gleichberechtigung.*
坐火车去中国要一个多星期。*Mit dem Zug braucht man mehr als eine Woche nach China.*

9.2.3 愿意

愿意 drückt Bereitschaft aus, es kann mit „möchte" oder „zu etwas bereit sein" übersetzt werden.

谁愿意跟我去美国？ *Wer ist bereit, mit mir nach Amerika zu gehen?*
你们都愿意学跳舞吗？ *Ihr möchtet alle Tanzen lernen?*

9.2.4 可以

a) Als Ausdruck einer Erlaubnis entspricht es „dürfen" im Deutschen.

你可以进去了。*Du kannst/darfst reingehen.*
图书馆的书可以借。*Man darf die Bücher aus der Bibliothek ausleihen.*

b) Als Ausdruck einer Möglichkeit entspricht es „können".

今天没什么事，你可以来也可以不来。*Heute gibt es nicht viel zu tun. Du kannst kommen, musst du aber nicht.*
我一个小时可以把饭做好。*In einer Stunde kann ich das Essen fertig machen.*

9.2.5 能

a) Wo 能 eine Fähigkeit ausdrückt, lässt es sich als „können" übersetzen.

他上三年级，能看长篇小说了。*Er ist in der dritten Klasse und kann schon Romane lesen.*
汽车修好了，能开了。*Das Auto ist repariert worden, es kann wieder fahren.*

b) Auch als Ausdruck einer Möglichkeit lässt es sich mit „können" übersetzen.

你能帮我整理房间吗？ *Kannst du mir helfen, das Zimmer aufzuräumen?*
你现在能告诉我吗？ *Kannst du es mir jetzt sagen?*

9.2.6 会

会 hui bezeichnet eine erlernte Fähigkeit und kann mit „können" übersetzt werden.

我会游泳，但现在不想游。*Ich kann schwimmen, möchte jetzt aber nicht.*
他也会上网了。*Er kann auch mit dem Internet umgehen.*

9.2.7 应该

a) Wenn 应该 eine Notwendigkeit ausdrückt, kann es mit „sollen" oder „müssen" übersetzt werden.

应该先工作后休息。*Man sollte erst die Arbeit erledigen und sich danach ausruhen.*

这是我们应该做的。*Wir müssen das tun.*

b) Wenn es eine Empfehlung ausdrückt, kann es mit „sollen“ übersetzt werden.

我们都应该想想办法。*Wir sollten uns alle mal eine Methode überlegen.*
你也应该批评他。*Du solltest ihn auch kritisieren.*

9.2.8 必须

Als Ausdruck von Notwendigkeit ist 必须 stärker als 应该.

学中文的必须学好四声。*Wer Chinesisch lernt, muss die vier Töne beherrschen.*
明天考试，今天我必须休息好。*Morgen ist Prüfung, heute muss ich mich gut ausruhen.*

9.2.9 得 (děi)

Hinsichtlich der Bedeutung ist 得 als Ausdruck von Notwendigkeit vergleichbar mit 必须, wird aber hauptsächlich in der Umgangssprache verwendet.

我头发太长了，得去理发店了。*Meine Haare sind zu lang, ich muss zum Frisör.*
他不认识路，我们得等他。*Er kennt den Weg nicht, wir müssen auf ihn warten.*

9.3 Verneinungsformen

Modalverben werden i.d.R. durch 不 verneint. Bei 能, 想 und 要 ist außerdem auch die Verneinung durch 没 möglich.

这件事我不能告诉你。*Die Sache kann ich dir nicht sagen.*
这件事我没能告诉你。*Die Sache konnte ich dir nicht sagen.*

Einige Modalverben verlangen spezielle Verneinungsformen.

9.3.1 要 → 不想

Die Verneinungsform von 要 in der Bedeutung von „wollen“ ist 不想.

你们今天要去哪儿？我们哪儿也不想去。… *Wir wollen nirgendwo hin gehen.*
你要买书吗？我不想买书。 … *Ich möchte keine Bücher kaufen.*

9.3.2 要 → 不要

要 als Ausdruck einer Empfehlung oder Aufforderung wird durch 不要 verneint.

你不要相信他！ *Du solltest ihm nicht glauben!*

你们今天不要开车！ *Ihr dürft heute nicht Auto fahren!*

9.3.3 可以 → 不能

可以 als Ausdruck einer Möglichkeit wird durch 不能 oder das Komplement der Möglichkeit verneint.

他可以用中文写信吗？他不能用中文写信。… *Er kann keinen Brief auf Chinesisch schreiben.*
这本书你今天可以看完吗？我今天看不完。… *Das kann ich heute nicht durchlesen.*

9.3.4 得, 应该 und 必须 → 不用

得, 应该 und 必须 als Ausdruck einer Notwendigkeit werden mit 不用 verneint.

我得坐车上学。→ 我不用坐车上学。*Ich brauche nicht mit dem Bus zur Schule zu fahren.*
我应该打工了。→ 我不用打工了。*Ich brauche nicht mehr zu jobben.*
我必须付钱。→ 我不用付钱。*Ich brauche nicht zu zahlen.*

9.3.5 应该, 必须→不必

应该 und 必须 können auch mit 不必 verneint werden.

他应该工作。→ 他不必工作。*Er muss nicht arbeiten.*
他必须去看医生。→ 他不必去看医生。*Er muss nicht zum Arzt gehen.*

9.3.6 应该 und 必须 → 不应该/不该

Wenn 应该 und 必须 durch 不应该 / 不该 verneint werden, drückt dies eine Notwendigkeit oder eine starke Empfehlung, etwas nicht zu tun, aus.

我应该打工了。→ 我不该打工了。*Ich sollte nicht mehr jobben.*

9.3.7 别 und 甭 (béng)

不要 kann durch 别, 不用 durch 甭 ersetzt werden.

不要说话！ → 别说话！ *Sei still!*
不用写信。→ 甭写信。*Du brauchst keinen Brief zu schreiben.*

[Übungen zu den voran gehenden Abschnitten **9.2–9.3** s. **9.5**]

9.4 Ausdruck der Vermutung

Mit den Modalverben 要, 应该, 得 und 会 können Vermutungen ausgedrückt werden. Es lässt sich – von schwächer zu stärker – folgende Graduierung erkennen:

会 (*wohl, vermutlich*) 要 (*wahrscheinlich*)
应该 (*wahrscheinlich*) 得 (*sehr wahrscheinlich*)

Beispiele dafür sind:

像你们这样开车, … *Wenn man so fährt wie ihr, …*
…, 会出问题。…, *könnte es vielleicht Ärger geben.*
…, 要出问题。…, *dürfte es wohl Ärger geben.*
…, 得出问题。…, *muss es Ärger geben.*

他衣服穿得太少, … *Er hat zu wenig an, …*
…, 会生病。…, *er könnte vielleicht krank werden.*
…, 要生病。…, *er dürfte wohl krank werden.*
…, 得生病。…, *er wird bestimmt krank werden.*

他们应该到北京了。*Sie sollten schon in Beijing angekommen sein.*
爸爸应该下班了。*Papa sollte schon Feierabend gemacht haben.*

Das Modalverb 应该 kann zum Ausdruck von Vermutungen mit anderen Modalverben kombiniert werden.

王先生应该会说英语。*Herr Wang sollte Englisch sprechen können.*
李小姐应该能帮助你。*Fräulein Li sollte dir helfen können.*
他应该愿意去北京吧。*Er sollte bereit sein, nach Beijing zu gehen.*

[Übungen zu dem voran gehenden Abschnitt **9.4** s. **9.6**]

9.5 Übungen zu 9.2–9.3

9.5.1 Welches Wort passt?

必须, 得, 可以, 能, 想, 要, 应该, 愿意

1. 老师下午__________来吗？老师下午没事，__________来。
2. 今天的工作我做完了，__________回家了吗？你__________回家了。
3. 来德国上大学__________学好德语。
4. 学生宿舍__________住多少人？__________住 300 人。
5. 时间不多了，我们__________走了。
6. 我__________请他教我打太极拳，不知道他__________不__________？
7. 去德国旅游，__________看看柏林、慕尼黑和汉堡。
8. 孩子们为什么喜欢电脑？因为电脑__________听人的命令。
9. 学生不__________整天坐在电视机前。
10. 他__________抽烟，但不知道__________不__________。

9.5.2 Ordnen Sie

1. 必须，学汉语，我，去中国
2. 我，寄，把书，到南京，想
3. 回家，想，她，骑自行车
4. 我，告诉，把这件事情，得，我的朋友
5. 被他，知道，不能，这件事情
6. 在桌子上，把词典，你，放，应该
7. 去跳舞，晚上，我和他，想，都
8. 你们，找他，去火车站，马上，应该

9.5.3 Verkehren Sie die folgenden Sätze in ihr Gegenteil

1. 今天晚上我得去医院看小王。
2. 没钱了，我必须打工了。
3. 他们要参加比赛。
4. 我得学会打字。
5. 电影院里可以抽烟。
6. 火车票买到了，我们可以走了。
7. 这本小说应该看。
8. 他们都愿意去投资。
9. 天黑了，小王想睡觉。
10. 这些孩子必须学钢琴。

9.5.4 Übersetzen Sie

1. Er möchte mit dem Zug nach Kunming (昆明) fahren, weil er dann mehr sehen kann.
2. Viele chinesische Kinder können oft nur am Samstag eine Stunde fernsehen.
3. Viele chinesische Kinder müssen vieles essen, was sie nicht essen wollen.
4. Viele junge Paare wollen kein Kind zur Welt bringen, weil sie zu beschäftigt sind.
5. Können Sie uns Ihr Buch mal vorstellen?
6. Viele Shanghaier sind nicht bereit, anderswo zur Arbeit zu gehen.
7. Er weiß nicht, dass man im Büro nicht rauchen darf.
8. Wenn er Schwierigkeiten hat, sollten wir ihm helfen.

9.6 Übungen zu 9.4

9.6.1 Bestätigen Sie die Vermutung

1. 他会请你吃饭吗？
2. 这么多练习妹妹今天能做完吗？
3. 这本小说张老师应该看过吧？
4. 他哥哥应该会开车吧？
5. 你姐姐今天会回家吗？
6. 你哥哥会跟我们去看电影吗？

9.6.2 Übersetzen Sie

1. Kann es sein, dass es morgen regnet?
2. Herr Qian sollte in Nanjing angekommen sein.
3. Er sollte diese Angelegenheit erfahren haben.
4. Kann es sein, dass er heute noch kommt?
5. Dein Freund sollte Chinesisch sprechen können, oder?
6. Dieses Problem sollte er selbst lösen können.

10 Eigenschaftsverben 形容词

Eigenschaftsverben, auch Adjektive genannt, bezeichnen eine Eigenschaft. Im Chinesischen haben sie zum Teil verbalen Charakter.
Die zwei Gruppen der prädikatsfähigen und nicht prädikatsfähigen Eigenschaftsverben können weiter unterteilt werden, je nachdem, ob sie verdoppelt werden können oder nicht und ob sie durch 很 modifiziert werden können oder nicht.

Eigenschaftsverben					
A	**B**	**C**	**D**	**E**	**F**
prädikatsfähig					**nicht prädikatsfähig**
verdoppelbar		**nicht verdoppelbar**	**verdoppelbar**	**nicht verdoppelbar**	
durch 很 modifizierbar			**nicht durch 很 modifizierbar**		
饱 – 饿,	安静,	宝贵,	笔直	白花花,	男，女,
长 – 短,	干净,	悲伤,	冰凉	干巴巴,	正，负,
粗 – 细,	高兴,	不安,	干冷,	光秃秃,	彩色,
大 – 小,	简单,	丰富,	花白,	黑沉沉,	长期,
多 – 少,	快乐,	复杂,	灰白,	红通通,	大型,
对[1)]– 错,[2)]	老实,	好看,	烂熟,	活生生,	黑白,
高 – 矮,	冷静,	健康,	金黄,	静悄悄,	基本,
贵 – 贱,	马虎,	可惜,	精光,	凉飕飕,	旧式,
好 – 坏,	明白,	困难,	漆黑,	绿油油,	人工,
苦 – 甜,	漂亮,	美丽,	铁青,	乱糟糟,	日常,
快 – 慢,	普通,	容易,	通红,	慢吞吞,	天然,
老 – 少,[2)]	清楚,	伟大,	雪白,	热乎乎,	完全,[3)]

Eigenschaftsverben					
A	B	C	D	E	F
prädikatsfähig					nicht prädikatsfähig
verdoppelbar		nicht verdoppelbar	verdoppelbar	nicht verdoppelbar	
durch 很 modifizierbar			nicht durch 很 modifizierbar		
冷 – 热,	轻松,	细心,	血红	糊里糊涂,	西式,
亮 – 暗,	热闹,	严重,		慌里慌张,	小型,
忙 – 闲,	认真,	勇敢,		乱七八糟	新式,
轻 – 重,	舒服,	优秀,			真正,
深 – 浅,	辛苦,	友好,			中式
生 – 熟,	整齐,	小心,			
香 – 臭,	仔细	正确,			
新 – 旧,		重要,			
阴 – 晴,		着急			
远 – 近,					
黑 – 白,					
红 – 绿,					
黄 – 蓝					

[1]nicht verdoppelbar [2]nicht prädikatsfähig [3]verdoppelbar

10.1 Prädikatsfähige Eigenschaftsverben (Gruppe A–E) 谓语形容词

Anders als im Deutschen können prädikatsfähige Eigenschaftsverben im Chinesischen ohne das Verb 是 „sein" direkt als Prädikat fungieren. Sie können ein- bis viersilbig sein und unterscheiden sich voneinander nicht nur in der Struktur, sondern auch im Gebrauch.

10.1.1 Einsilbige Eigenschaftsverben (Gruppe A)

Eigenschaftsverben der Gruppe A sind einsilbig, verdoppelbar (vgl. **10.3.1**) und können durch Adverbien wie 很, 非常 und 十分 modifiziert werden.

很大　　非常贵　　十分忙

a) als Prädikat

Eigenschaftsverben dieser Gruppe können direkt als Prädikat gebraucht werden. Dabei muss beachtet werden, dass ein Aussagesatz erst dann als vollständig gilt, wenn das Eigenschaftsverb durch ein Adverb wie 很 oder 非常 modifiziert wird,

这个大学**很大**。　　今天**非常冷**。

oder das Ev durch eine Aspekt- oder Modalpartikel (z.B. 了) erweitert ist,

书贵**了**。　　天黑**了**。

oder zwei parallele Sätze gegenüberstehen.

他**高**，我**矮**。　　图书馆里德文书**多**，中文书**少**。

Ein Satz wie 这个大学大 oder 他高 ist zwar grammatisch nicht falsch, gilt aber inhaltlich als nicht vollständig.
Anders als im Deutschen wird das Verb 是 „sein" bei der Satzbildung nicht gebraucht. Einen Satz wie 他是高 kann man nur dann verwenden, wenn er als Bestätigung und Bekräftigung einer vorhergehenden Aussage dient.

你弟弟很高。他是高。*Dein Bruder ist sehr groß. Ja, er ist wirklich groß.*
王小姐很漂亮。她是漂亮。*Fräulein Wang ist sehr hübsch. Ja, sie ist wirklich hübsch.*

b) als Prädikat mit Objekt

In der Gruppe A gibt es Eigenschaftsverben, die ein Objekt verlangen können. Das Objekt wird mit 什么 oder 谁 erfragt.

我多了**一个朋友**　←　你多了什么？
办公室少了**一台电脑**　←　办公室少了什么？
有些人重**男**轻**女**.
一颗老鼠屎坏了**一锅粥**.　*Ein Krümel Mäusedreck verdirbt den ganzen Topf Brei* – kleine Ursache, große Wirkung.

c) als Prädikat mit Komplement

Eigenschaftsverben der Gruppe A können in der Funktion als Prädikat durch ein Komplement der Menge näher bestimmt werden (**vgl. 17.6**). Bei der Frage nach dem Komplement wird 多少 benutzt.

哥哥比弟弟大**两岁**。← 哥哥比弟弟大多少？
今天比昨天热**两度**。← 今天比昨天热多少？

d) als Attribut

Als Attribut können Eigenschaftsverben der Gruppe A (mit Ausnahme von 多，少，对 und 错) mit oder ohne 的 gebraucht werden. Das kann für die Bedeutung unerheblich sein, wie

一本好书 = 一本好的书　　一辆大汽车 = 一辆大的汽车

Manchmal kann es aber auch einen Unterschied machen:

一本新书 *eine Neuerscheinung* ≠ 一本新的书 *ein neues Buch*
一块肥肉 *ein Stück Speck* ≠ 一块肥的肉 *ein Stück fettes Fleisch*

Wird das einsilbige Eigenschaftsverb durch ein Adverb modifiziert ist, ist der Gebrauch von 的 obligatorisch.

远路 → 很远的路
新电视机 → 很新的电视机
老照片 → 非常老的照片

Vor einem Nomen können zwei einsilbige Ev stehen. In diesem Fall steht 的 nicht nach dem direkt vor dem Nomen stehenden Ev, sondern nach dem Ev davor.

新的大沙发　　小的白老虎

Es kann aber auch sein, dass gar kein 的 gebraucht wird.

小红书　　厚短裙子

e) als Adverbialbestimmung

Eigenschaftsverben der Gruppe A können zum Teil direkt als Adverbialbestimmung fungieren.

小王在**快**跑。　　他经常**早**来。

Bei der Erweiterung durch ein Adverb muss das einsilbige Eigenschaftsverb i.d.R. durch die Strukturpartikel 地 markiert werden.

钱小姐**很轻地**说了一声。　　他**非常快地**走了。

f) als Komplement

Eigenschaftsverben dieser Gruppe können direkt als Komplement fungieren. Fungieren sie als Komplement des Grades oder der Möglichkeit, ist der Gebrauch der Partikel 得 notwendig, als Komplement des Resultats benötigen sie kein 得 (**vgl. Kapitel 17**).

他们吃**得好**。　　弟弟跑**得快跑不快**?　　这些杂志都变**贵**了。

[Übungen zu dem voran gehenden Abschnitt **10.1.1** s. **10.5**]

10.1.2 Zweisilbige Eigenschaftsverben in koordinativem Verhältnis (Gruppe B)

Eigenschaftsverben dieser Gruppe stehen meistens in einem koordinativen Verhältnis und können durch Adverbien wie 很, 非常 und 十分 näher bestimmt werden. Sie sind alle verdoppelbar.

很认真　　非常认真　　十分认真
很美丽　　非常美丽　　十分美丽

a) als Prädikat

Wie Eigenschaftsverben der Gruppe A können Eigenschaftsverben der Gruppe B direkt als Prädikat gebraucht werden. Aber auch hier muss darauf geachtet werden, dass ein Satz erst dann vollständig ist, wenn das Eigenschaftsverb durch ein Adverb wie 很 oder 非常 modifiziert wird, durch eine Aspekt- oder Modalpartikel erweitert ist, eine Gegenüberstellung zweier paralleler Sätze oder eine Aufzählung vorliegt.

姐姐的房间**很干净**。　　王经理**冷静吗?**　　王经理现在**冷静了**。
她**仔细，我马虎**。　　他们做事**仔细、认真**。

In dieser Gruppe gibt es einige Ev, die ein Objekt verlangen können.

我明白了**你的意思**。　　他还不清楚**他以后干什么**。

Eigenschaftsverben der Gruppe A können in der Funktion als Prädikat durch Komplemente der Zeitdauer oder der Menge näher bestimmt werden (**vgl. 2.7 und 17.6**).

请你冷静**一下**。　　她们轻松了**两天**。　　他马虎了**一辈子**。

b) als Attribut

Werden Eigenschaftsverben der Gruppe B als Attribut gebraucht, muss normalerweise 的 verwendet werden, es sei denn, es handelt sich um feststehende Ausdrücke.

容易的课文 ≠ * 容易课文　　暖和的冬天 ≠ * 暖和冬天

重要的问题 = 重要问题　　美丽的人生 = 美丽人生

c) als Adverbialbestimmung

Auch Eigenschaftsverben der Gruppe B können als Adverbialbestimmung verwendet werden. Dabei ist der Gebrauch der Strukturpartikel 地 oft fakultativ.

他们**认真**(地)学习。　同学们**仔细** (地)听着。
孩子们**安静**地玩着。　同学们**高兴**地跳着舞。

d) als Komplement

Die Eigenschaftsverben der Gruppe B können als Komplement des Grades fungieren.

我们写得很**认真**。　他们休息得非常**舒服**。

10.1.3 Nicht verdoppelbare zweisilbige Eigenschaftsverben (Gruppe C)

Die Eigenschaftsverben dieser Gruppe gleichen denen der Gruppe B in allen Funktionen, sie können allerdings nicht verdoppelt werden.

10.1.4 Zweisilbige Eigenschaftsverben in subordinativem Verhältnis (Gruppe D)

Eigenschaftsverben der Gruppe D stehen in einem subordinativen Verhältnis und können daher nicht durch Adverbien wie 很, 非常 und 十分 modifiziert werden. Auch die Verdoppelungsform ist eine andere als bei den Gruppen A und B (**vgl. unten 10.3**).

a) als Prädikat

Anders als Eigenschaftsverben der Gruppen A, B und C können Eigenschaftsverben der Gruppe D direkt als Prädikat fungieren, ohne durch Adverbien wie 很 oder 非常 modifiziert zu werden.

钱先生的头发**灰白**。　妹妹的手**冰凉**。

b) als Attribut

Als Attribut müssen Eigenschaftsverben der Gruppe D zusammen mit 的 verwendet werden.

雪白的屋顶　**金黄的**树叶

c) als Adverbialbestimmung

Eigenschaftsverben der Gruppe D können aufgrund ihrer Bedeutung kaum als Adverbialbestimmung verwendet werden.

d) als Komplement

Eigenschaftsverben dieser Gruppe können direkt als Komplement fungieren. Bei der Verdoppelungsform ist der Gebrauch von 的 notwendig (**vgl. unten 10.3.1**).

这条路修得**笔直**。　她的脸笑得**通红**。

[Übungen zu den voran gehenden Abschnitten **10.1.2–10.1.4** s. **10.6**]

10.1.5 Drei- und viersilbige Eigenschaftsverben (Gruppe E)

Eigenschaftsverben dieser Gruppe können weder durch Adverbien wie 很, 非常 und 十分 näher bestimmt noch verdoppelt werden. Sie bestehen aus einem Eigenschaftsverb und einem Suffix.

红通通 = 红 (EV) + 通通 (Suffix)
白花花 = 白 (EV) + 花花 (Suffix)

Zu dieser Gruppe gehören auch viersilbige Eigenschaftsverben wie 糊里糊涂，慌里慌张 und 乱七八糟. Sie sind mit negativer oder Abneigung ausdrückender Bedeutung verbunden.

a) als Prädikat

Eigenschaftsverben der Gruppe E können direkt als Prädikat gebraucht werden. Dabei ist aber der Gebrauch von 的 erforderlich. Eine Modifizierung durch ein Adverb wie 很 oder 非常 oder die Gegenüberstellung zweier Sätze ist nicht möglich.

王先生的讲话**干巴巴的**，没意思。　他的脸**红通通的**。
他**糊里糊涂的**，什么都忘。

b) als Attribut

Als Attribut müssen Eigenschaftsverben dieser Gruppe zusammen mit 的 verwendet werden.

干巴巴的讲话　**光秃秃的**山　**乱七八糟的**房间

c) als Adverbialbestimmung

Die Eigenschaftsverben der Gruppe E können zum Teil als Adverbialbestimmung gebraucht werden, dabei ist 地 als Markierung notwendig.

老师**干巴巴地**说。他**静悄悄地**走了。弟弟**慌慌张张地**来了。

d) als Komplement

Werden sie als Komplement eingesetzt, ist der Gebrauch von 的 notwendig:

风刮得**凉飕飕的**。草地长得**绿油油的**。公司被搞得**乱七八糟的。**

[Übungen zu dem voran gehenden Abschnitt **10.1.5** s. **10.7**]

10.2 Nicht prädikatsfähige Eigenschaftsverben (Gruppe F) 非谓形容词

Nicht prädikatsfähige Eigenschaftsverben können einsilbig oder zweisilbig sein. Sie fungieren im Satz fast ausschließlich als Attribut oder Prädikatsnomen. Sie können nicht durch Adverbien modifiziert werden und sind nicht verdoppelbar.

a) als Attribut

Als Attribut können diese Eigenschaftsverben mit oder ohne 的 verwendet werden.

几个男(的)同学在玩儿。　　这是一种新式(的)打印机。

b) als Prädikatsnomen

Als Prädikatsnomen müssen Eigenschaftsverben dieser Gruppe zusammen mit 的 gebraucht werden.

他是男的，不是女的。　　这张照片是彩色的。

[Übungen zu dem voran gehenden Abschnitt **10.2** s. **10.8**]

10.3 Verdoppelungen

Eigenschaftsverben der Gruppen A, B und D können verdoppelt werden, die der Gruppe C, E und F nicht.

10.3.1 Verdoppelungsformen

a) Gruppe A

Form

Eigenschaftsverben der Gruppe A werden in der Form AA verdoppelt.

高 → 高高(的)　　长 → 长长(的)　　好 → 好好 (的)

Funktionen

Die Verdoppelungen können als Prädikat, Attribut, Adverbialbestimmung und Komplement fungieren. Als Prädikat und Komplement brauchen sie die Strukturpartikel 的, als Adverbialbestimmung i.d.R. die Strukturpartikel 地.

小王高高的，瘦瘦的。(als Prädikat)
一间小小的房间。(als Attribut)
请你慢慢(地)走。(als Adverbialbestimmung)
宿舍里变得暗暗的。(als Komplement)

Aussprache

In der Verdoppelungsform muss die zweite Silbe, wenn sie ursprünglich im dritten oder vierten Ton gelesen wird, im ersten Ton ausgesprochen werden.

好 hǎo → 好好(的) hǎohāo(de)
慢 màn → 慢慢(的) mànmān(de)

b) Gruppe B

Form

Die Verdoppelungsform der Gruppe B ist AABB.

整齐 → 整整齐齐(的)　　干净 → 干干净净(的)
高兴 → 高高兴兴(的)

Funktionen

Die Verdoppelungen der Gruppe B können im Satz die gleichen Funktionen übernehmen wie die der Gruppe A. Auch sie brauchen als Prädikat und als Komplement die Partikel 的, als Adverbialbestimmung die Partikel 地.

她的房间总是整整齐齐的。(als Prädikat)
一个简简单单的问题。(als Attribut)
他们认认真真地写作业。(als Adverbialbestimmung)
大家玩得高高兴兴的。(als Komplement)

Aussprache

In der Verdoppelungsform wird die vierte Silbe betont ausgesprochen.

干净 gānjìng → 干干净净(的) gāngānjìng**jìng**(de)
老实 lǎoshí → 老老实实(的) lǎolǎoshí**shí**(de)

c) Gruppe D

Form

Die Verdoppelungsform der Gruppe D ist ABAB.

雪白 → 雪白雪白　　冰凉 → 冰凉冰凉
笔直 → 笔直笔直

Funktionen

Die Funktionen der Verdoppelungen der Gruppe D sind die gleichen wie bei den Gruppen A und B. Fungiert die Verdoppelung als Prädikat, ist der Gebrauch von 的 fakultativ, in der Funktion als Attribut ist der Gebrauch von 的 obligatorisch.

他的脸通红通红 (als Prädikat)
一张通红通红的脸 (als Attribut)

10.3.2 Bedeutungen

Durch die Verdoppelung wird die Bedeutung des Eigenschaftsverbs im Allgemeinen verstärkt.

高 *groß* → 高高的 *sehr groß*
整齐 *ordentlich* → 整整齐齐的 *sehr ordentlich*
雪白 *schneeweiß* → 雪白雪白的 *strahlend weiß*

Bei Verdoppelungen der Gruppe A ist die Situation allerdings nicht so einfach. Die gleiche Struktur kann sowohl eine intensivierende als auch eine abschwächende Bedeutung haben, je nachdem, welche Funktion die Verdoppelung im Satz hat. Als Komplement ist die Bedeutung intensivierend, als Attribut verniedlichend.

她的脸画红了 *Ihr Gesicht wurde rot angemalt* →
她的脸画得红红的 *Ihr Gesicht wurde knallrot angemalt*
红脸 *ein rotes Gesicht* →
红红的脸 *ein rosiges (hübsches) Gesicht*

10.3.3 Eigenschaftsverben mit zwei Verdoppelungsformen

Eigenschaftsverben wie 高兴，舒服 und 热闹 haben zwei verschiedene Verdoppelungsformen: AABB und ABAB.

高兴 → 高高兴兴 高兴 → 高兴高兴
舒服 → 舒舒服服 舒服 → 舒服舒服

Sie unterscheiden sich sowohl in ihrer Funktion als auch in ihrer Bedeutung.

a) Funktionsunterschiede

Während Verdoppelungen in der Form AABB als Prädikat, Attribut, Adverbialbestimmung und Komplement gebraucht werden können, können Verdoppelungen in der Form ABAB nur als Prädikat fungieren.

AABB 高高兴兴

我们大家高高兴兴的。(Prädikat)
我们高高兴兴地去旅游。(Adverbialbestimmung)
我们玩得高高兴兴的。(Komplement)

ABAB 高兴高兴

我们高兴高兴吧。(Prädikat)

b) Bedeutungsunterschiede

Die Bedeutungsunterschiede ergeben sich aus dem Unterschied zwischen Ev und Verb. In der für Eigenschaftsverben typischen Form AABB verdoppelt, tritt der Charakter des Wortes als Eigenschaftsverb stärker in den Vordergrund; in der für

Verben typischen Form ABAB verdoppelt, tritt der verbale Charakter des Wortes stärker in den Vordergrund. Dies schlägt sich auch in der Übersetzung ins Deutsche nieder.

我们大家高高兴兴的。 *Wir alle sind fröhlich/glücklich.*
我们大家高兴高兴! *Freuen wir uns!*
我们在这儿舒舒服服的。*Wir fühlen uns hier sehr wohl.*
我们在这儿舒服舒服。*Wir machen es uns hier bequem.*

[Übungen zu dem voran gehenden Abschnitt **10.3** s. **10.9** und zum Abschnitt **10.3.3** s. **10.10**]

10.4 Besondere Eigenschaftsverben: 多 und 少

10.4.1 多 und 少

多 und 少 können direkt als Prädikat, Adverbialbestimmung und Komplement gebraucht werden, jedoch nicht als Attribut:

我们人多，地少。(Prädikat)
你们多想想，我们明天见。(Adverbialbestimmung)
他们说得多，做得少。(Komplement)
aber * 他们有多德文书和少中文书

10.4.2 很多, 很少, 不多 und 不少

多 und 少 können wie viele andere Eigenschaftsverben durch 很 und 不 modifiziert werden und in dieser Form verschiedene Funktionen im Satz erfüllen.

a) als Prädikat

很多, 很少, 不多 und 不少 können als Prädikat fungieren.

这里中文书店很少。 他们家书不多。
王老师写的书很多。 他看的电影不少。

b) als Attribut

很多 und 不少 können ohne 的 direkt als Attribut fungieren, während 很少 und 不多 gar nicht als Attribut fungieren können.

他们有很多德文书和不少中文书。
很多人学汉语。(* 不多人学汉语)
不少人学汉语。(* 很少人学汉语)

c) als Objekt

很多 und 不少 können auch direkt als Objekt fungieren, 很少 und 不多 können nicht als Objekt fungieren.

我们去买书了。我买了很多，他也买了不少。

d) als Komplement

很多, 很少, 不多 und 不少 können als Komplement gebraucht werden.

啤酒我们买得不多，白酒买得也很少。
这件事我想得很多，他想得也不少。

e) als Adverbialbestimmung

很少 und 不多 können als Adverbialbestimmung fungieren, 很多 und 不少 hingegen nicht.

他很少写汉字。　这种情况不多见。

[Übungen zu dem voran gehenden Abschnitt **10.4** s. **10.11**]

10.5 Übungen zu 10.1.1

10.5.1 Vervollständigen Sie die Sätze mit 很 und/oder 了

1. 这几天热。
2. 他的信短。
3. 这件衣服旧。
4. 这台电脑轻。
5. 他的个子高。
6. 这条河深。
7. 钱老师家的书多。
8. 这杯咖啡苦。

10.5.2 Wo muss unbedingt 的 stehen?

1. 这是一件很亮___房间。
2. 房间里有两个旧___书架。
3. 书架上放着好几本厚厚___书。
4. 书架旁边是一张新___书桌。
5. 书桌上有一台很新___电脑，
6. 还有几枝黑___铅笔。
7. 书桌旁边有一张小__白__沙发。
8. 沙发上放着一只大___老虎。

10.5.3 Was passt?

多, 多, 好好地, 快, 慢, 轻轻地, 少, 重重地

1. 他太胖了，医生让他__吃一点。
2. 昨天他们___喝了几瓶啤酒。
3. 小王早上喜欢___跑。
4. 哥哥让弟弟___告诉他。
5. 他们______读了一遍生词。
6. 马先生______敲了几下门。
7. 请你______学跳舞。
8. 这个李小姐___挣了一百元。

10.5.4 Welches Wort passt?

多, 高, 贵, 轻, 热, 少, 远, 重

1. 哥哥比我_____十公分。
2. 王先生又_____了一个德国朋友。
3. 马小姐____了一只手套。
4. 他们家比我们家_______五公里。
5. 这套房子比那套_______二百五十欧元。

6. 他比他弟弟______三公斤。
7. 南京比北京______三度。
8. 他的手机比我的______五克。

10.5.5 Antworten Sie

对, 非常快, 很饱, 很多, 很快, 很慢, 少

1. 弟弟吃得怎么样?
2. 王老师说得怎么样?
3. 这棵树长得怎么样?
4. 姐姐想得怎么样?
5. 哥哥穿得怎么样?
6. 这本书你看得怎么样?
7. 这家公司发展得怎么样?

10.6 Übungen zu 10.1.2–10.1.4

10.6.1 Wo passt 很?

1. ____大的房子 ____多学生
2. ____认真的老师 ____好的电影
3. ____白的墙 ____红衣服
4. ____漂亮的公园 ____干净的教室
5. ____雪白的花瓶 ____冰凉的手
6. ____高兴的样子 ____复杂的情况
7. ____金黄的头发 ____简单的问题

10.6.2 Mit oder ohne 的?

1. 红____沙发 很高____书架
2. 远____路 最近____新闻
3. 干净____房间 很安静____地方
4. 容易____问题 健康____工人
5. 笔直____路 困难____决定
6. 关键____时候/时刻 整整齐齐____书架
7. 高高兴兴____时候

10.6.3 Welche Sätze sind richtig?

1a. 他的头发很花白。
1b. 他的头发花白。
2a. 弟弟的衣服干净。
2b. 弟弟的衣服非常干净。
3a. 这件事复杂的。
3b. 这件事十分复杂。
4a. 他的手冰凉。
4b. 他的手是冰凉。

10.6.4 Wo fehlt 地?

1. 大家早来了。
2. 他们都很认真学习英语。
3. 我们轻轻松松聊聊天。
4. 医生安静坐在那儿。

5. 花经理高兴喝了一杯酒。
6. 老师们认真讨论这个问题。

10.6.5 Antworten Sie unter Verwendung der aufgelisteten Wörter

比较轻松, 非常马虎, 非常清楚, 很高兴, 很仔细, 很烂熟, 很漂亮, 很认真

1. 孩子们玩得怎么样?
2. 这位老师的课上得怎么样?
3. 他的房间收拾得怎么样?
4. 他的汉语说得怎么样?
5. 你的任务完成得怎么样?
6. 这个问题他们说明得怎么样?
7. 这本小说他看得怎么样?
8. 这些生词你背得怎么样?

10.7 Übungen zu 10.1.5

10.7.1 Antworten Sie unter Verwendung der aufgelisteten Wörter

干巴巴的, 光秃秃的, 红通通的, 糊里糊涂的, 绿油油的, 慢吞吞的, 静悄悄的, 热乎乎的

1. 到了夜里，公园里怎么样?
2. 王经理的讲话怎么样?
3. 他喝了很多酒，现在脸上怎么样?
4. 春天到了，这里的草地怎么样?
5. 这座山怎么样?
6. 妹妹在爸爸面前说话怎么样?
7. 刚做好的菜怎么样?
8. 马先生八十多岁了，现在怎么样?

10.7.2 Welches Wort passt?

安静, 多, 干巴巴的, 冷, 乱糟糟的, 慢慢地, 轻, 容易, 少, 舒服

1. 今天很 ____，你得多穿点衣服。
2. 现在黑白照片越来越____，彩色照片越来越____。
3. 解决这个问题不很________，需要很多时间。
4. 他的房间总是__________。
5. 图书馆里很________。
6. 请你说话声音____一点。
7. 我们________骑着自行车，觉得很________。
8. 这个老师讲课__________，没意思。

10.7.3 得, 地 oder 的?

1. 天黑沉沉____，快要下雨了。
2. 图书馆里静悄悄____。
3. 他慢吞吞____说，他太累了，想休息一会儿。
4. 这里人太多，让人觉得乱糟糟____。
5. 下雨以后，风吹____凉飕飕____。
6. 他弟弟把房间涂(tú) ____红通通____。
7. 小张慌里慌张____跑进了教室。
8. 钱先生糊里糊涂____把钱包丢了。

10.8 Übungen zu 10.2

10.8.1 Bilden Sie sinnvolle Kombinationen

彩色, 长期, 大型, 公共, 古典, 黑白, 日常, 新式

1. 企业	**3.** 汽车	**5.** 生活	**7.** 音乐
2. 电视机	**4.** 电脑	**6.** 努力	**8.** 老照片

10.8.2 Wo ist 的 notwendig?

1. 小型汽车	**4.** 勇敢孩子	**7.** 男人
2. 老式房子	**5.** 严重情况	**8.** 漂亮汽车
3. 困难任务	**6.** 快乐人	

10.8.3 Welche Sätze sind richtig?

1a. 今天的早餐是西式的。	**3a.** 这种工作很复杂。
1b. 今天的早餐简单的。	**3b.** 这种工作长期的。
2a. 这里森林是天然的。	**4a.** 他喜欢的小说很古典。
2b. 这里的森林是宝贵。	**4b.** 他喜欢的小说是古典的。

10.9 Übungen zu 10.3

10.9.1 Wie wird die Verdoppelungsform gebildet?

1. 漂亮	**5.** 干巴巴	**9.** 漆黑	**13.** 马虎
2. 干净	**6.** 金黄	**10.** 完全	**14.** 雪白
3. 安静	**7.** 笔直	**11.** 认真	**15.** 冰冷
4. 红通通	**8.** 清楚	**12.** 整齐	**16.** 慢吞吞

10.9.2 Formulieren Sie die markierten Teile mit Hilfe von Verdoppelungen um

1. 这个问题**很简单**。	**5.** 小钱**很轻松**地完成了任务。
2. 这个公司**很普通**。	**6.** 孩子们**很安静地**在看电视。
3. 她的脸**雪白**。	**7.** 房间打扫得**很干净**。
4. 妹妹的手**冰凉**。	**8.** 他弟弟玩电脑玩得**很高兴**。

10.10 Übungen zu 10.3.3

10.10.1 Verdoppeln Sie und bilden Sie Sätze

1. 安静	**3.** 高兴	**5.** 轻松	**7.** 热闹
2. 冷静	**4.** 马虎	**6.** 舒服	

10.10.2 Welche Verdoppelungsform passt?

1. 现在上课了，请大家__________。（安安静静，安静安静）

2. 他做事不太认真，总是__________的。（马马虎虎，马虎马虎）

3. 为了让大家__________，公司明天请大家看电影。(高高兴兴，高兴高兴)
4. 中午休息的时候，马小姐喜欢散散步，__________。(轻轻松松，轻松轻松)
5. 王经理__________地休息了一个星期。(舒舒服服，舒服舒服)
6. 完成了作业以后，他们__________地去踢足球了。(高高兴兴，高兴高兴)
7. 请大家__________，不要着急。(冷冷静静，冷静冷静)
8. 新年到了，我们一起__________吧。(热热闹闹，热闹热闹)

10.11 Übungen zu 10.4

10.11.1 Was passt?

1. 她去过__________地方。(很多，很少)
2. 我已经学了__________生词了。(不少，不多)
3. 他们的德语水平提高了__________。(很多，很少)
4. 美国电影王小姐看了__________。(不少，不多)
5. 知道这件事的人__________。(很多，很少)
6. 他们家的中文书__________。(不少，不多)
7. 他弟弟__________玩电脑。(很少，很多)
8. 巧克力他姐姐__________吃。(很少，很多)

10.11.2 Übersetzen Sie mit 多, 少 und 不多, 很多, 不少

1. Wir haben viele Wörterbücher gekauft.
2. Nicht wenige Leute wissen nicht, wie dieses Schriftzeichen geschrieben wird.
3. Nachdem er viel Bier getrunken hat, redete er sehr viel.
4. Ihr müsst gut überlegen, wie ihr das Problem lösen könnt.
5. Er redet zwar nicht viel, aber er ist sehr höflich.
6. Ich brauche nicht viele Freunde, aber ich brauche richtige Freunde.

11 Adverbien 副词

Adverbien sind Wörter, die Verben, Eigenschaftsverben, andere Adverbien und bedingt auch Nomina semantisch näher bestimmen.

11.1 Merkmale und Funktionen

Da Adverbien der näheren Bestimmung von Verben, Eigenschaftsverben, Adverbien und Nomina dienen, können sie normalerweise alleine keine Frage beantworten. 不 und 没有 sind Ausnahmen.

你们常看电影吗？常看。(nicht 常)
他们都来吗？都来。(nicht 都)

Adverbien fungieren im Satz hauptsächlich als Adverbialbestimmung, einige wenige als Attribut oder als Komplement.

a) als Adverbialbestimmung

他**刚**到，她**就**走了。　我们**非常**高兴。

b) als Adverbialbestimmung zum nominalen Prädikat

Normalerweise kann ein Adverb kein Nomen und keine Nu-ZEW-Gruppe näher bestimmen, es sei denn, das Nomen bzw. die Nu-ZEW-Gruppe fungiert als Prädikat.

今天**才**星期二。　他**都**六十多了，儿子**刚**五岁。
十瓶啤酒**一共**二十块钱。

c) als Attribut

这是一辆**很**新的车。　他们把宿舍打扫得**非常**干净。

Einige wenige Adverbien des Grades und der Verneinung können bedingt Nomina und Pronomina näher bestimmen.

就这件事我不知道。　这件事**就**我不知道。
没几天我要去北京了。　**才**这一件事你就不高兴了。

d) als Komplement

很 und 极了 können als Komplement fungieren, wobei 很 durch die Partikel 得 markiert werden muss, was bei 极了 nicht der Fall ist (**vgl. 17.1.1**).

马路上的车多得**很**。　这本书好**极了**。

Im Folgenden werden Adverbien, die hinsichtlich der Bedeutungen oder des Gebrauchs ähnlich sind oder in einem bestimmten Zusammenhang stehen, in Gruppen zusammengefasst und erörtert.

11.2 不, 没, 没有 und 别

11.2.1 不 nein, nicht

a) Verneinung eines Satzes

不 kann alleine einen Satz verneinen.

我们去游泳吧。不，我累了。
弟弟跟我去看电影，好吗？不，他今天没空。

b) Verneinung von 是

不 ist die einzige Negationsform für das Verb 是, egal, ob in der Vergangenheit, der Gegenwart oder der Zukunft.

王先生是老师吗？他不是老师。　一年前马小姐不是经理。

c) Verneinung von Verben und Eigenschaftsverben

不 kann Verben und Eigenschaftsverben verneinen, die eine Handlung, einen Zustand oder eine Eigenschaft in der Gegenwart oder in der Zukunft ausdrücken.

我们现在不打球。(Handlung in der Gegenwart)
今天不热。(Zustand in der Gegenwart)
明年他不去旅游。(Handlung in der Zukunft)

d) Verneinung von Eigenschaftsverben als Komplement

Eigenschaftsverben in der Funktion als Komplement des Grades können auch mit 不 verneint werden.

小马写字写得快。→ 小马写字写得不快。
这件事他做得认真。→ 这件事他做得不认真。

e) Verneinung von Adverbien

Mit 不 können auch Adverbien wie 很, 都 oder 在 verneint werden.

他的汉语不很好。　我妹妹不在看书。　他们不都是医生。

f) Verneinung von Präpositionen

Präpositionen können meistens auch durch 不 verneint werden.

哥哥不在家里看书。　她不往左看，往右看。
不把这件事做完我不休息。

g) PN-Konstruktion mit 不

Die PN-Konstruktion (Positiv-Negativ-Konstruktion, **vgl. 18.4**) kann mit 不 oder mit 没 gebildet werden. Sie dient zur Bildung von Alternativfragesätzen, bei denen die Fragepartikel 吗 nicht verwendet werden darf.

你现在休息不休息？ oder 你现在休不休息？
你打不打电话？ 今天热不热？ 那个公园漂亮不漂亮？

11.2.2 没 und 没有 (*noch*) *nicht*, *nein*

没 ist meistens eine Kurzform von 没有. Damit bezieht sich die Negation normalerweise auf die Vergangenheit oder Abgeschlossenheit.

a) Wie 不 kann 没 zur Verneinung eines Satzes dienen

你昨天上班了吗？没有。我病了。

b) Verneinung von 有

没 ist die einzige Verneinungsform für das Verb 有, egal, ob es sich dabei um Vergangenheit, Gegenwart oder Zukunft handelt.

你有电脑吗？我没有电脑。 昨天公司里有人吗？没有人。

有 kann aber oft aus sprachökonomischen Gründen entfallen.

你有电脑吗？我没电脑。 昨天公司里有人吗？没人。

c) Verneinung von Verben

Mit 没(有) werden Verben verneint, die eine abgeschlossene Handlung oder eine Handlung, die in der Vergangenheit stattgefunden hat, ausdrücken. Dabei muss die Partikel 了, die die abgeschlossene Handlung markiert, entfallen, während die Partikel 过, die eine Handlung als in der Vergangenheit stattgefunden markiert, erhalten bleibt (**vgl. Kapitel 14**).

他游泳了吗？他没游泳。 那本书你找了吗？我没找。
这本小说你看过吗？我没看过。 这个词你学过吗？我没学过。

d) Verneinung von Eigenschaftsverben

没(有) kann zur Verneinung von Eigenschaftsverben dienen, die zusammen mit 了 eine Situationsveränderung ausdrücken. Das bedeutet, dass die Situationsveränderung nicht stattgefunden hat.

天气热了吗？天气没热。
菜熟了吗？菜没熟。

e) Verneinung von Eigenschaftsverben als Komplement

Werden Eigenschaftsverben in der Funktion als Komplement des Resultats verneint, steht 没 vor dem Prädikatsverb.

你吃完饭了吗？我没吃完。　　房间收拾干净了吗？还没收拾干净。

f) Verneinung von Präpositionen

Präpositionen können meistens auch durch 没 verneint werden.

弟弟昨天没在家睡觉。　　我没把这件事告诉我哥哥。

g) PN-Konstruktion mit 没

Die PN-Konstruktion kann nicht nur mit 不, sondern, falls die Frage die Vergangenheit oder das Verb 有 betrifft, auch mit 没 gebildet werden. Auch hier darf die Fragepartikel 吗 nicht verwendet werden. Die Partikel 了 muss entfallen, während 过 erhalten bleibt.

他昨天休息了吗？　→　他昨天休没休息？(休息没休息？)
那件衬衫你买了吗？　→　那件衬衫你买没买？
你有时间吗？　→　你有没有时间？

11.2.3 不 und 没 im Vergleich

a) 不 für Gegenwart und Zukunft, 没 für Vergangenheit

Verben können normalerweise sowohl durch 不 als auch durch 没 verneint werden, dabei bezieht sich 不 auf die Gegenwart oder Zukunft, 没 auf die Vergangenheit.

我今天不去，明天也不去。(Gegenwart und Zukunft)
他昨天没去。(Vergangenheit)
我们这个星期不上课。(Gegenwart)
他们上个星期没上课。(Vergangenheit)

b) 不 für Zustand, 没 für Veränderung

Bei Eigenschaftsverben kann mit 不 ein Zustand, mit 没 eine Veränderung verneint werden.

他不胖。*Er ist nicht dick.*　　他没胖。*Er ist nicht dick geworden.*

Damit kann auch wie bei den Verben ein Bezug zur Zeit hergestellt werden.

你不努力。(Gegenwart)　　你没努力。(Vergangenheit)

11.2.4 不…了 und 没(有)…了

a) 不…了 ***nicht mehr***

不 kann in Kombination mit der Partikel 了 verwendet werden. Beides zusammen drückt eine Veränderung aus und kann im Deutschen mit „nicht mehr" wiedergegeben werden. 不…了 kann in Verbindung mit Verben wie mit Eigenschaftsverben verwendet werden.

马先生不是经理了。*Herr Ma ist nicht mehr Manager.*
他们不上课了。*Sie gehen nicht mehr zum Unterricht.*
王小姐不想看书了。*Fräulein Wang hat keine Lust mehr zu lesen.*
他弟弟不高兴了。*Sein Bruder ist nicht mehr froh.* = ist traurig (geworden)

b) 没(有)…了 ***nicht mehr***

没 kann zusammen mit 了 das Verb 有 verneinen, 有 kann weggelassen werden. 没(有)…了 hat die Bedeutung von „nicht mehr haben". Auch hier geht es um eine Veränderung.

我没(有)自行车了。*Ich habe kein Fahrrad mehr.*
他没(有)办法了。*Er weiß nicht mehr weiter.*

11.2.5 别 ***nicht (tun), nicht (sollen)***

别 ist eine Kurzform für 不要. Man benutzt es in einem Appell oder einer Aufforderung.

别唱歌了！ = 不要唱歌了！
你们别让他走！ = 你们不要让他走！

[Übungen zu dem voran gehenden Abschnitt **11.2** s. **11.16**]

11.3 很, 非常, 极, 多么, 太, 更, 最, 比较 und 越来越

Adverbien dieser Gruppe drücken Intensität aus und modifizieren hauptsächlich Eigenschaftsverben.

今天很热。 这家公司比较大。

Sie können nur solche Verben, die Gefühle, Empfindungen, sog. „psychische Aktivitäten" ausdrücken, wie 喜欢, 同意, 关心, 担心, 理解, 相信, und einige Modalverben wie 想, 愿意 und 能 näher bestimmen.

我很愿意帮助你。 他比较喜欢旅游。 张先生最关心这件事。

Man kann nicht sagen:

* 我最喝茶 * 马小姐很买东西

11.3.1 很 *sehr*

很 ist das meistgebrauchte Adverb der Intensität. Es kann im Satz nicht nur adverbial oder attributiv gebraucht werden, sondern auch alleine als Komplement, was bei anderen Adverbien nicht möglich ist.

> 今天他很高兴。(adverbial)
> 我买了一本很有意思的书。(attributiv)
> 他的工作好得很。(Komplement)

Eine wichtige Funktion von 很 besteht darin, Eigenschaftsverben prädikatsfähig zu machen (**vgl. 10.1.1 und 10.1.2**). Dieses 很 hat nicht die Bedeutung von „sehr" und muss auch nicht übersetzt werden.

> 妈妈很忙。*Mama ist beschäftigt.*
> 这篇小说很短。*Dieser Roman ist kurz.*
> 今天大家都很高兴。*Heute sind alle glücklich.*
> 这件事情很复杂。*Die Sache ist kompliziert.*

11.3.2 非常 *sehr, außerordentlich,* 极 *äußerst, überaus,* 多么 *wie (sehr)* und 太 *höchst, außerordentlich*

Mit 非常, 多么, 太 und 极 wird der hohe Grad der Intensität bezeichnet, ohne dass ein Vergleich impliziert wird.

a) 非常 und 极 werden im Aussagesatz benutzt. Sie können Eigenschaftsverben und bestimmte Verben modifizieren. Die Bedeutung von 极 ist stärker als von 非常.

> 这本书非常有意思。　　那套房子极贵。
> 她弟弟非常喜欢踢足球。　　王经理极担心公司现在的情况。

极 kann außerdem zusammen mit 了 als Komplement verwendet werden (**vgl. 17.1.1**)

> 他高兴极了。　　昨天热极了。

b) Auch 多么 und 太 modifizieren Eigenschaftsverben und bestimmte Verben. 太 kann sowohl im Aussagesatz als auch im Ausrufesatz verwendet werden, während 多么 i.d.R. im Ausrufesatz gebraucht wird. Im Ausrufesatz verlangt 多么 die Partikel 啊 und 太 die Partikel 了 (**vgl. 14.1.13**).

> 天多么蓝啊！　(Ausrufesatz)
> 这本辞典太厚了！　(Ausrufesatz)
> 这里人太多，我走了。(Aussagesatz)

11.3.3 更 ***(noch) mehr***, 最 ***am meisten, höchst*** und 比较 ***ziemlich, relativ***

Mit 更 drückt man einen vergleichsweise höheren Grad (vergleichbar mit dem Komparativ im Deutschen), mit 最 den höchsten Grad (vergleichbar mit dem Superlativ im Deutschen) aus.

小王高，小李更高，小张最高。

Der Unterschied zwischen 更 und 比较 besteht darin, dass 更 eine Steigerung im Vergleich zweier Objekte ausdrückt, während 比较 einen Vergleich impliziert.

这张地图比较大。*Diese Landkarte ist relativ groß.* (nur verhältnismäßig)
今天比较热。*Heute ist es ziemlich warm.*

Man kann nicht sagen:

* 小王高，小李比较高，小张最高

11.3.4 越…越… ***je … desto …*** und 越来越 ***immer (mehr)***

Die Konstruktion 越…越… entspricht dem deutschen „je … desto …“. Hinter den beiden 越 werden vor allem Ev, aber auch Verben etc. verwendet. Die Konstruktion fungiert im Satz hauptsächlich als Prädikat.

房子越大越贵。(Ev) 对他来说，天气越热越好。(Ev)
他们越跑越慢。(Verb, Ev) 有些人越吃越胖。(Verb, Ev)
你越担心越有问题。(Verb, Vk) 他越想越觉得不舒服。(Verb, Vk)

越…越… kann nicht nur in einem Satz mit demselben Subjekt, sondern auch in zwei Sätzen mit unterschiedlichen Subjekten gebraucht werden.

汽车离家越近，她就越高兴。 火车开得越快，李先生就越紧张。

Die gleiche Konstruktion findet sich in 越来越…, das einen zeitlich steigenden Intensitätsgrad ausdrückt. Die Lücke hinter dem ersten 越 ist mit dem Verb 来 gefüllt, das hier für einen zeitlichen Fortschritt steht. Dieses „je weiter die Zeit fortschreitet, desto …“ lässt sich eleganter mit „immer (mehr)“ übersetzen.

天气越来越冷。 他越来越累。 小明越来越喜欢太极拳了。

[Übungen zu dem voran gehenden Abschnitt **11.3** s. **11.17**]

11.4 在, 正在 und 正 ***gerade, gerade dabei, zufällig***

在, 正在 und 正 bedeuten alle „gerade“, „gerade dabei sein, etwas zu tun“.

我去他家的时候，他在看报纸。

我去他家的时候，他正在看报纸。
我去他家的时候，他正看报纸。

a) Sie unterscheiden sich darin, dass 正 sich auf einen Zeitpunkt, 在 auf die Zeitdauer und 正在 auf beides bezieht.

正	在	正在
↓	→	↓→

b) 在 kann daher zusammen mit Adverbien wie 常常, 一直 oder 还, die eine längere Zeitspanne bezeichnen, verwendet werden, was bei 正 und 正在 nicht möglich ist.

我们一直在工作　* 我们一直正在 / 正工作
王老师还在看书　* 王老师还正 / 正在看书

c) 正 braucht eine weitere Aussage als Bezugspunkt, um den Zeitpunkt des Geschehens zu markieren.

* 我们正开门 (Die Aussage ist nicht vollständig.) *Gerade als wir die Tür öffne(te)n…* 我们正开门，狗叫了…。*bellt(e) der Hund*
我给他打电话时，他正准备睡觉。*Als ich ihn anrief, wollte er gerade ins Bett gehen*

d) In Sätzen, in denen 在 als Präposition gebraucht wird, kann diese Präpositionalgruppe mit 在 in ihrer Funktion als Komplement oder Adverbialbestimmung nur durch 正 näher bestimmt werden, nicht durch 在 oder 正在.

我给他打电话时，他正在家里做饭。
* 我给他打电话时，他正在在家里做饭
他回家时，儿子正躺在床上。
* 他回家时，儿子正在躺在床上

[Übungen zu dem voran gehenden Abschnitt **11.4** s. **10.18**]

11.5 曾经, 已经 und 刚

11.5.1 曾经 *früher einmal*, 已经 *schon, bereits*

曾经 markiert ein einmaliges Erlebnis in der Vergangenheit und entspricht „früher“, „früher einmal“. 已经 bedeutet, dass etwas stattgefunden hat und kann mit „schon, bereits“ wiedergegeben werden. 已经 wird meistens mit der Partikel 了 zusammen verwendet, 曾经 mit der Partikel 过. Mit 曾经 betont man, dass ein Geschehen der Vergangenheit angehört, mit 已经, dass das Geschehen eine Verbindung zur Gegenwart hat.

曾经 + 过　　　已经 + 了

↓　　　　　　↓→

Beispiele

他曾经去过北京。*Er war früher schon mal in Beijing* (jetzt nicht mehr)
她已经去北京了。*Sie ist schon nach Beijing gefahren* (und ist jetzt in Beijing)
他曾经结过婚。*Er war früher mal verheiratet* (jetzt nicht mehr)
他已经结婚了。*Er ist bereits verheiratet* (seitdem verheiratet)

11.5.2 刚 *gerade, eben*

Mit 刚 wird ausgedrückt, dass etwas vor kürzester Zeit stattgefunden hat. Es braucht aber, anders als 已经, keine Partikel 了.

老师刚走。 同学们已经走了。 我们刚下课。 她们已经下课了。

Häufig werden 刚 und 刚才 verwechselt. Sie unterscheiden sich in mehreren Punkten:

a) Satzgliedstellung: 刚 darf nur zwischen dem Subjekt und dem Prädikat stehen, während 刚才 vor und nach dem Subjekt platziert werden kann. Der Grund dafür ist, dass 刚 ein Adverb ist, während 刚才 nominalen Charakter hat.

我刚下火车。 刚才我打电话了。oder 我刚才打电话了。

b) Bedeutung: 刚 bedeutet „in diesem Augenblick, soeben" und kann einen Zeitpunkt sowie eine Zeitspanne markieren. 刚才 drückt einen Zeitpunkt aus und kann im Deutschen mit „vorher", „gerade" oder „soeben" wiedergegeben werden.

我弟弟刚开始学书法。 ↓→
王老师刚才不在办公室。 ↓

c) Anwendungsbereich: 刚 ist nicht zeitgebunden und kann deswegen Vorgänge in der Vergangenheit, der Gegenwart und der Zukunft modifizieren, während 刚才 zeitgebunden ist und ein Geschehen in der Vergangenheit markiert.

学校今天刚开学，我没有时间看朋友。(Gegenwart)
明年三月你去北京的时候，我可能刚开始工作。(Zukunft)
刚才我去买东西了。(Vergangenheit)

[Übungen zu dem voran gehenden Abschnitt **11.5** s. **11.19**]

11.6 常, 常常 *oft, öfters*, 总(是) *immer* und 往往 *meistens*

Zum Ausdruck der Häufigkeit können 常, 常常 und 总(是) verwendet werden. 常常 ist von der Bedeutung her intensiver als 常; 总(是) bedeutet, dass etwas immer so geschehen ist oder geschieht. 常常 entspricht „oft, sehr oft" im Deutschen, und 总(是) „immer (so)".

常常 und 往往 werden oft verwechselt. Sie lassen sich in mehrfacher Hinsicht voneinander unterscheiden.

a) Bezug auf Zeit / Umstand

往往 beinhaltet, dass mögliche Alternativen zur Verfügung stehen. Aus diesem Grund ist ein Bezug auf die Zeit oder einen Umstand notwendig. Bei 常常 ist dies nicht der Fall.

我们常常去游泳。*Wir gehen oft schwimmen.*
星期天他们往往去游泳。*Sonntags gehen sie meistens schwimmen.*

b) Umfang und Häufigkeit

Bei 往往 kann es um einen Teil von einem Ganzen gehen, bei 常 / 常常 um die Häufigkeit.

抽烟的人往往容易生病。*Raucher* (als Gesamtheit) *werden in den meisten Fällen eher schnell krank.*
在中国实习过的同学往往想回中国工作。*Kommilitonen, die in China ihr Praktikum gemacht haben, wollen meistens zurück nach China, um dort zu arbeiten.*
王经理常常去北京。*Herr Wang fährt oft / häufig nach Beijing.* (Häufigkeit)

c) Anwendungsbereich

往往 und 总(是) beziehen sich immer auf die Vergangenheit oder auf eine Gewohnheit, 常 / 常 常 kann sowohl für die Vergangenheit als auch für die Gegenwart und die Zukunft gebraucht werden.

放假以后小张往往第一个回家。(Vergangenheit / Gewohnheit)
以后你会常来看我吗？(Zukunft)

d) Verneinung

常 / 常常 kann durch 不 modifiziert werden, 往往 und 总(是) nicht.

夏天他也**不常**去游泳。
* 夏天他也**不往往**去游泳
夏天他**往往**也**不去**游泳。

11.7 早 *längst* und 先 *zuerst*

早 (早…了) drückt aus, dass etwas früher als gedacht / geplant stattfindet oder stattgefunden hat und entspricht oft „längst“ im Deutschen. Es bezieht sich auf einen Zeitpunkt. 先 bedeutet, dass etwas vor etwas anderem stattfindet und kann mit „zuerst“ wiedergegeben werden. Es bezieht sich damit auf eine Reihenfolge.

早睡早起身体好。*Früh ins Bett zu gehen und früh aufzustehen ist gut für die Gesundheit.*
张经理早来了。 他早就会开车了。
钱经理先来，王经理后来。 我们先读课文，然后翻译。

[Übungen zu den voran gehenden Abschnitten **11.6–11.7** s. **11.20**]

11.8 就 *bereits, schon, nur*

就 als Adverb hat mehrere Bedeutungen und wird sehr häufig verwendet.

a) 就 kann ausdrücken, dass eine Handlung in kürzester Zeit einer anderen folgt. In dieser Bedeutung kann 就 durch 马上 ersetzt werden.

他一到家就看电视。= 他一到家马上看电视。
请你到了大学就给我打电话。= 请你到了大学马上给我打电话。

就要…了 markiert eine Handlung in nächster Zukunft.

火车就要开了。 电影就要开始了。

b) 就 kann auch in der Bedeutung von 只 und 仅 („nur“, **vgl. unten**) verwendet werden.

妹妹就认识一百个汉字。 这件事就妈妈知道。

Anders als 只 kann es auch direkt vor einem Nomen / Pronomen oder einer Nu-ZEW-Gruppe stehen. Dabei wird es betont ausgesprochen.

就小王学过一点英语。 就这辆车我觉得还不错。

c) 就 kann auch ausdrücken, dass eine Handlung früher als erwartet stattgefunden hat. In dieser Bedeutung ist es ersetzbar durch 已经.

八点上课，他七点半就来了。= 八点上课，他七点半已经来了。
他五岁就能写毛笔字了。= 他五岁已经能写毛笔字了。

d) Mit 就 kann etwas bestätigt werden, wovon vorher die Rede war.

这就是我住的宿舍。 我想买的就是这种词典。

e) 就 kann zur Hervorhebung eines Wunsches, Willens etc. verwendet werden.

大夫不让我出院，我就要出院。 我就不相信我今天完不成任务。

f) 就 kann auch in konditionaler Bedeutung gebraucht werden.

姐姐去我就去。= 如果姐姐去我就去。
你去北京她就去上海。= 如果你去北京，她就去上海。

11.9 将 *in Zukunft*

Mit 将 lässt sich ein Geschehen in der näheren oder ferneren Zukunft markieren. Im Vergleich zu 就 ist der Abstand zwischen der Sprechzeit und der Handlungszeit größer.

一年后他们将去北京留学。 世界博览会 2010 年将在上海举行。

Mit 将 kann man einen starken Wunsch ausdrücken. Ähnliches gibt es im Deutschen: „Nächstes Jahr werde ich aufhören zu rauchen."

中国西部将发展得越来越快。*Der Westen Chinas wird sich immer schneller entwickeln.*

11.10 才 *erst, erst dann*

a) Mit 才 wird betont, dass ein Geschehen sich später als erwartet ereignet hat. Damit stellt es den Gegensatz zu 就 in seiner Bedeutung „schon (früher als erwartet)" dar.

我们八点就到了，他们九点才来。
他晚上十二点才睡觉，早上五点就起床了。

b) 才 hat außerdem eine Bedeutung von „gerade eben" und lässt sich in dieser Bedeutung durch 刚 ersetzen.

他才下课。 我才到德国，不知道怎么买火车票。

c) 才 kann auch die Folge einer vorhergehenden Handlung bezeichnen.

老师来了，教室里才开始安静。

11.11 只 und 仅 *nur, bloß*

只 und 仅 haben, wie 就 (**vgl. oben**), eine einschränkende Bedeutung. 仅 wird hauptsächlich in der Schriftsprache verwendet, dennoch sind alle drei oft austauschbar.

他只/仅/就学了三个月。

a) 只 kann das Prädikat oder eine Adverbialbestimmung modifizieren.

我昨天只睡了三个小时。 我只昨天睡了三个小时。
他只给最好的朋友写了一封信。

Wenn ein Nomen oder eine Nu-ZEW-Gruppe modifiziert werden sollen, muss statt 只 oft 只有 verwendet werden.

只有一个人看过这本书。 在德国，只有柏林比汉堡人多。

b) 仅, häufig in seiner verdoppelten Form 仅仅 verwendet, hat zwei Bedeutungen:

- wie 只 oder 就 *nur, bloß,* in dieser Bedeutung kann 仅 durch 仅仅 ersetzt werden

我们家她仅 / 仅仅来过两次。*Sie hat uns bloß zweimal besucht*

– wie „alleine" im Sinne von „von allem anderen abgesehen"

他们俩喝了很多酒，仅啤酒就喝了十几瓶。*… schon allein Bier haben sie mehr als zehn Flaschen getrunken.*
仅中文词典他就买了几十本。*Er hat schon allein mehrere (-zig) Chinesischwörterbücher gekauft* (von den anderen Büchern mal ganz abgesehen).

[Übungen zu den voran gehenden Abschnitten **11.8–11.11** s. **11.21**]

11.12 再 *wieder, noch einmal* und 又 *wieder*

a) 再 und 又 drücken beide Wiederholung oder Fortsetzung einer Handlung aus und werden deshalb im Gebrauch sehr oft verwechselt. Die Unterschiede bestehen u. a. darin, dass

sich 再 i.d.R. auf die Zukunft und 又 auf die Vergangenheit bezieht und 再 sehr oft in Kombination mit dem Komplement der Häufigkeit steht,

我明年**再**去**一次**北京。 我刚才没听懂，请您**再**说**一遍**。
昨天我去他家的时候，他**又**在看电视。 李老师去年**又**来德国了。

再 und 又 in einem einfachen Aussagesatz unterschiedliche Stellungen bei Modalverben haben: 再 steht nach dem Modalverb, 又 davor.

他**想再**喝一杯咖啡。 这本书你**应该再**看一遍。
看样子明天**又要**下雨。 九点了，她**又得**上班了。

b) 再 kann auch „danach, dann" bedeuten.

这件事我们吃完了饭再说。　看完了电视再去就迟了。

c) 再也不 / 没 und 不 / 没再 haben unterschiedliche Bedeutungen: 再也不 heißt „nie wieder", 再也没 „nie mehr", 不再 „nicht mehr (in der Zukunft)", 没再 „nicht mehr (in der Vergangenheit)".

小张再也不写小说了。　生病以后，他再也没抽烟了。
他不再去电影院了。　星期天我们不再踢足球了。
下课以后她没再想这个问题。

d) 又…了 bedeutet, dass etwas sich wiederholt. Es kann sowohl für die Vergangenheit als auch für die Zukunft verwendet werden.

小马又生病了。　天气又热了，我们什么时候去游泳？
明天又是星期天了。　我下个星期又要出差了。

11.13 还 *weiter, immer noch, außerdem*

还 drückt die Fortsetzung einer Handlung aus.

他们还想去北京大学学习。　已经夜里一点了，他还没回家。

还 kann auch „außerdem" bedeuten und etwas ergänzend erwähnen.

买了洗衣机你还要买什么？　除了柏林、慕尼黑，他们还去了汉堡。

11.14 也 *auch*

也 drückt einen Bezug auf etwas Typgleiches aus und steht vor dem Prädikat (bestehend aus Vollverb, Modalverb oder Ev). Es darf nicht vor dem Subjekt stehen.

他去我也去。　王经理喝茶，也喝咖啡。
今天冷，明天也冷。　他们明天去看电影，我也想去。

[Übungen zu den voran gehenden Abschnitten **11.12–11.14** s. **11.22**]

11.15 都, 一起 und 一共

11.15.1 都 *alle(s), allesamt*

a) 都 bedeutet „alles" oder „ohne Ausnahme" und kann sich auf das Subjekt, das Objekt oder eine Adverbialbestimmung beziehen.

他们都喝绿茶。(Bezug auf das Subjekt 他们)
这些书我都看了。(Bezug auf das Objekt 这些书)
昨天和今天他都没来。(Bezug auf die Adverbialbest. 昨天和今天)

b) 都 + 了 kann „bereits, schon" ausdrücken, dabei ist die Partikel 了 am (Teil-)Satzende notwendig. 都 wird unbetont ausgesprochen und kann durch 已经 ersetzt werden.

都十二点了，睡觉吧。　　他都八十多岁了，走路还这么快。

c) 都 kann auch „sogar" im Deutschen entsprechen.

他都不知道，我怎么知道？ *Nicht einmal er weiß das, wie soll ich denn davon wissen?*
这件事情我都知道。*Sogar ich weiß schon davon。*

11.15.2 一起 *gemeinsam* und 一共 *insgesamt*

一起 und 一共 bezeichnen beide „etwas zusammen". 一起 bezieht sich aber auf das aus Personen bestehende Subjekt, 一共 auf das Prädikat.

我跟他一起复习生词。　　他们一起去旅游。
今天一共来了五十个人。　　我们今天一共花了一百元。

Der Ausdruck 在一起 bedeutet „zusammen (sein)" und kann als Prädikat oder als Ergänzung zu Verben wie 住, 玩 und 吃 verwendet werden.

我们天天在一起。　　他们两个人住在一起。

一起 kann auch 一共 ersetzen, umgekehrt jedoch nicht.

这三本书一共多少钱？ = 这三本书一起多少钱？

[Übungen zu dem voran gehenden Abschnitten **11.15** s. **11.23**]

11.16 Übungen zu 11.2

11.16.1 Verneinen Sie mit 不

1. 这是图书馆的书。
2. 马老师今天上课。
3. 张先生骑自行车。
4. 这种工作很舒服。
5. 她在学习上很认真。
6. 他姐姐想散步。

11.16.2 Verneinen Sie mit 没

1. 你学开车了吗？
2. 他看电视了吗？
3. 他们去过柏林吗？
4. 你们喝过白酒吗？
5. 你学过中文吗？
6. 马小姐病了吗？

11.16.3 Beantworten Sie die Fragen mit 不 oder 没

1. 你坐飞机去吗？
2. 你有中国地图吗？
3. 你打电话了吗？
4. 你知道这个字怎么写吗？
5. 你昨天买电脑了吗？
6. 他是从中国来的吗？
7. 他在上海住过吗？
8. 他在德国工作过吗？

11.16.4 Was passt? 不 oder 没?

1. 我____姓张，我姓花。
2. 我____想看电视。
3. 他现在____忙。
4. ____有电脑我怎么工作？
5. 他们知道____知道今天罢课？
6. 你想____想过这个问题？
7. 这个星期我哪儿都____去，想在家里休息休息。
8. 我____听说过这件事，你能____能告诉我？

11.16.5 Formulieren Sie die Sätze unter Verwendung der PN-Konstruktion um

1. 你回家吗？
2. 你喝绿茶吗？
3. 你去过西安吗？
4. 你看过这部电影吗？
5. 你想学俄语吗？
6. 你能帮我忙吗？
7. 公司买汽车了吗？
8. 公司去中国投资了吗？

11.16.6 Verneinen Sie mit 不…了 oder 没…了

1. 你哥哥还住在家里吗？
2. 你姐姐还踢足球吗？
3. 王小姐还有事吗？
4. 马先生有什么办法？
5. 明天还有雨吗？
6. 小钱还想坐飞机吗？

11.16.7 Verneinen Sie mit 别

1. 不要听收音机了。
2. 不要说话了。
3. 这件事不要告诉他。
4. 自行车不要借给他。
5. 不要把钱花完。
6. 不要把这件事忘了。

11.17 Übungen zu 11.3

11.17.1 Übersetzen Sie

1. Gestern war es sehr kalt, aber heute ist es noch kälter.
2. Dieses Auto ist teuer, aber jenes Auto ist noch teurer.
3. Er spielt vergleichsweise gerne mit mir Tischtennis.
4. Herr Wang ist relativ gut informiert über Europa.
5. Die amerikanische Firma passt am besten zu dir.
6. Er mag am liebsten im Bett fernsehen.
7. Sein Vater reist am liebsten nach China.

8. Als er die Nachricht hörte, war er äußerst glücklich.
9. Seit einigen Jahren sind die Sachen immer teurer geworden.

11.17.2 Wo ist 很 richtig?

1. A 这本 B 书 C 厚。
2. 我 A 买了 B 一台 C 贵的电脑。
3. 他们 A 对这个工作 B 满意 C。
4. 弟弟每天 A 都 B 忙得 C。
5. 小明 A 喜欢 B 踢 C 足球。
6. A 大家 B 高兴地在 C 聊天。

11.17.3 Welche Sätze sind richtig?

1a. 我们三个人中他更高。
1b. 我们三个人中他最高。
2a. 这部电影很有意思了。
2b. 这部电影太有意思了。
3a. 我们都很打网球。
3b. 我们都很喜欢打网球。
4a. 他们最近忙得很。
4b. 他们最近忙得比较。
5a. 慕尼黑人多，汉堡人比较多，柏林人最多。
5b. 慕尼黑人多，汉堡人更多，柏林人最多。
6a. 我很要去北京。
6b. 我很愿意去北京。

11.17.4 Welches Wort passt?

比较, 多么, 更, 很, 极, 太, 最

1. 今天比昨天______冷。
2. 他有三个手机，______贵的 500 欧元，______便宜的 100 欧元。
3. 他的日文说得不错，但中文说得______好。
4. 我______不喜欢早上八点上课。
5. 这件衣服漂亮______了。
6. 找到了好工作，她______高兴啊。
7. 那部电影没意思，这部还算______有意思。
8. 我______愿意帮助你，可是你自己也得努力啊。
9. 这里的人______多了！

11.17.5 Formulieren Sie die Sätze mit 越来越... oder 越...越... um

1. 雨很大。
2. 现在的工作很有意思。
3. 马经理很喜欢跳舞。
4. 她不相信政治家。
5. 钱先生讲得很多，张先生很害怕。
6. 她的书法写得很漂亮。

11.18 Übungen zu 11.4

11.18.1 Was passt? 在, 正在 oder 正?

1. 我____想去打工，电话响了。
2. 他____准备明天的考试。
3. 你在哪儿？我们___到处找你呢！

4. 王老师一直___想，这个问题怎么解决。
5. 他_____看电视，不想吃饭。
6. 我们__要下课，他走进了教室。
7. 他____在公司工作，不能回家。
8. 我们_____读一本德国小说。

11.18.2 Übersetzen Sie

1. Er liest gerade Zeitung.
2. Als ich meine ältere Schwester anrief, kochte sie gerade.
3. Seit einer Woche schreibt er an seiner Hausarbeit.
4. Als ich in der Bibliothek war, räumte er gerade sein Zimmer auf.
5. Als es regnete, waren wir gerade spazieren.
6. Sie macht sich Sorgen um ihr neues Auto.

11.19 Übungen zu 11.5

11.19.1 已经 oder 曾经?

1. 我_____知道这件事了。
2. 我_____在王老师那儿学过书法。
3. 西安_____是世界上最大的城市。
4. 现在，不会用电脑的人_____很少了。
5. 你毕业的时候，我_____工作了。
6. 他们俩_____是好朋友。
7. 他_____不是十几岁的孩子了。
8. 他_____学过法律，现在_____不学了。

11.19.2 已经 oder 刚?

1. 请你轻一点，妹妹_____睡。
2. 我_____到家，你就来了。
3. 那封信_____寄走了。
4. 从南方来的同学_____习惯北方的生活了。
5. 王先生出差_____回来。
6. 旅游的事大家_____讨论了。

11.19.3 刚 oder 刚才?

1. _____我在图书馆看见她了。
2. 钱老师_____从图书馆回来。
3. _____下雪了。
4. 小李____想去游泳，外面下大雨了。
5. 他们____帮助小明复习生词了。
6. 我____认识他，还不太了解他。

11.20 Übungen zu 11.6–11.7

11.20.1 Übersetzen Sie

1. Am Morgen las er immer zuerst Zeitungen.
2. Die Künstler haben meistens lange Haare.

3. Sie gehen nicht sehr oft zum Training.
4. Wir fahren meistens mit der U-Bahn in die Stadt.
5. Am Wochenende unterhielt ich mich sehr oft mit meinem jüngeren Bruder.
6. Herr Qian arbeitete meistens bis in die Nacht.

11.20.2 Welche Sätze sind richtig?

1a. 他有了问题往往找高老师，不找王老师。
1b. 他有了问题常常找高老师，不找王老师。
2a. 到了北京以后，我会常常给你打电话的。
2b. 到了北京以后，我会往往给你打电话的。
3a. 我不常常给她打电话。
3b. 我常常给她不打电话。
4a. 四十岁以上的人往往不愿意换工作。
4b. 四十岁以上的人不往往愿意换工作。

11.20.3 早 oder 先?

1. 我们_____往东，还是_____往西？
2. 她_____就会写汉字了。
3. 他们_____以为汉语很难，学了以后才知道不太难。
4. 王先生_____和他的妻子去旅游了。
5. 陈老师_____在黑板上画了一个苹果，然后问大家。
6. 面包_____坏了。

11.21 Übungen zu 11.8–11.11

11.21.1 Ersetzen Sie 就 durch ein anderes passendes Wort

马上, 已经, 只

1. 请你等一下，我就来。
2. 八点上课，小张七点就来了。
3. 王先生就去过日本。
4. 飞机就要起飞了。
5. 公司里就来了三个人。
6. 一上床她就睡着了。
7. 李先生就会说一句德文。
8. 他一上课就头疼。

11.21.2 Übersetzen Sie

1. Herr Ma ist gerade in Beijing angekommen.
2. Gleich nach dem Examen hat sie schon einen guten Job gefunden.
3. Sein Vater ist gestern Abend erst um acht Uhr zurückgekommen.
4. Nach dem Abendessen geht mein Vater sofort ins Internet.
5. In diesem Jahr hat es gerade einmal geschneit.
6. In einem Jahr wird mich die Firma in die USA schicken.

11.21.3 就 oder 将?

1. 我们马上____到家了。
2. 飞机____要起飞了。
3. 足球比赛____在上海进行。
4. 明年公司____派一个人去法国。
5. 他一起床____看报纸。
6. 他们____在三个月以后结婚。

11.21.4 就 oder 才?

1. 这部电影他不喜欢，看了几分钟_____不看了。
2. 上海有两千万人，汉堡_____一百七十万。
3. 他先工作了几年，三十岁_____上大学。
4. 她太累了，晚上八点_____睡觉了。
5. 今年比较冷，十月_____下雪了。
6. 张老师早上五点半_____去公园打太极拳了。
7. 他玩电脑玩到早上六点_____睡觉。
8. 他四十岁_____学会开车。

11.22 Übungen zu 11.12-11.14

11.22.1 Übersetzen Sie

1. Ich möchte noch mal nach Xi'an fahren.
2. Er hat wieder einen deutschen Roman gekauft.
3. Nächste Woche wird er wieder auf Dienstreise gehen.
4. Wie wär´s, wenn wir nach dem Film darüber diskutieren?
5. Fräulein Chen isst nie wieder Fleisch.
6. Sie diskutieren nicht mehr über die Frage.

11.22.2 Was passt?

还, 也, 又, 再

明天_____是星期天了。我问小张，想不想_____去看电影。他说想，_____问我小王去不去。我_____打电话问小王。小王说，他星期一考试，_____得复习功课，所以不能去。他说他没钱了，有时间_____要去打工。我告诉他，星期一我_____要考试，但星期天我得放松放松。

11.22.3 Setzen Sie die Adverbien an die richtige Stelle

1. 上个月 A 他跟 B 我 C 去了 D 一趟北京。(又)
2. A 大学毕业以后，B 我 C 没 D 见过他。(还)
3. 他 A 想 B 去北京大学 C 学 D 一年。(再)
4. A 下雨了，B 别忘了 C 带 D 雨衣。(又)
5. A 我 B 没有 C 听懂老师 D 说什么。(也)
6. 他 A 在中国 B 一年，C 是 D 不会说中文。(还)

11.23 Übungen zu 11.15

11.23.1 Übersetzen Sie

1. Die Leute dort sind alle sehr höflich.
2. Seine Töchter haben alle studiert.
3. Meine Schwester isst jeden Tag Obst.
4. Es ist bereits Januar. Es hat immer noch nicht geschneit.
5. Der Vater und seine Tochter gingen zusammen ins Museum.
6. Sie haben insgesamt drei Ausstellungen gesehen.
7. Zum Geburtstag hat er nur fünf Leute eingeladen.
8. Von diesem Buch habe ich nur drei Seiten gelesen.

11.23.2 都 oder 只?

1. 他们____不抽烟了。
2. 德国现在到处____有中餐馆。
3. 他不想多工作，____想舒服。
4. ____有学好了德语，才能来德国上大学。
5. 别人____在打扫教室，____有他在打电话。
6. 中国的大城市我____有重庆没去过，其它的____去过了。
7. 中国的家长____希望自己的孩子能上大学。
8. 在中国，一个家庭一般____可以生一个孩子。
9. 中国的很多河流____被污染了。

11.23.3 一起 oder 一共?

1. 谁跟我________去南京留学？
2. 你们________有多少人？
3. 我们________坐火车去柏林吧。
4. 他喜欢跟哥哥姐姐在________。
5. 我在北京______花了两千欧元。
6. 我们________就四个人，汽车里能坐下。
7. 他们是老同学，________在大学学了四年。
8. 三个玩具________多少钱？

12 Präpositionen 介词

Präpositionen sind Wörter, die nicht satzgliedfähig sind und ein Objekt (Wort oder Wortgruppe) regieren. Sie bilden zusammen mit ihrem Objekt eine satzgliedfähige Präpositionalgruppe. Je nach ihrer Bedeutung können die Präpositionen in folgende Gruppen eingeteilt werden:

Präpositionen	
在，当，从，离	Zeit, Ort, Ausgangspunkt
向，往，朝	Richtung
对，跟 / 和，比，给	Einführung des Bezugspunktes
被，叫，让，给，为，把 / 将	Urheber, Objekt
为，为了	Zweck
由于，因为	Ursache, Grund
除了…，除了…以外	Einschränkung, Ergänzung
根据，按照，随着	Entsprechung

12.1 Merkmale und Funktionen

Die meisten Präpositionen sind aus Verben entstanden, sind aber nicht mehr prädikatsfähig und können auch nicht mit den Partikeln 了, 着 und 过 kombiniert werden.

他给了我一本书。(Verb)
他给我带了一本书。(Präposition)
* 他给了我带了一本书。

Sie bilden zusammen mit einem Nomen / Pronomen oder einer Wortgruppe eine Präpositionalgruppe, die satzgliedfähig ist.

从 + 上海 → 他们从上海来。
对 + 我们的工作 → 我对我们的工作很满意。

Die Präpositionalgruppe kann im Satz in unterschiedlicher Position auftreten:

a) als Adverbialbestimmung

我**在公司**工作。　　**因为你**我们多工作了两个小时。

b) als Attribut

朝南的窗户已经开了。　　**对你的**批评是对的。

c) als Präpositionalobjekt

他**对中文**感兴趣。　　我们**对这篇小说**进行了研究。
王先生把书放**在书架上**

d) als Prädikatsnomen

我来汉堡是**为了工作**。　　我们第一次见面是**在北京饭店**。

12.2 Spezifische und nicht spezifische Präpositionen

Es gibt Verben und Ev, die eine bestimmte Präposition fordern, die nicht ohne Weiteres durch eine andere ersetzbar ist. Sie sind vergleichbar mit „um" in „sich kümmern *um*" oder „mit" in „sich beschäftigen *mit*" im Deutschen. Diese Art von Präpositionen wird hier als spezifisch bezeichnet.

对 … 好　他对我很好。*Er ist nett zu mir.*
对 … 满意　我们对图书馆很满意。*Wir sind mit der Bibliothek sehr zufrieden.*
对 … 关心　爸爸妈妈对她很关心。*Die Eltern kümmern sich sehr um sie.*
对 … 感兴趣　他对绿茶很感兴趣。*Er interessiert sich für Grüntee.*
跟/向 … 借　我跟/向他借了一本书。*Ich habe von ihm ein Buch ausgeliehen.*
跟…交往　他跟这几个朋友交往很多。*Er hat sehr viele Kontakte zu diesen Freunden.*
由…组成　这个大学由二十个系组成。*Die Universität besteht aus 20 Fakultäten.*

Es ist beim Lernen hilfreich, sich solche Präpositionen als festen Bestandteil des Verbs zu merken.
Die meisten Präpositionen jedoch gehören zu den nicht spezifischen Präpositionen, die bei passender Bedeutung in jedem Satz stehen können.

我**在**南京学习汉语。　　**由于**下雨他不来了。

[Übungen zu den voran gehenden Abschnitten **12.1–12.2** s. **12.12**]

12.3 Präpositionen der Zeit, des Ortes und des Ausgangspunktes

在, 从 und 离 können sowohl temporal und lokal als auch zur Angabe der Umstände etc. verwendet werden, in der lokalen Bedeutung brauchen sie i.d.R. eine Ortsangabe als Objekt. 当 kann nur temporal gebraucht werden.

12.3.1 在

在 kann in Verbindung mit LRWn, Nomina und Zeitnomina zur Angabe der Zeit, des Ortes und der Umstände verwendet werden (**vgl. 3.4.3**).

Der Gebrauch von 在 hängt in erster Linie von der Art der Nomina ab, die als Präpositionalobjekt fungieren:

a) Bei geografischen Namen als Objekt muss 在 verwendet werden, aber kein LRW.

他在德国学习。

b) Steht die Angabe des Ortes oder der Zeit mit einem allgemeinen Nomen am Satzanfang, entfällt 在, egal, ob es in räumlicher oder zeitlicher Bedeutung verwendet wird.

宿舍里现在没有人。(räumlich)
睡觉前弟弟喜欢听音乐。(zeitlich)

c) Steht die 在...LRW-Konstruktion mit einem allgemeinen Nomen in anderen Positionen im Satz, so ist der Gebrauch von 在 in zeitlicher Bedeutung fakultativ, in anderen Bedeutungen obligatorisch.

弟弟喜欢（在）睡觉前听音乐。(zeitlich)
哥哥在床上看书。(räumlich)
她在学习上帮助我。(Umstand)

Häufig gebrauchte Ausdrücke sind u. a.

a) zeitlicher Gebrauch

在 ... 的时候 *als, während, wenn*
在 ... 时 *als, während, wenn*
在 ... 的同时 *während/in der gleichen Zeit*
在 ... (的)时期 *in dem Zeitraum*
在 ... 里 *in/darin*
在 ... 前 *vor/davor*
在 ... 后 *nach/danach*

Beispiele

我们想在假期里旅游。　　他（在）学汉语的同时也学太极拳。
我在家的时候喜欢看电视。＝　我在家时喜欢看电视。

Wichtig: Bei 在…的时候 ist 的 unentbehrlich, bei 在…时 darf es nicht verwendet werden.

b) zur Ortsangabe

In lokaler Bedeutung bildet 在 in Verbindung mit einem LRW feste Ausdrücke, die oft einer Präposition im Deutschen entsprechen. Die häufig verwendeten sind u. a.

在…里　*in/darin*
在…中　*in/darin, unter/darunter*
在…上　*auf/darauf*
在…下　*unter/darunter*

Beispiele

有人在办公室里抽烟。　他把书放在桌子上。
这家公司在电视里做很多广告。

Weitere Kombinationsmöglichkeiten sowie Erläuterungen **vgl. 3.4**.

c) zur Angabe des Bereichs und Umfangs

在 dient auch zur Angabe des Geltungsbereichs bzw. -umfangs einer Aussage. Die Bildung der Ausdrücke hierfür ist die gleiche wie bei a) und b). Häufig gebrauchte Ausdrücke sind u. a.

在…中间　*unter*
在…之间　*zwischen*
在…当中　*unter/(in)mitten*
在…以上　*über/oberhalb*
在…以下　*unter/unterhalb*

Beispiele

他在新来的学生当中是最好的。　　两米以上的人这里有几个。

d) zur Angabe der Umstände

Die Ausdrücke 在…上, 在…中 und 在…下 können auch in abstrakter Bedeutung verwendet werden (**vgl. 3.5**).

在…上 (*hinsichtlich*) kann auf den Erstreckungsbereich eines Geschehens hinweisen und durch 在…方面 ersetzt werden.

她在学习上经常帮助我。***Beim** Lernen hilft sie mir oft.*

他在小说的翻译上比我好。***Hinsichtlich*** *der Übersetzung des Romans …*

在…中 (*während/in*) kann ausdrücken, dass sich etwas innerhalb eines Bereiches, Zeitraums, Zustands, während oder im Verlauf einer Handlung ereignet.

我在讨论中明白了不少问题。***Während*** *der Diskussion …*
孩子们在玩的过程中能学到很多东西。***Während*** *des Spielens/****im*** *Spiel …*

在…下 (*mittels, mit*) kann Umstände eines Geschehens zum Ausdruck bringen.

我在老师的帮助下写完了作业。***Mit*** *der Hilfe des Lehrers …*

12.3.2 当

当 bedeutet „zur gleichen Zeit wie". Häufig gebrauchte Kombinationen sind

当…的时候 *während/als*
当…时 *während/als*
当…以前 *bevor*
当…以后 *nachdem*

当你们打网球的时候，我在喝咖啡。*Während/Als ihr Tennis spieltet, …*
当他看完这篇小说以后才知道大家为什么都想看。*Nachdem er den Roman fertig gelesen hatte, …*

当 kann in dieser Bedeutung durch 在 ersetzt werden. Die Unterschiede zwischen den beiden bestehen in folgenden Punkten:

a) 当 verlangt einen Satz oder eine Verbalkonstruktion als Erweiterung, bei 在 ist auch ein Nomen möglich.

当我去北京的时候。(Satz) * 当北京的时候
在我去北京的时候。(Satz) 在北京的时候。(Nomen)

b) Bei 当 ist, anders als bei 在, die Angabe eines Zeitpunktes nicht erlaubt.

* 当我生病的 2000 年 在我生病的 2000 年

12.3.3 从

从 bedeutet „ab (einem bestimmten Punkt)". Die Anwendung ist vergleichbar mit 在: 从 kann zum Ausdruck der Zeit, des Raumes, des Bereichs und Umfangs sowie der Modalität verwendet werden. Es gibt einige häufig verwendete Ausdrücke wie

从…到… *von … bis …*

从…起 *ab/von … an*
从…以来 *seit* (nur für Vergangenheit)
从…以后 *nach/nachdem*
从…往… *von … nach …*

a) zur Zeitangabe

从 dient zur Angabe der Zeit und kann sowohl für die Vergangenheit als auch für die Gegenwart und Zukunft verwendet werden.

她从明天起不做饭了。*__Ab__ morgen/__von__ morgen __an__ kocht sie nicht mehr.*
从认识他以后，我们常常一起踢足球。*Gegenwart: __Seit__ ich ihn kenne, spielen wir oft Fußball. Vergangenheit: __Nachdem__ ich ihn kennengelernt hatte, spielten wir oft Fußball.*
从认识到结婚，他们只用了一个月。*__Vom__ Kennenlernen __bis__ zur Hochzeit …*

b) zur Ortsangabe

Der Gebrauch von 从 ist vergleichbar mit dem von 在: Es fordert ein Ortsnomen als Objekt (**vgl. 12.3.1**); allgemeine Nomina als Objekt müssen durch ein LRW zum Ortsnomen erweitert werden.

她从中国回来了。*Sie ist __aus__ China zurück.* (Orstnomen)
从北京到南京可以坐火车。*__Von__ Beijing __nach__ Nanjing …* (Ortsnomen)
他从书架上拿走一本书。*Er nimmt ein Buch __aus__ dem Regal.*
(Allgemeins Nomen + LRW)
她从爷爷那儿去大学。*Sie geht __von__ Opa __aus__ zur Universität.*
(Allgemeines Nomen + LRW)

c) zur Angabe des Bereichs und Umfangs

Zur Angabe des Bereichs und Umfangs wird oft 从…到 verwendet.

我什么都想学，从书法到太极拳。*… __von__ Kalligrafie __bis__ Taijiquan.*
从做饭到洗衣服，他什么事都会做。*__Von__ Kochen __bis__ Waschen …*

从 allein kann aber auch einen Umstand ausdrücken.

王先生从梦中醒来。*…__von__ seinem Traum wach geworden.*

12.3.4 离

离 bedeutet „entfernt von (einem Punkt)“ , „bis“. Es kann zum Ausdruck der Zeit, des Ortes und der Modalität gebraucht werden.

a) zur Zeitangabe

Zur Zeitangabe kann 离 ein nominales oder ein verbales Objekt fordern.

离寒假还有一个星期。***Bis** zu den Winterferien ist es noch eine Woche.*
离开车还有三个小时。***Bis** zur Abfahrt sind es noch drei Stunden.*

b) zur Ortsangabe

Zur Ortsangabe können sowohl allgemeine Nomina als auch Ortsnomina verwendet werden.

他们宿舍离我们宿舍很近。*Ihr Wohnheim ist nicht weit **entfernt von** unserem.*
这里离北京还有 10 公里。***Bis** Beijing sind es noch 10 km.*

c) zur Angabe des Umstandes

Auch zur Angabe des Umstandes kann 离 ein nominales oder verbales Objekt fordern.

他们做了很多，但离公司的要求还差不少。*...**von** den Forderungen der Firma ist es noch weit **entfernt.***
离达到目的还有很多事情要做。***Bis** zum Erreichen des Ziels...*

[Übungen zu dem voran gehenden Abschnitt **12.3** s. **12.13**]

12.4 Präpositionen der Richtung

向, 往 und 朝 bedeuten alle „in Richtung auf" und können durch „nach" oder „zu" wiedergegeben werden. Der Unterschied besteht darin, dass 向 und 往 nur mit einem Verb der Bewegung in Verbindung stehen können, während 朝 auch mit einem Verb des Zustands kombiniert werden kann. Außerdem können 向 und 往 als Komplemente verwendet werden, was bei 朝 nicht möglich ist.

12.4.1 向

向 hat zwei verschiedene Funktionen und lässt sich einmal mit „nach" und einmal mit „von" ins Deutsche übersetzen. Es dient

a) zur Angabe der Richtung
als Adverbialbestimmung

我们向南走。*Wir gehen **nach** Süden.*
火车向北京开去。*Der Zug fährt **nach** Beijing.*

als Komplement

飞机飞向德国。*Das Flugzeug fliegt **nach** Deutschland.*
长江流向大海。*Der Changjiang fließt **ins** Meer.*

b) zur Markierung eines Personalobjekts

我向老师借了一本书。*Ich habe mir **vom** Lehrer ein Buch geliehen.*
我们要向你们学习。*Wir wollen **von** euch lernen.*

12.4.2 往

Auch 往 hat zwei Funktionen, die obendrein durch die Tonhöhe unterschieden werden. Es dient
a) (im 3. Ton: wǎng) zur Ortsangabe mit einem Ortsnomen (meistens als Komplement)

这封信是寄往北京的。*Dieser Brief wurde **nach** Beijing geschickt.*
这条路通往西安。*Diese Straße führt **nach** Xi'an.*
汽车往他那儿开去。*Das Auto fährt **zu** ihm.*

b) (im 4. Ton: wàng) zur Richtungsangabe mit einem LRW (meist als Adverbialbestimmung)

下课了，大家往外走。*… alle gehen **nach** draußen.*
汽车往里开。*Das Auto fährt **nach** drinnen/fährt hinein.*

12.4.3 朝

朝 unterscheidet sich von den beiden anderen Richtungspräpositionen in seinen möglichen Erweiterungen sowie in seiner Funktion im Satz.
a) Zusammen mit 朝 können nicht nur Verben der Bewegung, sondern auch des Zustands verwendet werden:

她朝南坐着，在晒太阳。(Zustand) *Sie sitzt **in Richtung** Süden und sonnt sich.*
我朝窗户里看看，一个人也没有。(Bewegung) *Ich schaute **zum** Fenster hinein, …*

b) 朝 kann wie 向 direkt Nomina für Personen oder Pronomina als Objekt annehmen, was bei 往 nicht möglich ist.

他朝我笑笑。*Er lächelt mich an.*
他们朝学生们喊了几声。*Sie riefen den Studenten etwas zu.*

[Übungen zu dem voran gehenden Abschnitt **12.4** s. **12.14**]

12.5 Präpositionen zur Einführung des Bezugspunktes

12.5.1 对

Die Grundbedeutung von 对 als Präposition ist ähnlich wie die von 对 als Verb: einer Sache oder einer Person gegenüber.

a) 对 markiert den Adressaten einer Handlung.

我对老师笑了笑。*Ich lächelte den Lehrer an.*
他对我说：“明天不上课。” *Er sagte zu mir: „...*

b) 对 markiert das Objekt eines Eigenschaftsverbs, das die Verhaltensweise des Subjektes gegenüber dem Objekt ausdrückt, und wird von diesem Eigenschaftsverb gefordert.

他对我很好。*Er ist sehr gut **zu** mir.*
他对我们很热情。*Er ist uns **gegenüber** sehr herzlich.*

c) Bei Funktionsverben wie 进行 und 表示 wird 对 gebraucht, um das Objekt des im Satz als Objekt fungierenden nominalisierten Verbs zu markieren (**vgl. 8.2.12**).

张经理对我们表示欢迎。← 张经理欢迎我们。
学生们对语法问题进行讨论。← 学生们讨论语法。

d) 对 führt das ein, worüber etwas ausgesagt wird. In dieser Bedeutung kann 对 durch 对于 ersetzt werden.

对这件事，我要好好想想。= 对于这件事，我要好好想想。*Was diese Sache angeht ...*
对大学来说，人太多也不好。*Was die Uni angeht, ...*

12.5.2 跟 / 和

跟 und 和 unterscheiden sich nur stilistisch: 和 ist mehr umgangssprachlich geprägt.

a) Beide dienen zur Angabe einer Verbindung oder eines Zusammenhangs.

我跟 / 和他一起去北京。*Ich fahre **mit** ihm zusammen nach Beijing.*
妈妈跟 / 和她说话。*Mama redet **mit** ihr.*

b) In einem Vergleichssatz markiert es das Vergleichsobjekt (**vgl. 18.3**). Die häufig gebrauchten Konstruktionen sind

跟 / 和...一样 / 不一样 *mit etwas gleich/nicht gleich sein*
他跟我一样都是大学生。*Er ist **wie** ich Student.*

跟 / 和...相同 / 不同 *mit etwas gleich/nicht gleich sein*
我们跟他们不同，我们得打工，他们不用打工。*Bei uns ist das **anders als** bei ihnen, ...*

跟 / 和...差不多 *mit etwas ungefähr/annähernd gleich sein*

他的中文跟我的中文差不多。*Sein Chinesisch ist **ungefähr** so wie meins.*

12.5.3 比

比 bedeutet „im Vergleich“ und markiert das Vergleichsobjekt. Hinter ihm steht das Prädikat. Ein verbales Prädikat muss durch ein Komplement erweitert werden. (**„Konstruktionen für Vergleich“ siehe 18.3**)

我比他高。*Ich bin größer **als** er.*
我比他高一点儿。*Ich bin ein bisschen größer **als** er.*
他比我学得多。*Er lernt mehr **als** ich.*
他比我学得多很多。*Er lernt viel mehr als ich.*

12.5.4 给

给 kann in unterschiedlichen Bedeutungen verwendet werden.

a) Zur Angabe des Adressaten wird es in der Form eines Präpositionalobjektes gebraucht.

她给我打了一个电话。*Sie rief mich an.*
我打了一个电话给她。*Ich rief sie an.*
我送给她一束花。*Ich schenke ihr einen Strauß Blumen.*

b) Zur Markierung der zuhörenden Person bei Verben wie 说, 讲, 介绍, 翻译, die mit Erzählen zu tun haben. 给 ist in diesem Fall durch 向 oder 对 ersetzbar, weil es sich hier um eine Adverbialbestimmung handelt.

他给我们介绍了公园的情况。= 他向我们介绍了公园的情况。*Er hat uns etwas über den Park erzählt.*
张先生给我们讲了一个故事。= 张先生向我们讲了一个故事。*Herr Zhang hat uns eine Geschichte erzählt.*

c) In der Bedeutung „anstelle einer anderen Person“ kann 给 durch 为 oder 替 ersetzt werden; hier kann die 给-Konstruktion nur vor, aber nicht nach dem Prädikat stehen.

我给她寄了几封信。= 我为她寄了几封信。*Ich habe **für** sie einige Briefe abgeschickt.*
他今天给我做饭了。= 他今天替我做饭了。*Er hat heute **an meiner Stelle** gekocht.*

Der Satz 我给她写了两封信 ist zweideutig: Er kann heißen *„ich habe **für** sie zwei Briefe geschrieben“* oder *„ich habe zwei Briefe **an** sie geschrieben“*. Die Sätze 公司卖给他一套房子 (*die Firma hat eine Wohnung an ihn verkauft*) und 公司给他卖一套房 (*die Firma hat für ihn eine Wohnung verkauft*) sind hingegen von der Bedeutung her eindeutig. Ob ein Satz eindeutig oder zweideutig ist, hängt vom Kontext ab, wobei die

Satzgliedstellung auch eine Rolle spielt: Als Komplement kann die 给-Konstruktion nur eine Bedeutung haben, während sie als Adverbialbestimmung zweideutig sein kann.

[Übungen zu dem voran gehenden Abschnitt **12.5** s. **12.15**]

12.6 Präpositionen des Urhebers und des Objekts

12.6.1 被, 叫, 让 und 给

被, 叫, 让 und 给 markieren den Urheber oder das Mittel und fungieren damit als Passiv-Markierung.

a) 被 wird sowohl in der Umgangssprache als auch in der Schriftsprache verwendet, während 叫, 让 und 给 umgangssprachlich geprägt sind.

那本小说 被(叫 / 让 / 给) 张老师借走了。*Der Roman **wurde von** Herrn Zhang entliehen.*
房间 被(叫 / 让 / 给) 爸爸整理好了。*Das Zimmer **wurde von** Papa aufgeräumt.*

b) 被 und 给 können auch allein im Satz stehen, während 叫 und 让 nur zusammen mit dem Präpositionalobjekt gebraucht werden können.

他 被(老师) 批评了。*Er **wurde (vom** Lehrer) kritisiert.*
自行车 给 修好了。*Das Fahrrad **wurde** repariert.*
那本小说叫人借走了。* 那本小说叫借走了
好吃的都让他们吃完了。* 好吃的都让吃完了

12.6.2 为

为 bildet mit 所 die zweiteilige Präposition 为…所… und bezeichnet eine Ursache oder einen Urheber im Passivsatz. Es wird in der Schriftsprache benutzt.

他们为美丽的风景所吸引。*Sie **werden von** der schönen Landschaft angezogen.*
他的名字为大家所熟悉。*Sein Name ist allen bekannt.*

12.6.3 把 und 将

a) 把 markiert das Objekt in einem Satz, in dem der Platz hinter dem Prädikat für eine neue Aussage in Form einer Prädikatserweiterung (Partikel, Komplement etc.) benötigt wird. Damit die Erweiterung des Prädikats (als neue Information) hinter dem Prädikat stehen kann, muss das Objekt nach vorne rücken. Betont wird also die neue Aussage, nicht das durch 把 markierte Objekt, wie so oft behauptet wurde. Die neue Aussage kann verschiedene Formen haben: Erweiterung durch Partikel, Komplement oder Objekt.

他喝茶。→ 他把茶喝了。(Partikel)

我做今天的作业。→ 我把今天的作业做完。(Komplement)
他们收拾教室。→ 他们把教室收拾得干干净净的。(Komplement)
我告诉他我的打算。→ 我把我的打算告诉他。(Objekt)

b) Die 把-Konstruktion steht vor dem Prädikat. Bei einem zweiteiligen Prädikat steht sie zwischen dem Modalverb und dem Hauptverb.

我想把书还给她。

c) Das mit 把 nach vorne geholte Objekt kann nur etwas Bestimmtes, weil schon Bekanntes, sein. Unbestimmte, also unbekannte Objekte (z.B. mit einer Nu-ZEW-Gruppe) sind selber eine neue Aussage und können deshalb nicht zusammen mit 把 benutzt werden.

他喝了一杯啤酒。* 他把一杯啤酒喝了
他买了很多书了。* 他把很多书买了

d) In der Schriftsprache wird 把 oft durch 将 ersetzt.

我们要将这个问题研究好。= 我们要把这个问题研究好。
他将那个故事又说了一遍。

[Übungen zu dem voran gehenden Abschnitt **12.6** s. **12.16**]

12.7 Präpositionen des Zwecks

为 und 为了 können zur Angabe des Zwecks oder der Ursache verwendet werden,

我们为这件事不高兴。*Wir sind **wegen** dieser Sache unglücklich.* (Ursache)
他们为了公司的发展努力工作。*Sie arbeiten fleißig **für** die Entwicklung der Firma.* (Zweck)

oder in der Bedeutung „anstelle von". In dieser Bedeutung ist nur 为 möglich, das durch 给 ersetzt werden kann.

我为他办了几件事。*Ich habe **für** ihn einige Dinge erledigt.*
老师为我们借了几本书。*Der Lehrer hat **für** uns ein paar Bücher ausgeliehen.*

12.8 Präpositionen des Grundes und der Ursache

由于 und 因为 dienen zur Angabe des Grundes oder der Ursache. 因为 wird mehr in der Umgangssprache verwendet.

由于时间问题她不能来。***Aufgrund von*** *Zeitproblemen kann sie nicht kommen.*
由于经济的发展很多人有钱了。***Aufgrund*** *der wirtschaftlichen Entwicklung sind viele Menschen zu Geld gekommen.*
因为天气问题飞机不能起飞了。***Wegen*** *des schlechten Wetters kann das Flugzeug nicht starten.*
因为你我们都迟到了。***Wegen*** *dir sind wir alle zu spät.*

12.9 Präpositionen der Einschränkung und der Ergänzung

除了… und 除了…以外 können sowohl einschränkende als auch ergänzende Bedeutung haben. Die Bedeutung der beiden ist identisch.

a) Zur Einschränkung eines Sachverhalts auf eine bestimmte Ausnahme, wobei oft 都 gebraucht wird.

除了我(以外)同学们都在看电视。***Außer*** *mir sehen alle Kommilitonen fern.*
除了今天(以外)我天天都在家。***Außer*** *heute bin ich jeden Tag zu Hause.*

b) Zur Ergänzung, dabei werden oft 还 und 也 verwendet.

除了游泳(以外)我还喜欢散步。***Außer*** *schwimmen mag ich auch noch gerne spazieren gehen.*
除了中文(以外)他也会说日文和英文。***Außer*** *Chinesisch kann er auch noch Japanisch und Englisch sprechen.*

12.10 Präpositionen der Modalität — Entsprechung

根据 markiert eine Voraussetzung oder Grundlage, 按照 betont mehr die Befolgung einer Vorgabe. Beide verlangen ein zweisilbiges Wort als Objekt bzw. ein mindestens zweisilbiges Objekt, inklusive Nu-ZEW etc.

他根据这件事写了一本书。***Aufgrund*** *dieser Sache schrieb er ein Buch.*
根据我们的了解这家银行不错。***Nach*** *unserem Verständnis ist diese Bank nicht schlecht.*
按照我的想法，我们应该帮助他。***Nach*** *dem, was ich denke, sollten wir ihm helfen.*
你们应该按照公司的计划工作。*Ihr sollt* ***nach*** *den Plänen der Firma arbeiten.*

12.11 Präposition der Modalität — Begleitung

随着 bezeichnet eine Situation, die eine Entwicklung begleitet. Es verlangt meistens ein nominalisiertes Verb als Objekt, welches Veränderung oder Entwicklung beinhaltet.

随着经济的发展，买房子的人越来越多。***Mit/infolge*** *der wirtschaftlichen Entwicklung gibt es immer mehr Menschen, die sich ein Haus kaufen.*
随着汉语水平的提高，她懂得更多了。***Mit/infolge*** *der Verbesserung ihres chinesischen Sprachniveaus versteht sie mehr.*

[Übungen zu den voran gehenden Abschnitten **12.7–12.11** s. **12.17**]

12.12 Übungen zu 12.1–12.2

12.12.1 Präposition oder Verb?

1a. 你现在在家吗？
1b. 你在家做什么？
2a. 当他做老师的时候，我们就认识他了。
2b. 她当了三年的老师。
3a. 我们想送给他一本地图。
3b. 我们给他一本地图。
4a. 我跟你一起去。
4b. 请你跟着我。
5a. 你们老师叫什么名字？
5b. 她的小说叫老师改了。
6a. 她让我寄两封信。
6b. 她的两封信让我寄走了。

12.12.2 Ordnen Sie

1. 对你的工作，很满意，我们
2. 学习，他们，在大学图书馆，今天
3. 早上，我，起床，因为工作，六点钟
4. 给她，我，打电话了，昨天
5. 我，一本书，跟王老师，想，借
6. 坐飞机，他，跟我，去北京，一起

12.13 Übungen zu 12.3

12.13.1 Was passt?

里, 外, 上, 下, 之间, 后, 的时候, 同时

1. 我在家____喜欢睡觉。
2. 我们在学中文的____也学经济。
3. 他们想在办公楼____打太极拳。
4. 李老师在这一年____一直很忙。
5. 我在过完生日以____马上给你打电话。
6. 词典放在书架____。
7. 上海和汉堡____的关系非常好。
8. 身高在一米以____的学生不用买票。

12.13.2 Vervollständigen Sie die Sätze

1. 当我喝茶的时候，______________________________。
2. 当我们吃午饭时，______________________________。

3. 当你们认识他以前，________________________________。
4. 当我看完这本书以后，________________________________。
5. 当她在飞机上的时候，________________________________。
6. 当经理批评你的时候，________________________________。

12.13.3 从 oder 离?

1. 他____明天起学开车。
2. ____星期天还有三天。
3. ____上海到南京有三百公里。
4. 我____图书馆去你那儿。
5. 教室____食堂只有两百米。
6. 这里____海边不远。

12.14 Übungen zu 12.4

12.14.1 Was passt?

朝, 往, 向

1. 下课以后同学们____外走。
2. 黄河从西____东流____大海。
3. 开____汉堡的火车还没有到。
4. 她喜欢____窗户坐。
5. 我____他学了做中国饭。
6. 火车站在西边，你应该先____东，然后____西走。
7. 这封信是寄____德国的。
8. 她____我笑了笑，说欢迎欢迎。

12.14.2 Ordnen Sie

1. 大家，看，向右，长江，就是，那儿，请
2. 电影院，我，去，想，往南，往北，还是，走，走
3. 往墙上，把照片，挂，喜欢，她
4. 朝出租车，一起，喊，我们，
5. 很舒服，开，往北京，火车，的
6. 应该，向你，学习，我，游泳，去，每天

12.15 Übungen zu 12.5

12.15.1 Was ist richtig? 对 oder 给?

1. 你在____谁说话？
2. 他在____谁打电话？
3. 德国朋友____她很热情。
4. 我们____她送去一本地图。
5. 我寄一封信____我的同学。
6. 他____我讲了一个故事。
7. ____这个问题我们要好好想想。
8. 她____学习很认真。

12.15.2 Formulieren Sie die Sätze mit 对…进行 oder 对…表示 um

1. 老师欢迎同学们。（表示）
2. 我们研究中国历史。（进行）
3. 他们同意了你们的想法。（表示）
4. 公司的经理批评了他们。（进行）
5. 公司非常满意你的工作。（表示）
6. 我们好好学习汉语语法。（进行）

12.15.3 Was ist richtig? 比 oder 跟?

1. 她____她妈妈一样高。
2. 北京____南京大。
3. 汉堡的天气____上海的天气不一样。
4. 他的学习____我的学习差不多。
5. 他____我多学了一年汉语。
6. 她做饭____你做得好。
7. 这家公司不____那家公司大。
8. 这张椅子____那张椅子一样舒服。

12.16 Übungen zu 12.6

12.16.1 Formulieren Sie die Sätze unter Verwendung von 被, 叫, 让 und 给 ins Passiv um

1. 我们喝完了啤酒。
2. 他借走了我的自行车。
3. 经理批评了他。
4. 今天的报纸他拿走了。
5. 他们家的汽车卖了。
6. 我们接走了大学的客人。
7. 他怎么知道这件事情的?
8. 那本德汉词典我找到了。

12.16.2 Formulieren Sie die Sätze unter Verwendung von 把 um

1. 我喝茶了。
2. 她修好了自行车。
3. 他想收拾房间。
4. 我们复习了一下生词。
5. 我忘记了这件事。
6. 她弟弟穿好了衣服。
7. 他们能看完这部电影。
8. 我姐姐想带这本中文书回家。

12.16.3 Übersetzen Sie mit 被 oder 把

1. Der Fernseher im Klassenzimmer wurde repariert.
2. Übersetzen Sie bitte diesen Satz ins Englische.
3. Der Freund aus China wurde von ihm nach Hause gebracht.
4. Stell dich bitte einmal kurz vor.
5. Können Sie das Buch der Bibliothek sofort zurückgeben?
6. Er möchte seinen Studienplan zu Ende schreiben.
7. Sein Bruder wurde immer wieder vom Lehrer kritisiert.
8. Das Lexikon wurde ins Bücherregal zurückgestellt.

12.17 Übungen zu 12.7–12.11

12.17.1 Was passt?

按照, 除了…(以外), 根据, 随着, 为, 为了, 由于/因为

1. 他________学习打工。
2. 我________你说的地址找到了他家。
3. ________星期天他每天都工作。
4. ________经济的发展，很多人都买了汽车。
5. ________柏林以外慕尼黑和汉堡的人口也超过了一百万。

6. ________工作她不能来跟你一起过生日。
7. ________你我谁都不认识。
8. ________天气的变化，散步的人越来越少。
9. ________公司的规定我们星期六也要工作。
10. 他________我去了一趟法国。

12.17.2 Übersetzen Sie

1. Außer Englisch und Französisch kann sie auch Russisch sprechen.
2. Außer für das Tanzen interessiert er sich für nichts.
3. Seinem Vorschlag (建议) entsprechend / folgend möchte ich im Herbst nach China gehen.
4. Gemäß einer Bestimmung (规定) der Universität müssen die Studenten für ein halbes Jahr ins Ausland gehen.
5. Mit der Zunahme (增加) der Studentenzahl haben die Lehrer immer mehr zu tun.
6. Mit der Erhöhung des Chinesischniveaus versteht er jetzt immer mehr.

13 Konjunktionen 连词

Konjunktionen verbinden Wörter, Satzglieder und Sätze und drücken damit eine bestimmte Beziehung aus.

Konjunktionen	
和, 跟, 同, 与, 以及, 而, 并且	Kopulativ I: für Wörter
既…又(也)…, 又…又…, 不但…而且…, 不仅…而且…, 此外	Kopulativ II: für Prädikate / Sätze
可是, 但是, 却, 而, 然而	Adversativ
或者, 还是, 不(是)…而(是)…; 不是...就是	Alternativ
因为…(所以…), 由于, 所以	Kausal
如果…(就…) / (也…), 要是…(就…) / (也…), 不然, 不管, 只有…才…	Konditional
虽然…(但是…), 尽管…(但是…) / (也…)	Konzessiv
为了, 为的是	Final

Konjunktionen verbinden einfache Sätze zu komplexen Sätzen. Im Chinesischen sind die Sätze nebenordnend. Es findet keine Umstellung des Prädikats ans Satzende statt, wie es im Deutschen der Fall ist.
Konjunktionen im Chinesischen können aus einem oder zwei Gliedern bestehen.

如果你有空，我想请你喝咖啡。　　这条裙子**既**贵**又**不好看。

Neben den meisten Konjunktionen, die ausschließlich in dieser Wortart vorkommen, können einige Wörter sowohl als Konjunktion als auch als Präposition dienen, wie z.B. 和, 跟 und 同.
Von der Bedeutung und dem Gebrauch her unterscheiden sie sich allerdings voneinander.

妈妈和我谈话。(Meine) *Mutter spricht mit mir.* (Präposition)
妈妈和我在喝茶。(Meine) *Mutter und ich trinken gerade Tee.* (Konjunktion)

Im ersten Satz ist 妈妈 das Subjekt, 和我 eine Adverbialbestimmung. Im zweiten Satz bilden 妈妈 und 我 zusammen das Subjekt, die beiden können ihre Stellung tauschen, ohne die Bedeutung zu verändern.

13.1 Wortstellung

Bei eingliedrigen Konjunktionen gibt es drei Typen der Wortstellung.

Typ I Diese Konjunktionen können sowohl im Vorder- als auch im Nachsatz stehen. Dazu gehören u. a. 如果, 要是, 虽然 und 为了

Vordersatz	Nachsatz
因为今天天气很好，	我们想去散步。
我们想去散步，	**因为**今天天气很好。

Typ II Diese Konjunktionen stehen nur im Vordersatz. Dazu gehört u. a. 由于

Vordersatz	Nachsatz
由于天气不好，	他在家看电视。

Typ III Diese Konjunktionen stehen nur im Nachsatz. Dazu gehören u. a. 可是, 但是, 而, 此外, 不然, 然而, 以及, 却 und 为的是

Vordersatz	Nachsatz
他会游泳，	**但是**今天不想游。

Was die Position im Satz betrifft, stehen Konjunktionen meist am Satzanfang in der ersten Position, können aber auch in der zweiten Position stehen, wenn das Subjekt im Vorder- und Nachsatz unterschiedlich ist.

Vordersatz			Nachsatz		
I	II	III …	I	II	III …
不管	你	去哪儿，	我	都	给你打电话。
你	不管	去哪儿，	我	都	给你打电话。

Wenn das Subjekt im Vorder- und Nachsatz dasselbe ist, sollen sie die zweite Position einnehmen.

Vordersatz			Nachsatz		
I	II	III …	I	II	III …
你	不管	去哪儿，	都	要	告诉我。

13.2 Kopulative Konjunktionen I

13.2.1 和, 跟, 同, 与, 而 und 并且 *und*

Konjunktionen dieser Gruppe können i.d.R. nur Wörter, aber keine Sätze miteinander verbinden. 和 wird besonders häufig verwendet.

我和他都是学生。(Pronomina als Subjekt)
昨天和今天天气都很好。(Zeitnomina als Subjekt)
钱先生买了几本**德语和英语书**。(Nomina als Objekt)
他**以前和现在**都很认真。(Zeitnomina als Adverbialbestimmung)
我哥哥喜欢**游泳和滑冰**。(Verben als Objekt)

Wichtig: 和 darf auf keinen Fall zwei Sätze verbinden, in der Regel auch keine Prädikate. Das bedeutet, dass 和 zwar im Deutschen mit „und" übersetzt werden kann, aber der Gebrauch von 和 und „und" nicht identisch ist. Zur Verbindung zweier Prädikate oder Sätze stehen im Chinesischen 又, 而 und 并且 zur Verfügung. 又 und 并且 verbinden Prädikate des gleichen Subjekts, 而 verbindet zwei Sätze.
Die folgenden Sätze sind grammatisch falsch,

* 大家唱了歌和跳了舞。(zwei Prädikate)
* 我今天收拾了房间和洗了衣服。(zwei Prädikate mit Objekt)
* 姐姐在打电话和妹妹在看电视。(zwei Sätze)

stattdessen können 又, 而 und 并且 verwendet werden.

大家唱了歌又跳了舞。(zwei Prädikate)
我今天收拾了房间并且洗了衣服。(zwei Prädikate mit Objekt)
姐姐在打电话，而妹妹在看电视。(zwei Sätze)

Außerdem wird „und" im Deutschen oft ohne Konjunktion im Chinesischen wiedergegeben.

Ich bleibe hier, und du gehst fort. 我留在这儿，你去吧。
Ich bleibe hier und erledige meine Arbeit. 我留在这儿做我的事。

Es gibt einige Fälle, in denen 和 Prädikatsverben verbinden kann, z. B. dann, wenn zwei Prädikate ein gemeinsames Objekt haben.

很多朋友**关心和帮助他**。

Zur Verbindung zweier Prädikatseigenschaftsverben kann 既…又… verwendet werden.

这张沙发**既漂亮又舒服**。

跟, 同 und 与 haben die gleiche Bedeutung wie 和 und können dieses ersetzen. 与 wird in der Schriftsprache verwendet.
Treten 和, 跟 und 同 im selben Satz auf, wird 和 meistens als Konjunktion, 跟 oder 同 als Präposition verwendet.

我 跟 / 同 爸爸和妈妈告别。 哥哥跟弟弟和妹妹说:
“好好玩！”。

13.2.2 以及 *und, sowie*

以及 wird in der Schriftsprache verwendet und verbindet Wörter, die von der Bedeutung her weniger wichtig sind als die Wörter davor.

弟弟请小丽、小花、小明以及其他几个同学来过生日。
他们家有电视、冰箱、洗衣机以及其它电器。

Es kann außerdem auch Prädikate und Sätze miteinander verbinden.

爸爸问了我很多问题：气候怎么样，生活怎么样，以及学习上有没有困难。

13.3 Kopulative Konjunktionen II

Anders als Kopulativ-I-Konjunktionen können Konjunktionen dieser Gruppe Prädikate und Sätze verbinden.

13.3.1 既…又/也… *sowohl … als auch …*

既…又/也… verbindet Wörter oder Prädikate, die zwei gleichzeitig vorhandene Eigenschaften oder zwei gleichzeitig stattfindende Handlungen bezeichnen.

> 她吃得既慢又少。　他妈妈既要工作又要做家务事。
> 王先生既不会开车也不会骑自行车。(*weder … noch …*)

13.3.2 又…又… *sowohl … als auch …*

又…又… verbindet Verben oder Eigenschaftsverben in verschiedenen Funktionen, deren Bedeutung gleich oder gegensätzlich sein kann. Eine Verneinung durch 不 oder 没有 folgt auf 又.

> 昨天晚上他们又唱歌又跳舞。
> 儿子长得又高又快，妈妈又高兴又担心。
> 明天我又想去又不想去。

13.3.3 不但…而且…, 不仅…而且… *nicht nur …, sondern auch …*

不但…而且… und 不仅…而且… können sowohl Subjekte und Prädikate als auch Adverbialbestimmungen verbinden.

> 不但我不想去，而且她也不想去。
> 今天不但冷，而且风很大。
> 他们家到处都是书，不仅书架上有，而且地上也有。

13.3.4 此外 *und (außerdem)*

此外 bezeichnet etwas, was zusätzlich erwähnt werden soll. Es verbindet Prädikate oder Sätze.

> 钱经理会说北京话和上海话，此外还能听懂广东话。
> 他们讨论了明年的计划。此外，还谈了一下工资的问题。

[Übungen zu den voran gehenden Abschnitten **13.1–13.3** s. **13.10**]

13.4 Adversative Konjunktionen

13.4.1 可是, 但是, 却 und 然而 *aber, jedoch*

可是, 但是, 然而 und 却 drücken einen Gegensatz aus.

> 我想去法国，**可是 / 然而**　没时间。
> 他有很多书，**但是 / 然而**　很多都没看过。
> 王老师会说俄语**却**没去过俄国。

可是, 但是 und 然而 stehen im Satz mit Subjekt an der ersten, 却 an der zweiten Stelle.

大家都在等他，**但是**他没来。　　大家都在等他，他**却**没来。

13.4.2　而　*aber, jedoch*

而 ist sowohl kopulativ als auch adversativ zu gebrauchen.

这个黄瓜细而短。(kopulativ) *Die Gurke ist kurz und dünn.*
南方花已经开了，而北方还在下雪。(adversativ) *Im Süden blüht es schon, aber im Norden schneit es noch.*

13.5　Alternative Konjunktionen

13.5.1　或者 und 还是　*oder*

或者 und 还是 geben beide die Möglichkeit einer Alternative an. 还是 wird in der Regel im Fragesatz, 或者 dagegen im Aussagesatz verwendet.

你们今天去还是明天去？ 你喝咖啡还是喝茶？
他们住二楼或者三楼都可以。 我想去北京或者上海的公司工作。
王先生想坐火车或者开车去西安。

13.5.2　不(是)…而(是)…　*nicht … sondern …*

不(是)…而(是)… bezeichnet den Ausschluss der ersten und die Bejahung der zweiten Aussage. Diese zweigliedrige Konjunktion kann Wörter und Prädikate verbinden.

他姐姐不是今天而是明天结婚。
王先生不是坐火车而是坐飞机去南京。

13.5.3　不是…就是…　*wenn nicht … dann, entweder … oder*

不是…就是…drückt aus, dass unter zwei Möglichkeiten bestimmt eine zutrifft, wenn nicht A, dann bestimmt B.

他不是今天来就是明天来。　　李小姐不是去美国就是去英国。

[Übungen zu den voran gehenden Abschnitten **13.4–13.5** s. **13.11**]

13.6　Kausale Konjunktionen

因为…(所以…) und 由于 *weil, da, denn* werden zur Hervorhebung der Ursache, 所以 *deshalb, daher, denn* zur Betonung der Schlussfolgerung verwendet. Sie können alleine oder zusammen gebraucht werden. 因为 kann auch im Nachsatz, 由于 nur im Vordersatz stehen.

因为雪太大，火车不开了。　　他太累了，所以在家睡了三天。
因为要考试，所以我要努力学习。　　由于时间太紧，他周末也不休息。

13.7 Konditionale Konjunktionen

13.7.1 如果…(的话)(就)/(也), 要是…(的话)(就)/(也) *wenn, falls*

如果 und 要是 drücken eine Bedingung aus und können alleine oder zusammen mit …的话 verwendet werden. 要是 gilt als umgangssprachlich.

如果有问题，你可以找我。
你如果想看电影的话，就跟我一起去。
要是你饿了，我马上做饭。
要是马先生对这本书感兴趣的话，我可以送给他一本。
要是人太少，我也来帮忙。

13.7.2 不然 *andernfalls, sonst*

不然 bezeichnet eine oft unangenehme Folge, wenn die Handlung im Vordersatz nicht stattfindet.

快点走吧，不然就赶不上火车了。
汉字要天天练，不然就记不住。

13.7.3 不管 *egal* (*ob*), *ganz gleich* (*ob*)

Mit 不管, oft mit 还是 zusammen, werden Bedingungen hervorgehoben, die für die Handlung im Nachsatz irrelevant sind. Im Nachsatz wird oft 都 verwendet.

不管你累不累，请你马上给她打电话。
你不管去哪儿，最好坐地铁。
不管想不想出国，学好英语很重要。
不管夏天还是秋天，这里的风景都不错。

13.7.4 只有…才… *nur wenn, erst wenn*

Mit 只有…才… werden Bedingungen hervorgehoben, die für die Handlung im Nachsatz entscheidend sind.

只有买了票，才能上飞机。　　只有你告诉我，我才能帮助你。

[Übungen zu den voran gehenden Abschnitten **13.6–13.7** s. **13.12**]

13.8 Konzessive Konjunktionen

虽然…(但是) und 尽管…(但是) / (也) *obwohl, obgleich, wenn auch* geben an, dass die Situation im Vordersatz andere als die zu erwartenden Folgen im Nachsatz hat.

他虽然只实习了三个月，但是学到了很多东西。
虽然房间很热，但是小钱还在练习书法。
尽管人非常多，教室里还是很安静。
王经理尽管自己不喜欢唱歌，但是喜欢听别人唱歌。

13.9 Finale Konjunktionen

为了 und 为的是 *um … zu, damit* bezeichnen den Zweck einer Handlung. 为了 kann im Vorder- und im Nachsatz, 为的是 nur im Nachsatz stehen. 为的是 wird in der Umgangssprache verwendet.

为了学好法语，他每年去法国。
小马一到就打电话，为的是不让她妈妈着急。

[Übungen zu den voran gehenden Abschnitten **13.8–13.9** s. **13.13**]

13.10 Übungen zu 13.1-13.3

13.10.1 Antworten Sie

1. 李老师和谁一起去图书馆？(她的儿子)
2. 你去了北京和哪儿？(东京)
3. 小张星期一和星期几没课？(星期五)
4. 哥哥买了小说和什么？(巧克力)
5. 钱经理喜欢游泳和什么？(散步)
6. 他的汉语在发音和什么方面进步很快？(表达)

13.10.2 Verteilen Sie die Konjunktionen auf die passenden Lücken

和, 而, 既…又, 并且

1. 上海______北京是中国最大的城市。
2. 爸爸修自行车______快______好。
3. 他对自己的学习______工作都很满意。
4. 妈妈去了商店______买了一盆花。
5. 我们应该帮助他，______不是不管他。
6. 大家讨论______通过了这个计划。

13.10.3 Verbinden Sie die Sätze mit den vorgegebenen Konjunktionen und übersetzen Sie

1. 他们喝咖啡。他们喝茶。(又…又, 不仅…而且, 既…又)
2. 王小姐会说英文。王小姐会说日文。(又…又, 不仅…而且, 既…又)
3. 北京烤鸭在中国很有名。北京烤鸭在世界上很有名。(不仅…而且)
4. 妹妹想学德语。她怕没时间。(又…又, 既…又)
5. 客人们在这里吃得好，吃得不贵。(又…又, 不仅…而且, 既…又)
6. 前天他们玩了长城、北海。他们看了一位老朋友。(不仅…而且, 既…又, 此外)

13.11 Übungen zu 13.4–13.5

13.11.1 Verteilen Sie die Konjunktionen auf die passenden Lücken

但是, 而, 却, 不是…而是…, 不但…而且…, 不是…就是

1. 他想学汉语，______不想写汉字。
2. 小王请他帮忙，他______说没时间。
3. 她的文章简短______生动。
4. 已经一月了，天气______很暖。
5. 我______去游泳______去看电影。
6. 姐姐只想躺一会儿，______不是想睡觉。
7. 张先生______不想过生日，______不知道要请多少人。
8. 爸爸今天______把饭做好了，______收拾了房间。

13.11.2 或者 oder 还是?

1. 你星期三______星期四有空？
2. 我们下个月______下下个月去旅游。
3. 他们想坐飞机______想坐船？
4. 你弟弟想学太极拳______猴拳 (Boxen im Stil des Affen)？
5. 雨不大，带雨衣______雨伞都可以。

13.12 Übungen zu 13.6–13.7

13.12.1 Übersetzen Sie

1. Weil er zu müde ist, möchte er sofort ins Bett gehen. (因为, 所以)
2. Weil es zu kalt ist, ist niemand auf dem Sportplatz. (由于)
3. Egal was für eine Arbeit es ist, er macht alles sehr gewissenhaft. (不管, 都)
4. Wir müssen jetzt zur Bushaltestelle gehen, sonst können wir den Bus nicht mehr erreichen. (不然, 就)
5. Nur wenn er eine Geschichte gehört hat, geht er ins Bett. (只有, 才)
6. Da er noch viel zu tun hat, hat er nicht mehr auf dich gewartet. (因为, 所以)

13.12.2 Füllen Sie die Lücken mit den passenden Konjunktionen

不管…都…, 不然, 要是…就…, 因为…所以…, 只有…才…, 又…又…

1. 弟弟_______病了，_______今天没去上课。
2. _______多打几天工，我_______有钱去度假。
3. _______没去过长城，_______不知道长城多么好看。
4. _______你什么时候来，我_______在家等你。
5. 妹妹一定有急事，_______不会现在打电话。
6. 谢小姐_______想去度假，_______想学开车。

13.13 Übungen zu 13.8–13.9

13.13.1 Verbinden Sie die Sätze mit den vorgegebenen Konjunktionen und übersetzen Sie

1. 王经理想让翻译翻得更好。王经理说话说得很清楚。(为了)
2. 越来越多的人坐地铁上班。他们想减少环境污染。(为的是)
3. 他是外地人。他觉得在北京很舒服。(虽然…但是)
4. 大家想了很多办法。问题还是没有解决。(尽管…但是)

14 Aspektpartikeln 动态助词

Partikeln sind Wörter, die keine lexikalische, sondern grammatische Bedeutung haben und unbetont ausgesprochen werden. Sie dienen zum Ausdruck grammatischer Beziehungen und kommunikativer Absichten und gehören zu den wichtigsten Merkmalen des Chinesischen. Gemeinhin werden drei Arten von Partikeln unterschieden: Aspekt-, Struktur- und Modalpartikeln.
Aspektartikeln drücken Aspekte der Handlung aus, z.B. ob sie vollendet ist (了), andauert (着) oder in der Vergangenheit schon einmal stattgefunden hat (过). Sie stehen immer direkt nach dem Prädikatsverb bzw. -eigenschaftsverb, außer beim Komplement des Resultats, wo 了 und 过 nach dem Komplement stehen (着 tritt nicht zusammen mit dem Komplement des Resultats auf).

14.1 了

Zu 了 in seiner Funktion als Aspektpartikel **s. Kapitel 17**

14.2 过

过 markiert ein Erlebnis oder eine Erfahrung als in der Vergangenheit „schon mal stattgefunden" und wird direkt an das Prädikat angehängt,

这些电影我都看过。 我看过一本杂志。
他曾经去过上海，我没去过。

es sei denn, das Prädikat wird durch ein Komplement des Resultats modifiziert.

这些电影你看懂过吗？ 这本杂志你看完过吗？

过 als Partikel unterscheidet sich von 过 als Komplement des Resultats dadurch, dass es nicht möglich ist, die Partikel 了 an die Partikel 过 anzuhängen. Wo 了 dem 过 folgt, muss es sich also um das Komplement handeln, das durch 完 ersetzbar ist.

俄语他学过。*Russisch hat er mal gelernt.* (inzwischen hat er vieles oder alles vergessen)
法语我学过了。*Französisch habe ich* (erfolgreich) *gelernt.* (ich beherrsche diese Sprache)

Die Partikel 过 wird oft zusammen mit dem Adverb 曾经 *früher einmal* gebraucht, so wie 了 häufig mit 已经 *schon* und 着 häufig mit 正 / 在 / 正在 *gerade dabei* zusammen verwendet wird.

我们曾经一起吃过饭。 他们曾经学过太极拳。

Zur Verneinung von 过 gebraucht man 没, wobei 过 weiter erhalten bleibt.

我们去过英国。→　我们没去过英国。
他们曾经学过书法。→　他们没学过书法。

14.3 着

着 markiert eine Handlung oder einen Zustand als gerade im Verlauf befindlich oder andauernd und steht direkt nach dem Prädikatsverb. Es wird häufig mit einer Ortsangabe oder mit den Adverbien 正 / 在 / 正在 *gerade dabei* zusammen verwendet.

14.3.1 着 zum Ausdruck einer andauernden Handlung

Wenn 着 an ein Prädikatsverb oder -eigenschaftsverb angehängt wird, das eine Handlung oder einen Vorgang beschreibt, drückt es aus, dass diese Handlung gerade stattfindet und für eine bestimmte Zeitspanne andauern wird, vergleichbar mit der englischen -ing-Form. Das Objekt steht hinter 着.

王老师在教室里**说着**话。*Herr Wang redet im Unterrichtsraum.*
(… is talking …)
他们俩正在**修着**电视机。*Die beiden reparieren gerade den Fernseher.*
(… are repairing …)

14.3.2 着 zum Ausdruck eines Zustands

Steht 着 nach dem Prädikatsverb oder -eigenschaftsverb, kann es, abhängig von dessen Bedeutung, auch ausdrücken, dass ein bestimmter Zustand nach einer Handlung oder einem Vorgang fortbesteht.

他弟弟还**病着**。*Sein Bruder ist noch krank.*
图书馆的门**开着**。*Die Türen der Bibliothek sind* (jetzt / noch) *offen.*

14.3.3 着 zum Ausdruck der Gleichzeitigkeit

In einem Satz mit zwei Verben kann durch 着 nach dem ersten Verb die Gleichzeitigkeit der beiden Handlungen und damit die Art und Weise des zweiten Verbs beschrieben werden. Dieser Ausdruck der Gleichzeitigkeit entspricht im Deutschen dem Gerundium (lachend, singend).

同学们**笑着**说话。= 他们一边笑，一边说话。*Die Kommilitonen unterhalten sich lachend.*
他**唱着歌**洗澡。= 他一边唱歌一边洗澡。*Singend wäscht er sich.*

14.3.4 着 bei Zustandsverben

Folgt 着 auf einsilbige Zustandsverben wie 站, 坐, 躺, 跑, 跳 sowie 睡, müssen folgende Punkte beachtet werden:

a) Die Ortsangabe mit 在 kann nur vor dem Prädikat stehen (**vgl. Kap. 8.2.5**).

他在沙发上坐着，我在窗户旁边站着。
* 他坐着在沙发上，*我站着在窗户旁边

Ohne 着 kann die Ortsangabe mit 在 hinter dem Prädikat stehen.

王经理坐在办公室里。

b) Wenn die Ortsangabe vor dem Prädikat steht, kann das Subjekt, sofern es unbekannt und unbestimmt ist, hinter 着 stehen.

床上躺着一个人。 图书馆里还坐着几个学生。
桌上放着一本德文辞典。

c) Wenn das Subjekt bekannt und bestimmt ist, steht es vor dem Prädikat.

这个人在床上躺着。 这几个学生还在图书馆里坐着。

14.4 Übungen zu 14.2-14.3

14.4.1 Beantworten Sie die Fragen mit 着

1. 同学们在干什么？（看地图）
2. 你去的时候王先生在办公室里干什么？（打电话）
3. 教室的门怎么样？（关）
4. 花园里的花怎么样？（开）
5. 大家在那儿做什么呢？（等你）
6. 他们怎么看报？（躺）
7. 张先生怎么看书？（听音乐）
8. 你们怎么骑车？（笑）

14.4.2 Welche Sätze sind richtig?

1a. 老人们在花园里坐着。
1b. 老人们坐着在花园里。
2a. 她哥哥在沙发上躺。
2в. 她哥哥在沙发上躺着。
3a. 一瓶啤酒放着在桌上。
3b. 一瓶啤酒放在桌上。
4a. 火车里坐着很多人。
4b. 很多人坐着火车里。

14.4.3 Übersetzen Sie die Sätze mit 着

1. Sie denkt noch an diese Angelegenheit.
2. Er schaut zu Hause das Fußballspiel an.
3. Wir laufen langsam auf dem Sportplatz.
4. Sein jüngerer Bruder ist noch dabei, Französisch zu lernen.

5. Als der Lehrer eine Geschichte erzählte, hörten alle Kommilitonen zu.
6. Sie hat mir immer geholfen.
7. Ein Patient liegt im Bett.
8. Er hält eine Zeitung in der Hand.

14.4.4 Übersetzen Sie mit 过

1. Er hat früher mal Japanisch gelernt.
2. Mein Vater war mal in München.
3. Sie war früher einmal Lehrerin. (当)
4. Mein Freund hat früher mal Tennis gespielt.
5. Wir haben mal zusammen ein Buch geschrieben.
6. Sie haben noch keine Fabrik besichtigt.
7. In den letzten drei Monaten hat sie noch keine Pause gemacht.
8. Mit diesem Spielzeug hat mein jüngerer Bruder noch nicht gespielt.

15 Strukturpartikeln 结构助词

Strukturpartikeln markieren syntaktische Strukturen im Satz oder Satzteil wie z.B. Attribute (的), Adverbiale (地) oder Komplemente (得). Sie stehen zwischen dem modifizierenden Teil und dem Bezugswort.

15.1 的

15.1.1 的 zur Bildung attributiver Strukturen

Zwischen Attribut und Nomen stehend dient diese Partikel der Bildung bzw. Markierung einer attributiven Struktur, die ein Nomen als Bezugswort modifiziert.

Nu-ZEW	+ Attribut	+ 的	+ Bezugswort/Nomen
一本	很厚	**的**	词典。

a) Nomina + 的

Nomina, die eine Zugehörigkeit ausdrücken, müssen mit 的 als Attribut markiert werden.

老师的办公室　　大学的教学楼

b) Lage- und Richtungswörter + 的

Fungieren zweisilbige Lage- und Richtungswörter als Attribut, muss 的 verwendet werden.

上面的书　　后面的人　　左边的教室　　右边的食堂

c) Personalpronomina + 的

Personalpronomina können zusammen mit der Partikel 的 Besitzverhältnisse und Zugehörigkeiten ausdrücken. Sie entsprechen den Possessivpronomina im Deutschen (**s.a. Kap. 7.2 Personalpronomina**).

我的房间　　他的信　　他们的计划

的 kann entfallen, wenn die Beziehung zum Bezugswort als besonders eng gilt oder die Zugehörigkeit zu einer Gruppe ausdrückt.

我家 = 我的家　　你哥哥 = 你的哥哥
我们公司 = 我们的公司　　他们大学 = 他们的大学

Manche Ausdrücke können je nach Kontext zwei Bedeutungen haben.

我们老师 **a)** *wir Lehrer* **b)** *unser/e Lehrer* = 我们的老师
你们经理 **a)** *ihr Manager* **b)** *euer/e Manager* = 你们的经理

d) Zahl- und Zählwort + 的

Der Gebrauch von 的 ist bei Nu-ZEW- und Dp-ZEW-Gruppen normalerweise nicht möglich.

我喝了**一瓶啤酒** * 我喝了一瓶的啤酒
这本词典很新 * 这本的词典都很新

Die Markierung von Nu-ZEW-Gruppen durch 的 ist dann möglich, wenn Nomina als ZEW fungieren. Die Bedeutung ist dann „voll von" oder „voll mit" (**vgl. Kap. 5.9**).

一桌子的啤酒。*Ein Tisch voller Bier*
一房间的人。*Ein Zimmer voller Menschen*

Ebenso ist sie möglich bei Attributen, die aus Zahlen und Maßeinheiten bestehen.

一位三十多岁的老师 三十平方米的房间

e) Bruch- und Prozentzahlen + 的

Wird ein Nomen durch Bruch- und Prozentzahlen modifiziert, ist der Gebrauch von 的 obligatorisch.

三分之一的同学 百分之九十的书

f) Ev + 的

Ob Eigenschaftsverben mit 的 als Attribut markiert werden, ist abhängig von der Zahl der Silben/Schriftzeichen.
– Bei einigen einsilbigen Eigenschaftsverben ist eine Markierung durch 的 nicht möglich, weil sie mit dem Bezugswort einen festen Begriff bilden.

老人 *Alte/r* * 老的人 好朋友 *guter Freund* * 好的朋友

– Bei anderen einsilbigen Ev ist der Gebrauch von 的 dann möglich, wenn das Attribut hervorgehoben werden soll oder ein Vergleich angestellt wird.

我有一个**新的**想法。(Hervorhebung)
他要那本**厚的**词典，不要**薄的**。(Vergleich)

In manchen Fällen kann ein Ausdruck mit 的 eine andere Bedeutung haben als ohne 的.

新书 *Neuerscheinung* 新的书 *neues Buch*

– Bei zwei- oder mehrsilbigen Eigenschaftsverben wie auch bei einsilbigen Eigenschaftsverben, die durch ein Attribut erweitert sind (wie 好 → 很好, 大 → 非常大), ist die Verwendung von 的 obligatorisch, es sei denn, das Attribut ist mit dem Bezugswort so eng verbunden ist, dass beide zusammen als ein Begriff zu verstehen sind.

很大的房间　　漂亮的衣服　　认认真真的工作
日常生活 *Alltagsleben*　　重要通知 *wichtige Mitteilung*

g) 多 oder 少 + 的

多 und 少 können nicht alleine als Attribut fungieren. Sie können aber wie viele Eigenschaftsverben durch 很 und 不 modifiziert werden. 很多 und 不少 können dann mit oder ohne 的 als Attribut fungieren, während 很少 und 不多 nicht attributsfähig sind (**vgl. Kap. 10.4**).

他们有很多(的)德文书和不少(的)中文书。
* 他们有多德文书和少中文书
很多(的)人学汉语。　　* 不多人学汉语
不少(的)人学汉语。　　* 很少人学汉语

h) Verben + 的

Wenn Verben oder Verbalgruppen als Attribut fungieren, ist der Gebrauch von 的 unabhängig von der Silbenzahl obligatorisch.

去的人 *derjenige, der hingeht*　　**打电话的**先生 *der telefonierende Herr*
正在做饭的姐姐 *die Schwester, die gerade Essen macht*
昨天刚解决的问题 *die Frage, die gestern gerade gelöst wurde*

i) mehrfache koordinative Attribute

Wenn vor einem Nomen mehrere Attribute in koordinativem Verhältnis stehen, wird 的 an das letzte Attribut angehängt.

认真和仔细的工作　　**德国、法国和英国的**公司

Zur Betonung kann auch jedes einzelne Attribut mit 的 markiert werden.

认真的和仔细的工作　　**德国的、法国的和英国的**公司

j) mehrfache subordnierende Attribute

Stehen vor einem Nomen mehrere Attribute in subordinierendem Verhältnis, so gilt in der Regel die folgende Reihenfolge (vom Bezugswort aus gesehen):

1. Eigenschaftsverb (**Ev**)
2. Verb / Verbalgruppe (**V/Vg**)
3. Artikelwort: **Nu-ZEW**- oder **Dp-ZEW**-Gruppe

4. Nomen (**N**) oder Personalpronomen (**PP**)
5. Lage- und Richtungswort (**LRW**)

oder, anders dargestellt:

5. LRW +	**4. N / PP** +	**3. Nu- / Dp-ZEW** +	**2. V / Vg** +	**1. Ev**	→ **Bezugswort**
房间里 (的)	她 (的)	那张	刚买 的	漂亮 的	桌子

Hier gelten für den Gebrauch von 的 folgende Regeln:

1. Die Eigenschaftsverben werden i.d.R. durch 的 markiert.

漂亮的桌子

2. Das Verb oder die Verbalgruppe muss in jedem Fall durch 的 markiert werden.

刚买的漂亮的桌子

3. Die Nu-ZEW-Gruppe wird nicht durch 的 markiert.

那张刚买的漂亮的桌子

4. Bei Nomina oder Personalpronomina ist der Gebrauch von 的 fakultativ.

她(的)那张刚买的漂亮的桌子

5. Bei Lage- und Richtungswörtern ist die Markierung durch 的 auch fakultativ.

房间里(的)她(的)那张刚买的漂亮的桌子

15.1.2 的-Konstruktion

Die Partikel 的 kann zusammen mit einer verbalen Konstruktion die 的-Konstruktion bilden, die grammatisch als Nomen fungiert.

那个**开车的**我认识。　　他是**教书的**。

Hinter der 的-Konstruktion kann meistens ein Bezugswort hinzugefügt werden, was aber nicht notwendig ist.

那个开车的(人)我认识。　　他是教书的(先生)。

Es gibt auch 的-Konstruktionen, bei denen eine Hinzufügung des Bezugswortes nicht möglich ist. Diese Konstruktionen bestehen aus einem Satz und der Partikel 的.

学生已经写完作业的可以回家。*Diejenigen der Schüler, die ihre Hausaufgabe geschrieben haben, können nach Hause gehen.*
外国公司在中国投资的现在越来越多。*Es gibt immer mehr ausländische Unternehmen, die in China investieren.*

[Übungen zu dem voran gehenden Abschnitt **15.1** s. **15.4**]

15.2 地

地 markiert eine adverbiale Struktur, die vor dem Prädikat steht und dieses hinsichtlich der Art und Weise (erfragbar mit 怎么, 怎样 oder 怎么样) modifiziert. Andere Adverbialbestimmungen der Zeit oder des Ortes werden nicht mit 地 markiert.

(Subjekt)	Adverbialbestimmung	地	Prädikat
（学生们）	认真	地	学习。

我们**高高兴兴地**回家了。(Art und Weise)
他们**昨天**回家了。(Zeit)
王先生**在柏林**教书。(Ort)

15.2.1 Wortarten und Strukturen, die mit 地 markiert werden könnnen

Folgende Wortarten und Strukturen können mit 地 als Adverbialbestimmung der Art und Weise markiert werden:

Eigenschaftsverben

哥哥**着急地**问弟弟。

Verben

雨**不停地**下。

Nomina

应该**历史地**分析问题。

Nu-ZEW-Gruppen

饭要**一口一口地**吃。

Präpositionalgruppen

李老师**像年轻人一样地**锻炼。

Redewendungen

他**前怕狼后怕虎地**说… *Von zahlreichen Befürchtungen geplagt, sagte er…*

Die mit 地 markierte Adverbialbestimmung steht normalerweise direkt vor dem Prädikat, kann aber auch vor die 把-Konstruktion gestellt werden.

钱小姐**轻轻地**把书放在桌子上。　钱小姐把书**轻轻地**放在桌子上。

15.2.2 Regeln für die Verwendung von 地

a) fakultative Verwendung von 地

Der Gebrauch von 地 ist in den meisten Fällen fakultativ.

他们认真(地)工作。　房间要一间一间(地)收拾。

b) obligatorische Verwendung von 地

– Wird ein zweisilbiges Eigenschaftsverb durch ein Adverb modifiziert, ist der Gebrauch von 地 obligatorisch.

大家**很认真地**讨论问题。　小马**非常轻松地**完成了任务。

– Wenn das Prädikat einsilbig und die Adverbialbestimmung zweisilbig ist, ist der Gebrauch von 地 obligatorisch.

姐姐**着急地**问弟弟怎么样。　王小姐**吃惊地**看着经理。

– Dienen mehrsilbige Verbal- oder Präpositionalgruppen als Adverbialbestimmung, müssen sie mit 地 markiert werden.

他们**又说又笑地**聊天。　他哥哥**像一阵风似地**来了又走了。

– Bei zweisilbigen Eigenschaftsverben wie 高兴, 客气, 友好, 大方, 激动, 不安, 悲伤, welche die Gemütszustände bezeichnen, wird 地 gebraucht.

弟弟**高兴地**说："明天不上课"。　王老师**客气地**请我喝茶。

c) keine Verwendung von 地

Werden einsilbige Eigenschaftsverben adverbial gebraucht, entfällt 地.

快走吧！　小王苦笑了一声。

[Übungen zu dem voran gehenden Abschnitt **15.2** s. **15.5**]

15.3 得

得 (de, unbetont ausgesprochen) steht zwischen Verb und Komplement und markiert das Komplement des Grades und das Komplement der Möglichkeit, die dem Ausdruck des Grades, der Intensität oder der Möglichkeit dienen. Diese Struktur steht immer hinter dem durch sie modifizierten Verb. **Vgl. Kapitel 18 „Komplemente“**.

15.4 Übungen zu 15.1

15.4.1 Wo ist 的 notwendig?

1. 今天报纸
2. 这辆自行车
3. 一家公司
4. 四分之一书
5. 很老电话
6. 舒服生活
7. 老朋友
8. 我姐姐
9. 很多邮票
10. 不少时间
11. 一房间人
12. 一箱一箱衣服

15.4.2 Formulieren Sie die beiden Sätze zu einem Satz mit Nominalgruppe um

Beispiel: 她是老师。她教音乐。 → 她是教音乐的老师。

1. 这是学生。学生学中文。
2. 那是大学。大学很有名。
3. 这是一封信。信是他写的。
4. 那是中国音乐。中国音乐他喜欢听。
5. 我看书。书是刚买的。
6. 她吃饭。饭是她妈妈做的。
7. 我们看电视。电视介绍中国。
8. 她骑自行车。自行车刚修好。

15.4.3 An welcher Stelle muss 的 stehen?

1. 一封刚写好信
2. 这位教英语老师
3. 我那辆旧自行车
4. 北京许多大学生
5. 中国五千年历史
6. 公司里那间最大办公室

15.5 Übungen zu 15.2

15.5.1 Beantworten Sie die Fragen

1. 弟弟怎么吃饭？（慢慢）
2. 哥哥怎么唱歌？（大声）
3. 姐姐怎么做作业？（认真）
4. 妹妹怎么听音乐？（安静）
5. 爷爷怎么写书？（一本一本）
6. 奶奶怎么散步？（慢慢）
7. 爸爸怎么修自行车？（一辆一辆）
8. 妈妈怎么打扫房间？（一间一间）

15.5.2 Ordnen Sie

1. 快，你们，走，好不好，请
2. 应该，图书馆里，说话，轻轻地
3. 玩着，他们，高高兴兴，电子游戏，地
4. 同学们，安静，地，非常，讲，故事，听，老师
5. 不停，地，王小姐，和，客人们，在说话，用英语

6. 为了，找书，一个房间一个房间，地，小马，看
7. 他们俩，边吃边喝，地，电影，看完，三部，了
8. 在教室里，小明，走路，像机器人，一样，地

15.5.3 Wo ist 地 notwendig?

1. 我们要认真____工作。
2. 茶要一口一口____喝。
3. 王经理客气____递给他一支烟。
4. 他们非常快____把咖啡喝完了。
5. 同学们又说又笑__离开了操场。
6. 她像老朋友一样____关心我们。

16 Modalpartikeln 语气助词

Modalpartikeln dienen einerseits der Gliederung eines Gesprächs oder eines Textes, andererseits dem Ausdruck oder der Verdeutlichung der Absicht des Sprechers, seiner Bewertung des Gesagten und seiner Erwartung, wie der Hörer die Äußerung verstehen und darauf reagieren soll, z.B. als Frage (吗), als elliptische Frage (呢), als Bitte um Zustimmung (吧) oder als Situationsveränderung (了); sie können auch eine Verbindung innerhalb des Gesprächs oder zwischen Sprecher und Hörer herstellen (啊). Sie stehen immer am Satz- oder Teilsatzende.

16.1 啊

啊 steht im Gegensatz zur Interjektion 啊 immer am Satz- bzw. Teilsatzende und hat zwei Grundfunktionen.

a) Abmilderung

Durch die Verwendung von 啊 wird die Eindringlichkeit der Aussage abgemildert, die dadurch weniger schroff, milder und freundlicher wirkt.

谁啊？ *Wer ist denn da?* 快来啊！ *Komm mal schnell!*

b) Verbindung

啊 kann auch einen Rückverweis auf gemeinsames Vorwissen markieren und so konnektierend wirken.

这很不容易啊！ *Das ist aber auch schwierig!*
明天考试，今天得好好复习啊！ *Morgen ist Prüfung, da müssen wir heute noch gut lernen!*

Zu 啊 gibt es, abhängig vom Auslaut des vorhergehenden Wortes bzw. vom Anlaut der vorhergehenden Partikel, Varianten in Aussprache und Schreibweise, nämlich 呀, 哇, 哪 (das auch 呢 + 啊 sein kann) und 啦 (nämlich 了 + 啊).

16.2 吧

吧 steht immer am Satz- bzw. Teilsatzende, seine Grundfunktion ist die Bitte um Zustimmung. Durch die Verwendung von 吧 bittet der Sprecher den Hörer um Zustimmung zur Äußerung, deshalb wird 吧 auch gerne in Fragen verwendet. Die Funktionen von 吧 werden im Deutschen häufig von Modalpartikeln wie „doch“ oder „wohl“ übernommen.

a) im Aussagesatz

她的飞机已经着陆了吧。*Ihre Maschine ist wohl schon gelandet.*
那辆是钱先生的新汽车吧。*Das da ist wohl der neue Wagen von Herrn Qian.*

b) im Fragesatz

你饿了吧？ *Du hast wohl Hunger?*
您是老师吧？ *Sie sind wohl Lehrer?*

c) im Aufforderungssatz

Eine Aufforderung wird durch 吧 freundlicher, weil der Hörer um seine Zustimmung gebeten wird.

不早了，你回家吧！ *Es ist schon spät, geh doch nach Hause.*
我们一起看电影吧。*Lass uns den Film doch zusammen angucken.*
别告诉她吧。*Erzähl' es ihr aber nicht, ja?*

16.3 了

Zu 了 in seiner Funktion als Modalpartikel **siehe Kap. 17 „Partikel 了“**.

16.4 吗

a) zur Markierung einer Entscheidungsfrage

吗 steht immer am Satz- oder Teilsatzende, seine Grundfunktion ist die Markierung einer Entscheidungsfrage (Ja-Nein-Frage). Diese Frage kann neutral sein, d.h., der Sprecher hat keine bestimme Erwartung hinsichtlich der Antwort, oder sie kann nicht neutral sein, d.h., der Sprecher erwartet eine bestimmte – oft gegenteilige – Antwort. In Fragesätzen mit 吗 darf kein Interrogativpronomen wie 谁, 哪, 什么 und 怎么样 verwendet werden.

姐姐是大学生。→ 姐姐是大学生吗？
他去北京。→ 他去北京吗？

b) zum Ausdruck einer rhetorischen Frage

吗 wird gerne für rhetorische Fragen benutzt, oft zusammen mit 不是.

你不想家吗？ *Hast du denn kein Heimweh?*
他不是你的好朋友吗？ *Ist er denn nicht dein guter Freund?* (Der Freund hat ihm vielleicht nicht geholfen.)
他真的坐飞机去北京吗？ *Fliegt er wirklich mit dem Flugzeug nach Beijing?* (Wir wissen alle, dass er Angst vor dem Fliegen hat.)
这不是很清楚吗？ *Ist das denn nicht klar?*

16.5 呢

呢 steht immer am Satz- oder Teilsatzende, seine Grundfunktion besteht darin, eine Äußerung (meist eine Frage) als Reaktion auf eine ausgesprochene oder vermutete Erwartung des Gegenübers zu markieren. Es wird daher u. a. für elliptische Fragen (im Deutschen „und …?“) verwendet. Mithilfe von 呢 lässt sich eine Äußerung mit vorhergehenden Gesprächsbeiträgen verknüpfen. 呢 wird nicht in gesprächseröffnenden Äußerungen benutzt.

A macht Anstalten, aufzubrechen, B sagt:
还早呢，… *Es ist doch noch früh, …*

16.5.1 呢 in elliptischen Fragen

呢 dient zur Bildung elliptischer Entscheidungsfragesätze und kann im Deutschen mit „Und…?“ wiedergegeben werden.

A: 你好吗？ B: 我很好，你呢？ *…, und du/dir?*
这辆车不错。那辆呢？ 北京下雨了。上海呢？
他昨天没来上课。今天呢？

16.5.2 呢 in Ergänzungsfragesätzen

呢 kann zusammen mit Interrogativpronomina (Fragepronomina) in Ergänzungsfragensätzen stehen, dadurch wird ein höherer Grad an Verbindlichkeit und Nähe zwischen Sprecher und Hörer hergestellt und die Frage wirkt höflicher.

你这几天忙什么呢？ *Was hast du denn in diesen Tagen gemacht?*
我们今天在哪儿吃饭呢？ *Wo essen wir denn heute?*
你怎么去南京呢？ *Wie fährst du denn nach Nanjing?*

Diese Sätze wären ohne 呢 zwar richtig, ihnen würde aber der Ausdruck höflicher Anteilnahme des Sprechers an den Dingen, mit denen der Hörer sich beschäftigt (und die ihm Schwierigkeiten bereiten könnten), fehlen.

16.5.3 呢 in Aussagesätzen

In der Umgangssprache kann 呢 in Aussagesätzen zur Verstärkung von Aussagen verwendet werden, in denen oft Unzufriedenheit oder Bedauern mitschwingen.

你姐姐在干吗？她在打电话呢。
作业做好了吗？没有，我还在做呢。
那本杂志在哪儿？在三楼呢。
你明天去不去？我还没想好呢。

16.6 Übungen zu 16

16.6.1 Wandeln Sie die PN-Fragen in 吗-Fragen um

1. 这是不是北京大学?
2. 马先生是不是老师?
3. 他饿不饿?
4. 弟弟回没回家?
5. 他们想不想去中国学习?
6. 姐姐跟妹妹去没去过邮局?
7. 明天会不会下雪?
8. 他说德文你听得懂听不懂?

16.6.2 Schließen Sie an die Aussagesätze unter Beachtung der hervorgehobenen Satzglieder elliptische Fragen an

Beispiel **他**想学英语。你呢?

1. **我**想去游泳。
2. **哥哥**去看电影了。
3. **昨天**天气不好。
4. **咖啡**她不喝。
5. **这张照片**不错。
6. 我不看**这本书**。

16.6.3 Formulieren Sie die Sätze unter Verwendung von 吧 um

1. 王小姐到北京了。
2. 李先生喜欢喝茶。
3. 他们不高兴了。
4. 姐姐不想去吗?
5. 我们上课!
6. 请你去医院!
7. 把作业写完。
8. 明天八点再见。

16.6.4 Welche Partikel passt? 吗, 吧 oder 呢?

1. 他是你的好朋友____?
2. 我们喝什么茶____?
3. 他们应该到家了____?
4. 你想坐飞机去____?
5. 在哪儿能借到这本书____?
6. 坐火车太慢。坐飞机____?
7. 先把自行车修好____。
8. 你到家了没有?没有，我还在火车上____。

17 Partikel 了

17.1 Merkmale und Funktionen

a) Als Partikel kann 了 u. a. eine abgeschlossene Handlung oder die Veränderung einer Situation markieren. Diese „Situationsveränderung" ist nicht nur im engeren Sinne zu verstehen, sondern umfasst auch eine bevorstehende Veränderung, eine erwünschte Veränderung im Verhalten des Hörers, eine veränderte Wahrnehmung oder eine Aktualisierung (also Veränderung) des Informationsstands. Daraus ergibt sich auch die Verwendung von 了, um eine Aussage abzuschließen und damit das Wort abzugeben. 了 als Markierung für eine abgeschlossene Handlung wird meist als Aspektpartikel, 了 als Markierung für Situationsveränderung als Modalpartikel bezeichnet. Das Problem liegt aber darin, dass sich die beiden 了 nicht einfach voneinander unterscheiden lassen. Wann 了 konkret welche Bedeutung hat, hängt außer von seiner Stellung im Satz auch noch von anderen Faktoren ab.

Im Folgenden wird auf diese Unterteilung von 了 bewusst verzichtet, um stattdessen einen Leitfaden zur Anwendung der Partikel zu bieten.

b) Die Abgeschlossenheit oder die Veränderung können in der Vergangenheit, der Gegenwart oder in der Zukunft liegen

这本小说我看完了。(Vergangenheit)
他昨天看了一部新电影。(Vergangenheit)
明天我看完了电影就来找你们。(Zukunft)
到了明年八月，他就毕业了。(Zukunft)

c) Das Adverb 已经 (*schon, bereits*) wird oft zusammen mit 了 verwendet.

老师们已经走了。

d) Soll bei mehreren aufeinander folgenden Handlungen der Aspekt der Abgeschlossenheit ausgedrückt werden, reicht es, wenn 了 nach der letzten steht.

他去书店买了一本汉语词典。　妈妈站起来开了门。

e) 了 wird auch in festen Wendungen wie 太…了, 要…了 oder 就要…了 verwendet.

17.2 Verneinung

Eine abgeschlossene Handlung oder eine Veränderung der Situation wird mit 没 verneint, **wobei 了 nicht mehr gebraucht werden darf**. Mit 没 drückt man aus, dass die Handlung nicht abgeschlossen oder die Veränderung in der Vergangenheit gar nicht eingetreten ist (**zu 没 vgl. 11.2**).

王小姐瘦了。→ 王小姐没瘦。
我看了一本书。→ 我没看书。*Ich habe kein Buch gelesen.*

17.3 P/Ev + 了

Wenn 了 an einen Satz mit einem Prädikatseigenschaftsverb angehängt ist, drückt es eine Situationsveränderung aus.

我饿了。*Ich bin hungrig.* (vorher war ich nicht hungrig)
王小姐瘦了。*Fräulein Wang hat abgenommen.*
今天天气好了。*Heute ist das Wetter heiter geworden.* (gestern war es noch schlecht)

Vergleiche

我很饿。*Ich habe großen Hunger.* (Zustandsbeschreibung)
我饿了。*Ich bin hungrig geworden.* (Zustandsveränderung)

17.4 P/N + 了

Auch wenn ein Nomen oder eine Nominalgruppe als Prädikat fungiert, drückt 了 eine Situationsveränderung aus.

今天星期五了。*Heute ist Freitag.* (es ist nicht mehr Donnerstag)
已经八月了。*Es ist schon August.* (es ist nicht mehr Juli)
他姐姐二十岁了。*Seine Schwester ist 20 Jahre alt geworden.* (sie ist nicht mehr 19)

17.5 P/V ohne Objekt + 了

Wenn 了 nach einem objektlosen Prädikatsverb – und damit am Satzende – steht, kann es zweierlei ausdrücken:

a) Situationsveränderung
b) abgeschlossene Handlung

我弟弟工作了

a) *Mein Bruder (hat einen Job gefunden und) arbeitet jetzt.* (Situationsveränderung)
b) *Mein Bruder hat gearbeitet.* (abgeschlossene Handlung)

他休息了

a) *Er (hat vorher gearbeitet und) ruht sich jetzt aus.* (Situationsveränderung)
b) *Er hat sich ausgeruht.* (abgeschlossene Handlung)

Die Frage, welche Bedeutung zutreffend ist, hängt vom Kontext ab. Wenn das Prädikatsverb ohne Objekt durch ein Komplement (Zeitdauerangabe oder Häufigkeit / Menge) modifiziert wird, kann 了, das dann nicht mehr am Satz- oder Teilsatzende steht, nur eine Bedeutung haben: Markierung einer abgeschlossenen Handlung.

我弟弟工作了三年。*Mein Bruder hat drei Jahre gearbeitet.* (abgeschlossen)
他病了三天。*Er ist drei Tage lang krank gewesen.* (abgeschlossen)
这本小说很有意思，我看了三遍。*... ich habe ihn dreimal gelesen.* (abgeschlossen)

17.6 P / V + einfaches Objekt + 了

Wenn ein Verb über ein einfaches Objekt – ein Objekt also, das durch kein anderes Wort modifiziert ist – verfügt, muss 了 am Satzende stehen. Es hat – wie beim Prädikatsverb ohne Objekt + 了 – zwei Bedeutungen: Situationsveränderung und abgeschlossene Handlung.

我妹妹吃面包了

a) *Meine Schwester hat angefangen, Brot zu essen.* (Situationsveränderung)
b) *Meine Schwester hat Brot gegessen.* (abgeschlossene Handlung)

他也看电影了

a) *Er fängt auch an, sich den Film anzuschauen.* (Situationsveränderung)
b) *Er hat sich den Film auch angeschaut.* (abgeschlossene Handlung)

Wenn das Objekt am Satzanfang steht, kann 了 nur die Abgeschlossenheit der Handlung markieren, keine Situationsveränderung.

面包我妹妹吃了。*Das Brot hat meine Schwester gegessen.* (abgeschlossen)
电影他也看了。*Den Film hat er auch gesehen.* (abgeschlossen)

Auch wenn das Prädikatsverb zusätzlich noch durch eine Zeitdauerangabe bestimmt wird, drückt 了 eindeutig die Abgeschlossenheit aus. In diesem Fall muss das Prädikat wiederholt werden (vgl. **Kap. 2.7 „Zeitnomina / Zeitdauerangaben“**).

他们看书看了半天。　　留学生们唱歌唱了两个小时。

17.7 P / V + 了 + erweitertes Objekt

Wenn aber ein Verb als Prädikat ein Objekt hat, das durch eine Nu-ZEW-Gruppe oder eine Dp-ZEW-Gruppe modifiziert ist, muss 了 an das Verb angehängt werden. Das erweiterte Objekt muss hinter 了 stehen. Die Bedeutung ist dann eindeutig: 了 markiert eine abgeschlossene Handlung.

弟弟看了**一本**中文书。*Mein Bruder hat ein chinesisches Buch gelesen.*
老师骑了**一个小时的**自行车。*Der Lehrer ist eine Stunde Fahrrad gefahren.*

Wenn das Objekt durch ein Attribut modifiziert ist, wird 了 i.d.R. an das Verb angehängt und markiert eindeutig eine abgeschlossene Handlung.

他买了**中文**词典。*Er hat ein chinesisches Wörterbuch gekauft.*

Es kann aber auch am Satzende stehen und damit eine Situationsveränderung markieren.

他买**中文**词典了。*Er hat ein chinesisches Wörterbuch gekauft.* (zum ersten Mal)

Verneinungsform 没 + P / V + (erweitertes) Objekt

弟弟没看中文书。*… hat kein chinesisches Buch gelesen.*
老师没骑自行车。*… ist nicht Fahrrad gefahren.*
他没买(中文)词典。*… hat kein (chinesisches) Wörterbuch gekauft.*

17.8 P / V + 了 + nominale Objekte (in Aufzählungen)

了 kann auch direkt an das Prädikatsverb angehängt werden, wenn darauf eine Aufzählung von Objekten (Sachen oder Personen) folgt. Es drückt dann eine abgeschlossene Handlung aus.

王太太买了书、报纸和杂志。　　她去了邮局和书店。

Verneinungsform 没 + P / V+ O

王太太没买书、报纸和杂志。*… hat keine Bücher, Zeitungen und Zeitschriften gekauft*

17.9 P / V + 了 + O, P / V + 了 + O … (Handlungen in Aufzählungen)

Wenn es bei der Aufzählung um verschiedene Handlungen geht, muss 了 an jedes Prädikatsverb angehängt werden, auch wenn das Objekt nicht erweitert ist. 了 markiert auch hier eine abgeschlossene Handlung.

今天下午张先生喝了咖啡，看了电视，也洗了衣服。

Verneinungsform 没 + P / V + O, 没 + P / V + O…

今天下午 张先生没喝咖啡，没看电视，也没洗衣服。*…hat keinen Kaffee getrunken, keinen Film angesehen und auch keine Wäsche gewaschen.*

17.10 P / V + 了 + O + 了

In einem Satz kann zweimal 了 verwendet werden, um eine abgeschlossene Handlung hervorzuheben. Das erste 了 wird dann an das Prädikat angehängt und das zweite steht am Satzende.

他们已经吃了饭了。 我们看了电视了。

Verneinungsform 没 + P / V + O

他们没吃饭。 我们没看电视。

17.11 P / V oder P / Ev + 了 + ZDA + 了

Stehen zwei 了 in einem Satz mit Zeitdauerangabe, so markieren sie die Fortsetzung einer Handlung oder eines Zustands, wobei das Prädikat sowohl ein Verb als auch ein Eigenschaftsverb sein kann.

他病了三天了。*Er ist schon seit drei Tagen krank.* (und wird noch länger krank sein)
大家等了半个小时了。*Alle warten schon seit einer halben Stunde.* (und werden noch länger warten müssen)

Verneinungsform 没 + P / V oder P / Ev

他病了三天了。→ 他没病。
大家等了半个小时了。→ 大家没等。

17.12 a) P / V + 了 + ZDA + O + 了
b) P / V + O + P / V + 了 + ZDA + 了
c) O + P / V + 了 + ZDA + 了

In einem Satz mit zwei 了 und Zeitdauerangabe kann das Prädikat auch ein Objekt haben. Die Bedeutung der beiden 了 ist die gleiche wie im Satz ohne Objekt

(P / V / Ev + 了 + ZDA + 了), es geht also um die Fortsetzung einer Handlung oder eines Zustands, dies gilt auch für andere Mengenbezeichnungen. Es gibt drei Möglichkeiten für die Platzierung des Objekts, deren Besonderheiten sich ja aus der Verwendung der ZDA ergeben. (**Vgl. Kapitel 2.7 „Zeitpunkt- und Zeitdauerangabe“**).

a) Die ZDA steht als Attribut vor dem Objekt, wobei 的 fakultativ ist.

我们学了两年(的)中文了。*Wir haben* (schon) *zwei Jahre Chinesisch gelernt.* (und lernen weiter)
他们看了三个小时(的)电视了。*Sie haben* (schon) *drei Stunden lang ferngesehen.* (und gucken noch weiter)

b) Die ZDA steht als Komplement hinter dem wiederholten Verb (zur Wiederholung des Verbs im Satz mit ZDA **s. Kap. 2.7**).

爸爸看报纸看了两个小时了。*Papa liest* (schon) *seit zwei Stunden Zeitung.* (und das Lesen geht weiter)
他们游泳游了一个小时了。*Sie schwimmen* (schon) *seit einer Stunde.* (und das Schwimmen wird fortgesetzt)

c) Das Objekt wird vorangestellt und die ZDA steht als Komplement hinter dem Prädikat (zur Voranstellung des Objekts im Satz mit ZDA **s. Kap. 2.7**)

这本小说他写了两年了。*An dem Roman schreibt er* (schon) *seit zwei Jahren* (und ist mit dem Schreiben noch nicht fertig).
这辆汽车他开了半年了。*Dieses Auto fährt er seit einem halben Jahr* (und wird weiter damit fahren).

Verneinungsformen

Je nachdem, was verneint werden soll, stehen zwei Verneinungsformen zur Verfügung.

a) Das Prädikat mit dem erweiterte Objekt wird durch 没 verneint, wobei beide 了 entfallen.

我们学了两年(的)中文了。→ 我们没学中文。
他们游泳游了一个小时了。→ 他们没游泳。

b) Die Zeitdauer alleine wird durch 不到 (*nicht ganz*) verneint, dabei entfällt das zweite 了.

我们学了两年(的)中文了。→ 我们学了不到两年(的)中文。(nicht ganz zwei Jahre)
爸爸看报纸看了两个小时了。→ 爸爸看报纸看了不到两个小时。(nicht ganz zwei Stunden)

这本小说他写了两年了。→ 这本小说他写了不到两年。(nicht ganz zwei Jahre)

[Übungen zu den voran gehenden Abschnitten **17.3–17.12** s. **17.17**]

17.13 太 + Ev + 了

Mit 太 + EV + 了 drückt man das Gefühl aus, dass etwas außergewöhnlich ist.

学中文太难了。*Chinesisch lernen ist echt schwer.*
我们今天唱歌唱得太高兴了。*Heute hatten wir richtig Freude beim Singen.*

Verneinungsform 不 + Ev

学中文不难 我今天不高兴

17.14 就 + P/V oder P/Ev + 了 (in der Vergangenheit)

Mit 就 / 马上 + Prädikatsverb oder -eigenschaftsverb + 了 wird eine Situationsveränderung in der Vergangenheit ausgedrückt, die im Anschluss an eine vorausgehende Handlung geschehen ist. 就 kann durch 马上 ersetzt werden.

说完她就走了。= 说完她马上走了。*Nachdem das gesagt (worden) war, ging sie.*
天一热他的病就好了。= 天一热他的病马上好了。*Sobald es warm geworden war, wurde er gesund.*

Verneinungsform 没 + P/V oder P/Ev

说完她就走了。→ 说完她没走。
天热了，他的病就好了。→ 天热了，可是他的病没好。

17.15 就 + P/V oder P/Ev + 了 (in der Zukunft)

Mit 就 / 已经 + Prädikatsverb oder -eigenschaftsverb + 了 wird eine in der Zukunft abgeschlossene Handlung markiert. 就 ist hier ersetzbar durch 已经.

明年八月我们就毕业了。*Nächstes Jahr im August werden wir unseren Abschluss haben.*
三天以后他们就考完了。*In drei Tagen werden sie mit den Prüfungen fertig sein.*

Verneinungsform 没 + P/V oder P/Ev

明年八月我们就毕业了。→ 明年八月我们还没毕业。
三天以后他们就考完了。→ 三天以后他们没考完。

17.16 要 + P/V oder P/Ev + 了
快(要) + P/V oder P/Ev + 了
就要 + P/V oder P/Ev + 了

了 kann nicht nur eine abgeschlossene Handlung oder Situationsveränderung markieren, sondern auch eine in Kürze eintretende Zustandsveränderung – meist in Kombination mit 要, 快(要) und 就要 – ausdrücken, wobei der Zeitpunkt des Geschehens von 要 über 快(要) bis 就要 immer näher zur Sprechzeit liegt.

> 两个月以后同学们要去中国了。*In zwei Monaten werden die Kommilitonen nach China gehen.*
> 他们快要买机票了。*Sie werden bald ihre Flugtickets kaufen.*
> 飞机就要起飞了。*Die Maschine wird sofort starten.*

[Übungen zu den voran gehenden Abschnitten **17.13–17.16** s. **17.18**]

17.17 Übungen zu 17.3–17.12

17.17.1 Wo steht 了?

1. 我弟弟写 A 信 B。
2. 我姐姐写 A 一封信 B。
3. 她买 A 三本练习本 B。
4. 桌子 A 干净 B。
5. 她今天洗 A 澡 B。
6. 我们今天去 A 书店、邮局和食堂 B。
7. 他姐姐喝 A 咖啡 B。
8. 王先生坐 A 一个小时火车 B。
9. 我们大家休息 A 三十分钟 B。
10. 李老师教 A 一年 B 德国文学 C。
11. 他弟弟洗 A 澡 B 洗 C 二十分钟 D。
12. 留学生们讨论 A 这个问题 B 讨论 C 半天 D。

17.17.2 Übersetzen Sie

1. Heute habe ich Bücher ausgeliehen.
2. Er hat seinem Kommilitonen geholfen.
3. Herr Zhang hat Mittag gegessen.
4. Wie viele chinesische Schriftzeichen hast du schon gelernt?
5. Heute war er nicht zum Bahnhof gegangen.
6. Meine Schwester hat die Vokabeln nicht wiederholt.
7. Gestern habe ich von der Sache erfahren.
8. Herr Wang hat unserem Plan nicht zugestimmt.

17.17.3 Verneinen Sie die folgenden Sätze mit 没

1. 她舒服了。
2. 他在学习上认真了。
3. 我弟弟回家了。
4. 张小姐休息了。

5. 李老师睡觉了。
6. 我妈妈昨天去北京了。
7. 王经理喝了五瓶啤酒。
8. 上午我们上了中文课和历史课。
9. 他的话我听懂了。

17.17.4 Formulieren Sie die Sätze nach den folgenden Mustern um

a) S + P/V + 了 + ZDA + O + 了: 我看了三个小时的书了。
b) S + P/V + O + P/V + 了 + ZDA + 了: 我看书看了三个小时了。
c) O + S + P/V + 了 + ZDA + 了: 书我看了三个小时了。

1. 王先生做饭。(二十分钟)
2. 同学们复习语法。(三天)
3. 我们看电影。(三个小时)
4. 李老师写小说。(两年)
5. 他妹妹打电话。(两个小时)
6. 他们几个人踢足球。(一个小时)
7. 我哥哥玩电脑。(八个小时)
8. 大家讨论问题。(两天)

17.17.5 Verneinen Sie

1. 我们今天游了泳了。
2. 弟弟早上洗了澡了。
3. 这个月热了几天了。
4. 她帮我帮了一年了。
5. 姐姐听音乐已经听了三个小时了。
6. 王老师教书教了二十年了。
7. 我修自行车已经修了四个小时了。
8. 公司研究新产品已经研究了五年了。

17.17.6 Ordnen Sie

1. 我，看报，了，几天，没
2. 三个星期，张经理，上班，了，没
3. 王小姐，东西，一个星期，买，没，了
4. 见面，一年，我们，没，了
5. 很多年，这么，冷，了，没
6. 这么，他爸爸，很长时间，没，高兴，了
7. 我们，没，两年多，了，去，旅游
8. 借书，他们，几个月，图书馆，没，去，了

17.18 Übungen zu 17.13-17.16

17.18.1 Formulieren Sie die Sätze mit 太…了 um

1. 今天天气非常好。
2. 我们今天非常高兴。
3. 花经理这几天非常忙。
4. 王老师这个星期累死了。
5. 他工作很不认真。
6. 我哥哥跑得非常快。
7. 张老师教得非常好。
8. 她妈妈做菜做得非常好吃。

17.18.2 Vervollständigen Sie die Sätze mit 要…了, 快(要)…了, 就要…了 oder 就…了

1. 一年以后他们来德国旅游。
2. 还有两天开学。
3. 明天他过生日。
4. 还有三个星期我们毕业。
5. 半个小时以后到北京。
6. 他上完课马上回家。
7. 还有十分钟比赛开始。
8. 他妹妹毕业。

17.18.3 了, 着 oder 过?

1. 我们曾经去______他家。
2. 他们正说______话呢。
3. 学生们已经下课______。
4. 王先生没喝______咖啡。
5. 我姐姐只去______一次柏林。
6. 现在大家都在地上坐______。
7. 她不想学化学______。
8. 这件事情我曾经了解______。

18 Komplemente 补语

Ein Komplement besteht aus Wörtern oder Wortgruppen, die hinter dem Prädikatsverb oder -eigenschaftsverb stehen und dieses näher bestimmen oder ergänzen. Es gehört zu den wichtigsten Merkmalen des modernen Chinesisch.

Komplement …	Beispiel
… des Grades (KG)	今天天气好**得很**。 他喝茶喝得**很多**。
… des Resultats (KR)	我看**见**你了。
… der Möglichkeit (KM)	这本书你看**得懂**看**不懂**？
… der Richtung (KRi)	他借**来**一本书。
… der Zeitdauer (KZd)	我们等你等了**一个小时**。
… der Häufigkeit und der Menge (KH)	这本小说他看了**两遍**。

18.1 Das Komplement des Grades (KG) 程度补语

Das Komplement des Grades bestimmt den Grad oder das Ausmaß einer Handlung oder eines Zustandes. Es beschreibt, wie eine vollendete Handlung verlaufen ist, wie sie häufig verläuft oder wie eine Eigenschaft oder ein Zustand ist. Es kann aus einem einfachen Wort, einer Wortgruppe oder einem Satz bestehen. Das KG wird durch die Partikel 得 markiert. Die Verneinung erfolgt durch 不, das vor dem Komplement stehen muss.

18.1.1 Das KG bei Prädikaten ohne Objekt

Bei Prädikaten ohne Objekt folgt das Komplement des Grades, meist markiert durch 得, direkt auf das Verb oder Eigenschaftsverb.

a) Ev + 得很

Bei Ev beschreibt das Komplement des Grades die Intensität. 很 kann allein als KG fungieren.

今天天气好**得很**。*Heute ist das Wetter sehr schön.*
他这几天高兴**得很**。*Seit Tagen ist er sehr glücklich.*

b) Verb / Ev + 得 Ev / Vk

Als Komplement des Grades kann ein Ev, ein Verb, eine Vk oder ein Satz dienen. Es gibt feste Wendungen, die häufig als KG gebraucht werden, wie z.B. 不得了 (liǎo) mit der Bedeutung *äußerst*.

她来**得很早**。*Sie kommt heute sehr früh.* (ist sehr früh gekommen)
弟弟高兴**得不得了**。*Der jüngere Bruder ist äußerst glücklich.*
妈妈休息**得很好**。*Die Mutter hat sich sehr gut erholt.*
他玩**得不想睡觉**。*Er spielte so vertieft / schön, dass er nicht schlafen wollte.*

Wenn das KG aus einem Satz besteht, wird es mit „... so, dass ..." ins Deutsche übersetzt.

他们高兴**得跳了一个小时的舞**。*Sie waren so froh, dass sie eine Stunde lang tanzten.*

Fragen können folgendermaßen gebildet werden:

她来得早吗？　　弟弟玩得怎么样？　　他玩得好不好？

c) Ev + 多了 / 极了 / 死了

Auch 多了, 极了 und 死了 können als Komplement des Grades verwendet werden, wobei die Markierung durch 得 nicht erforderlich ist.

Ev / Verb + 多了 *viel mehr*

这间房间大多了。*Dieses Zimmer ist viel größer.*
这把椅子比那张舒服多了。*Dieser Stuhl ist viel bequemer als jener.*
他吃得多多了。*Er hat viel mehr gegessen.*

Ev / Verb + 极了 / 死了 *sehr, äußerst*

他这几天忙死了。*In den letzten Tagen war er sehr beschäftigt.*
这个地方美极了。*Hier ist es wunderschön.*
她看到这件礼物喜欢极了。*Als sie das Geschenke sah, war sie äußerst glücklich.*

18.1.2 Das KG bei Prädikaten mit Objekt

Bei Prädikaten mit Objekt gibt es drei Möglichkeiten.

a) Das Prädikat wird wiederholt (in der Form S-P-O-P-K),
b) das Objekt wird nach vorne geholt und an den Satzanfang gestellt (O-S-P-K) oder
c) das Objekt wird nach vorne geholt und hinter das Subjekt gestellt (S-O-P-K).

Das Komplement steht immer hinter dem Prädikat.

a) 他学汉语学得很好。　**c)** 他汉语学得很好。
b) 汉语他学得很好。

Um nach dem Komplement zu fragen, wird 怎么样 gebraucht.

a) 他学汉语学得怎么样？　**c)** 他汉语学得怎么样？
b) 汉语他学得怎么样？

Als Verneinung steht 不 vor dem Komplement.

a) 他学汉语学得不好。　**c)** 他汉语学得不好。
b) 汉语他学得不好。

[Übungen zu dem voran gehenden Abschnitt **18.1** s. **18.7**]

18.2 Das Komplement des Resultats (KR) 结果补语

Das Komplement des Resultats gibt das Ergebnis einer Handlung an. 找到 (finden) z.B. unterscheidet sich von 找 (suchen) durch den Zusatz 到 (erreichen) mit der Bedeutung, dass das Ziel der Suche erreicht ist.
Das Komplement des Resultats wird mit Eigenschaftsverben oder Verben gebildet und direkt an das Prädikat / Verb angehängt. Es braucht keine Markierung durch 得. Die Partikeln 了 und 过 müssen dann hinter dem Komplement stehen.

同学们听懂了。*Die Studenten haben es (hörend) verstanden.*
请你把房间打扫干净。*Mach bitte dein Zimmer sauber.*
妈妈把饭做好了。*Die Mutter hat das Essen fertig zubereitet.*
他把词典拿走了。*Er hat das Wörterbuch mitgenommen.*

Bei Prädikaten mit Objekt steht das Objekt nach dem Komplement.

哥哥写完**作业**了。　我听不清楚**你说什么**。

18.2.1 Verneinungsformen

Die Verneinung erfolgt durch 没(有), wenn die Handlung in der Vergangenheit stattgefunden hat. 没(有) steht vor dem Prädikat oder vor der 把-Konstruktion.

他们没有听懂。*Sie haben nicht (hörend) verstanden.*
我没看完这本杂志。*Ich habe diese Zeitschrift nicht ausgelesen.*
他没把电视机搞坏。*Er hat den Fernseher nicht kaputt gemacht.*

Eine Handlung in der Gegenwart wird mit 不要 oder 别 verneint und damit als Imperativ markiert.

不要把这个字写错。　请你们别把词典拿走。

Nur wenn der Satz mit Komplement als Bedingung verstanden werden soll, wird 不 gebraucht.

不写完作业就不能看电视。*Wenn du die Hausaufgaben nicht zu Ende machst, darfst du nicht fernsehen.*
你不说清楚，我们不让你走。*Wenn du es nicht erklärst, lassen wir dich nicht gehen.*

18.2.2 Frageformen

Außer der Entscheidungsfrage mit 吗 können folgende Frageformen benutzt werden:

PN-Konstruktion + K	Prädikat + K (了) 没有
他们听没听懂？	他们听懂了没有？
你看没看完那本杂志？	你看完了那本杂志没有？
他把电视机搞没搞坏？	他把电视机搞坏了没有？

18.2.3 Häufige Kombinationen von Verb und KR

Einige Verben und Eigenschaftsverben werden sehr häufig als Komplement verwendet, z.B.:

Komplement	Kombinationen	Beispielsätze
见 *erblicken*	看见 *erblicken* 听见 (*hörend*) *wahrnehmen* 遇见 *begegnen*	他看见了一位老朋友。 我听见了狗叫。 他在路上遇见了老朋友。
到 *Ziel erreichen, Ergebnis erzielen*	看到 *erblicken* 听到 (*hörend*) *wahrnehmen* 找到 *finden*	我看到一只猫。 你听到什么了？ 手表找到了。
着(zháo) *Ziel erreichen*	买着 (*beim Kauf*) *bekommen* 找着 *finden* 睡着 *einschlafen*	电影票没买着。 他没找着工作。 弟弟睡着了。
懂 *verstehen*	看懂 (*beim Lesen*) *verstehen* 听懂 (*beim Hören*) *verstehen*	这篇文章看懂了吗？ 我的话他听懂了。
好 *fertig*	读好 *fertig* (vor)*lesen*	课文读好了没有？

Komplement	Kombinationen	Beispielsätze
	写好 *fertig schreiben* 做好 *zu Ende bringen*	信写好了没有？ 饭做好了没有？
成 1. *vollendet* 2. *Ergebnis*	完成 *vollenden* 变成 *zu etwas werden* 翻译成 *übersetzen in*	我没完成今天的作业。 他们变成了好朋友。 请把这本书翻译成德文。
完 *vollenden*	喝完 *fertig trinken* 吃完 *fertig essen* 做完 *zu Ende bringen*	喝完咖啡我开始工作。 水果吃完了 工作做完了。
光 *weg, fort*	喝光 *austrinken* 吃光 *aufessen* 用光 *aufbrauchen*	啤酒喝光了。 桌上的东西可以都吃光。 信封用光了。
住 *fest, stillstehen*	记住 *sich merken* 抓住 *festhalten* 停住 *stehen bleiben*	她的生日我没记住。 我抓住了汽车的门。 火车停住了。
走 weg	拿走 *mitnehmen* 带走 *mitnehmen*	谁拿走了我的笔？ 他把电脑带走了。

Außerdem können einige Richtungsverben als Komplement des Resultats fungieren und dabei verschiedene Bedeutungen ausdrücken.

a) Verb + 上
etwas zusammen- oder zu einem Schlusspunkt bringen

请你们关上窗户。*Schließt bitte die Fenster.*
关上收音机，我们走吧。*Mach das Radio aus, wir gehen.*

das Erreichen eines Ziels oder Erfolgs

春节可以住上新房。*Zum Frühlingsfest kann man in eine neue Wohnung einziehen.*
希望明年能买上一个大电冰箱。*Man hofft, sich im kommenden Jahr einen großen Kühlschrank leisten zu können.*

b) Verb + 下
einen Gegenstand lösen oder ablegen

脱下大衣，放在这儿。*Zieh den Mantel aus und leg ihn hierher.*

到家了，放下你的书包吧。*Wir sind zu Hause, du kannst deinen Schulranzen ablegen.*

etwas hinterlassen, nieder- oder aufschreiben

请留下你的地址。*Hinterlasse bitte deine Adresse.*
请他们写下名字。*Lass sie bitte ihre Namen aufschreiben.*

ein bestimmtes Fassungsvermögen haben

这个屋子能坐下一百人。*In diesem Raum können 100 Leute sitzen.*
这个箱子能装下五公斤苹果。*In die Kiste passen 5 Kilo Äpfel hinein.*

c) Verb + 出

Vollendung einer Handlung, im Sinne des deutschen Präfixes „aus-" in „aussprechen", „ausdenken", oder eben eine Leistung für alle sichtbar „äußern".

他终于说出了心里话。*Er hat endlich ausgesprochen, was er auf dem Herzen hat.*
在这方面他做出了很大成绩。*In diesem Bereich hat er tolle Leistungen erbracht.*

d) Verb + 起

sich an etwas erinnern

想起过去的事，她就想哭。*Sobald sie an die Vergangenheit dachte, wollte sie weinen.*

Beginn einer Handlung

在新房子里他们跳起了舞，唱起了歌。*In der neuen Wohnung fingen sie an zu tanzen und zu singen.*

[Übungen zu dem voran gehenden Abschnitt **18.2** s. **18.8**]

18.3 Das Komplement der Möglichkeit (KM) 可能补语

Das Komplement der Möglichkeit gibt an, ob etwas möglich ist oder nicht. Es wird durch die Partikel 得 markiert. Bei der Verneinung wird 得 durch 不 ersetzt.

他听**得懂**，我听**不懂**。*Er kann es verstehen, ich nicht.*
这么多书我看**不完**。*So viele Bücher kann ich nicht auslesen.*
那封信我找**得到**。*Den Brief kann ich finden.*

Wenn die positive und die negative Form zusammengefügt werden, ergibt sich eine Form der Entscheidungsfrage (P 得 K + P 不 K). Daneben gibt es die Frageform mit 吗.

你听得懂听不懂？ *Kannst du das verstehen?* = 你听得懂吗？

Folgt dem Prädikatsverb ein Objekt, steht es direkt hinter dem Komplement, ohne dass das Verb wiederholt wird.

我找得到他。*Ich kann ihn finden.*
他听不见你说什么。*Was du sagst, kann er nicht hören.*

Einige Wörter werden speziell als Komplement der Möglichkeit verwendet:

Komplement	Kombinationen	Beispielsätze
了 (liǎo) *vollenden, möglich sein*	吃得了吃不了 用得了用不了 解决得了解决不了	饭太多，我吃不了。 这么多钱他用不了。 这个问题我们解决得了。
动 *physisch möglich*	拿得动拿不动 搬得动搬不动	这么多书我拿不动。 箱子太重，搬不动。
起 (*finanziell*) *in der Lage sein, sich leisten können*	吃得起吃不起 买得起买不起	这么贵的饭我吃不起。 这辆自行车五百元，我们买得起。

18.3.1 Unterschiede zwischen den Komplementen der Möglichkeit und des Grades

Die Form des Komplements der Möglichkeit unterscheidet sich im Aussagesatz nicht von der des Komplements des Grades. Der Satz 他说得清楚 kann sowohl „er spricht klar" als auch „er kann klar sprechen" bedeuten. Im Vergleich beider Arten des Komplements zeigen sich die Unterschiede.

	Komplement des Grades	Komplement der Möglichkeit
1. Negation	不 steht vor dem Komplement, wobei 得 erhalten bleibt. 他写得好。*Er schreibt gut.* → 他写得不好。*Er hat nicht gut geschrieben.* 我吃得很快。*Ich esse sehr schnell.* → 我吃得不快。*Ich esse nicht so schnell.*	得 wird durch 不 ersetzt. 他写得好。*Er kann gut schreiben.* → 他写不好。*Er kann nicht gut schreiben.* 我吃得快。*Ich kann schnell essen.* → 我吃不快。*Ich kann nicht schnell essen.*

	Komplement des Grades	Komplement der Möglichkeit
2. Objekt	Folgt dem Prädikatsverb ein Objekt, muss das Verb wiederholt werden und das Komplement hinter dem wiederholten Verb stehen. 他们写汉字写得好。*Sie schreiben die chinesischen Schriftzeichen schön.* 我听故事听得多。*Ich höre sehr viele Geschichten.*	Keine Wiederholung des Verbs. Das Objekt wird direkt hinter das Komplement gestellt. 他们写得好汉字。*Sie sind in der Lage, Schriftzeichen schön zu schreiben.* 我听得懂新闻。*Ich kann die Nachrichten verstehen.*
3. Form	Das Komplement kann aus einem Wort, einer Wortgruppe oder einem Satz bestehen. 他玩电脑玩得**一夜没睡觉**。*Er spielte die ganze Nacht hindurch mit dem Computer.* 你说得**大家都很高兴**。*Du redetest so, dass alle sich darüber freuten*	Das Komplement besteht meist aus einem Wort. 电脑我玩不**好**。*Ich kann nicht richtig gut mit dem Computer umgehen.* 你说什么我听得**见**。*Was du sagst, kann ich hören.*
4. Frage	Die Frageform ist „K 不 K“. 她跳舞跳得**好不好**？ *Hat sie gut getanzt?* 书你买得**多不多**？*Hast du viele Bücher gekauft?*	Die Frageform ist „P 得 K+P 不 K“. 他听得懂听不懂？ *Kann er es verstehen oder nicht?* 五瓶啤酒，你们喝得了喝不了？*Könnt ihr fünf Bier schaffen?*

18.3.2 Unterschiede zwischen dem Komplement der Möglichkeit und Modalverben

Die Bedeutungen des Komplementes der Möglichkeit ähneln denen der Modalverben 可以, 能 und 会. Die Unterschiede gehen aus dem folgenden Vergleich deutlich hervor.

Komplement der Möglichkeit	Modalverben
我进不了房间。*Ich kann nicht ins Zimmer gehen* (ohne Schlüssel). 这辆车里坐不下六个人。*In diesem Wagen können keine sechs Personen sitzen* (weil kein Platz ist).	我不能进房间。*Ich kann/darf nicht ins Zimmer gehen* (ohne Erlaubnis). 这辆车不能坐六个人。*In diesem Auto können/dürfen keine sechs Personen sitzen* (weil dafür die Zulassung fehlt).

Das Komplement der Möglichkeit drückt also aus, ob jemand aus objektiven Gründen in der Lage ist, etwas zu machen, während ein Modalverb wie 能 oder 可以 eine Erlaubnis ausdrückt (**vgl. das Kapitel „Modalverben": 9.2.4 und 9.2.5**).

[Übungen zu dem voran gehenden Abschnitt **18.3** s. **18.9**]

18.4 Das Komplement der Richtung (KRi) 趋向补语

Das Komplement der Richtung gibt die Richtung der Handlung an. Man unterscheidet zwischen dem einfachen (来, 去) und dem zusammengesetzten Komplement der Richtung (Richtungsverben + 来/去, wie 上来, 下去). Sie werden unbetont ausgesprochen.

18.4.1 Das einfache Komplement der Richtung

Das einfache Komplement der Richtung wird mit den einsilbigen Verben 来 oder 去 gebildet. Dabei bezeichnet 来 eine Bewegungsrichtung der Handlung auf den Sprecher zu und 去 vom Sprecher weg.

你们都进**来**吧。*Kommt bitte alle **herein.***
他刚出**去**。*Er ist gerade **hinaus**gegangen.*

a) bei Richtungsverben

来 und 去 können bei den Richtungsverben 上, 下, 进, 出, 过 und 回 als Komplement eingesetzt werden. Bei einer vollendeten Handlung steht die Partikel 了 am Satzende.

ohne Objekt

他们上去，你们下来。　　你过去吧。
他们回来了。　　同学们进去了。

mit Objekt

Das Objekt muss zwischen dem Richtungsverb und dem Komplement stehen.

你们都进**房间**来吧。*Kommt bitte alle ins Zimmer herein.*
我到**网球场**去。*Ich gehe zum Tennisplatz.*

他们进**电影院**来了。*Sie sind ins Kino hereingekommen.*
李老师回**家**去了。*Herr Li ist zurück nach Hause gegangen.*

b) bei anderen Verben

Außer bei Richtungsverben können 来 und 去 auch bei anderen Verben als Komplement eingesetzt werden. Das Objekt kann vor oder hinter das Komplement gestellt werden.

书呢？他**送来**。*Und* (wo ist) *das Buch? Er bringt es her.*
今天的报纸你可以**拿去**。*Die Zeitung von heute kannst du mitnehmen.*
他**买**一本词典**来**。*Er hat ein Wörterbuch gekauft.*
她**寄来**一本小说。*Sie hat einen Roman geschickt.*

Man könnte auch anders formulieren: Wenn das Komplement am Satzende steht und dadurch der Platz direkt hinter dem Prädikat frei ist, wird 了 direkt hinter das Prädikat gesetzt. Ist der Platz direkt hinter dem Prädikat durch das Komplement besetzt, so muss 了 auf das Komplement folgen.

我**买了**一本词典来。*Ich habe ein Wörterbuch gekauft.*
她**寄来了**一本小说。*Sie hat einen Roman geschickt.*

Steht 了 an anderer Stelle, ist der Satz entweder falsch oder bekommt eine ganz andere Bedeutung. Ein Satz wie * 她寄了来一本辞典 gilt grammatisch als falsch. Die Formulierung 他买词典来了 hat eine andere Bedeutung und heißt „er ist gekommen, um Wörterbücher zu kaufen". (**zu 了 vgl. Kapitel 17 „Aspektpartikeln"**)

c) Das einfache KRi als Komplement der Möglichkeit

Das einfache Komplement der Richtung kann auch als Komplement der Möglichkeit verwendet werden.

你上得去吗？*Kannst du nach oben gehen?*
他起不来了。*Er kann nicht mehr aufstehen.*

[Übungen zu dem voran gehenden Abschnitt **18.4.1** s. **18.10**]

18.4.2 Das zusammengesetzte Komplement der Richtung

Das zusammengesetzte Komplement der Richtung besteht aus einem Richtungsverb der Gruppe 上, 下, 进, 出, 回, 过, 起 und 到, gefolgt von 来 oder 去. So kann es zusätzlich zur Information, ob eine Handlung in Richtung auf den Sprecher zu (来) oder von ihm fort (去) stattfindet, auch angeben, ob die Bewegungsrichtung der Handlung z.B. nach oben (上) oder unten (下), nach innen (进) oder nach außen (出) etc. verläuft, wie es die folgende Tabelle zeigt:

Zusammengesetzte Komplemente der Richtung				
	上	下	进	出
来	上来 heraufkommen	下来 herunterkommen	进来 hereinkommen	出来 herauskommen
去	上去 hinaufgehen	下去 hinuntergehen	进去 hineingehen	出去 hinausgehen
	回	过	起	到
来	回来 zurückkommen	过来 herüberkommen	起来 heraufkommen	到…来 herkommen
去	回去 zurückgehen	过去 hinübergehen		到…去 hingehen

Während andere zusammengesetzte KRi mit oder ohne Objekt verwendet werden können, müssen 到…来 und 到…去 zusammen mit einem Objekt als Komplement fungieren.

他们跑**出**教室**来**。　他们跑**出来**。
王先生走**到**大学**去**。　* 王先生走**到去**。

a) Das zusammengesetzte KRi bei Zustandsverben / Bewegungsverben

Das zusammengesetzte Komplement der Richtung kann je nach der Bedeutung auch bei Zustandsverben wie 睡, 躺, 停, 站 und 坐 oder Bewegungsverben wie 飞, 跑, 跳 oder 走 (**dazu vgl. 8.2.5**) verwendet werden.

我们站**起来**。*Wir stehen auf.*　你们**躺下去**吧。*Legt auch bitte hin!*

Die Partikel 了 kann vor oder hinter dem Komplement stehen.

他从楼上走**了**下去。*Er ist von oben hinuntergegangen.*
他笑着站起来**了**。*Er stand lächelnd auf.*

Wenn ein Objekt vorkommt, muss es zwischen dem KRi stehen.

他跑**进**图书馆**来**。*Er lief in die Bibliothek hinein.*
她跳下车**来**。*Sie sprang aus dem Auto.*

b) Das zusammengesetzte KRi bei normalen Verben mit Objekt

Das zusammengesetzte KRi kann auch normale Verben mit oder ohne Objekt erweitern. Handelt es sich beim Objekt um eine Sache, kann es vor oder nach 来 / 去 oder zwischen dem Prädikat und dem zusammengesetzten KRi stehen.

他带**回**一本书**来**。*Er bringt ein Buch zurück.*
他带**回来**一本书。*Er bringt ein Buch zurück.*
他带一本书**回来**。*Er bringt ein Buch zurück.*

c) Das zusammengesetzte KRi und die 把-Konstruktion

Wenn das Objekt etwas Bestimmtes ist (also nicht durch eine Nu-ZEW-Gruppe, die nur vor unbestimmten Objekten steht, modifiziert ist), wird es oft mithilfe von 把 vor das durch ein zusammengesetztes KRi erweiterte Prädikat gestellt (zur Verwendung von 把 **vgl. 12.6.3**).

他**把画儿**从墙上拿下来。*Er nahm das Bild von der Wand herunter.*
我得**把汽车**开回去。*Ich muss das Auto wieder zurückfahren.*
你**把自行车**骑过来。*Fahr das Fahrrad herüber.*

Das Komplement kann zusätzlich durch ein Objekt erweitert werden, um auszudrücken, wohin das Objekt in der 把-Konstruktion sich bewegt bzw. gebracht wird.

我把我弟弟送回**家**去。*Ich bringe meinen jüngeren Bruder zurück nach Hause.*
请把汽车开回**公司**来。*Bring bitte das Auto in die Firma zurück.*
把电脑放进**书包里**去吧。*Leg den Laptop doch in die Schultasche hinein.*

d) Stellung von 了

Die Partikel 了 steht im Allgemeinen am Satzende.

我把电脑送回去**了**。*Ich habe den Computer wieder zurückgebracht.*
李先生把那封信带回来**了**。*Herr Li hat den Brief* (hierher) *zurückgebracht.*

e) Das zusammengesetzte KRi als Komplement der Möglichkeit

Wie das einfache KRi kann auch das zusammengesetzte Komplement der Richtung als Komplement der Möglichkeit fungieren.

自行车坏了，我骑不**回去**了。*Das Rad ist kaputt und ich kann nicht mehr nach Hause fahren.*
这条路很宽，汽车开得**进去**。*Die Straße ist breit genug, dass das Auto hinein fahren kann.*

f) Das zusammengesetzte KRi in übertragener Bedeutung

Verb / Ev + 下去 Fortsetzung einer Handlung oder eines Zustandes

外语我要学下去。*Fremdsprachen will ich weiter lernen.*
这儿的气候能这样好下去吗？ *Kann das Klima hier so gut bleiben?*

Verb / Ev + 下来 Erreichen von Immobilität

汽车都在马路上停下来。*Die Autos hielten mitten auf der Straße.*
大家不要吵了，请安静下来。*Hört auf zu streiten, beruhigt euch bitte.*

Verb / Ev + 起来 Beginn einer Handlung

他小声地哭起来。*Er fing an, leise zu weinen.*
他们说完就干起来。*Nach der Besprechung fingen sie an zu arbeiten.*
天气慢慢暖和起来。*Das Wetter fängt an, langsam wärmer zu werden.*
大家热烈地鼓起掌来。*Alle fangen an, lauten Beifall zu klatschen.*

想起来 auf etwas kommen

他的名字我终于想起来了。*Endlich bin ich auf seinen Namen gekommen.*
大学的电话号码我想不起来了。*Ich kann mich nicht mehr an die Telefonnummer der Universität erinnern.*

看出来 erkennbar, erkennen

你们的生活水平能看出来。*Euer Lebensstandard ist erkennbar.*
学校的问题我看不出来。*Die Probleme der Schule kann ich nicht erkennen.*

[Übungen zu dem voran gehenden Abschnitt **18.4.2** s. **18.11**]

18.5 Das Komplement der Zeitdauer (KZd) 时段补语

Das Komplement der Zeitdauer gibt die Dauer einer Handlung oder eines Zustandes an und wird in der Form Nu + (ZEW +) Zeiteinheit gebildet.

我们休息了一个小时。 她打电话打了十分钟。

Vgl. Kapitel 2.7 „Zeitpunkt und Zeitdauer".

18.6 Komplement der Häufigkeit und Menge (KH) 数量补语

Das Komplement der Häufigkeit und Menge kann ausdrücken, wie oft eine Handlung stattfindet. Es besteht aus einer Zahl und einem verbalen Zähleinheitswort. Die meistgebrauchten ZEW des Verbs sind 次, 回, 遍 und 下 (**vgl. Kapitel 6 „Verbale Zähleinheitswörter"**).

他来了**两次**。*Er war zweimal hier.*

请你再说**一遍**。*Sag das bitte noch einmal.*
我们等**一下儿**吧。*Lass uns einen Moment warten.*

Wenn das Objekt ein Nomen ist, steht das Komplement vor dem Objekt.

她去了**一次**英国。　　我听了**一下儿**音乐。

Wenn das Objekt ein Pronomen ist, muss das Komplement dem Objekt nachgestellt werden.

我找了他**两次**。　　王先生看了我**两回**。

Es gibt ZEW-fähige Nomina (**vgl. 6.2**), die als Komplement fungieren können. Wenn das Objekt in solchen Sätzen ein Nomen mit Dp-ZEW ist, steht es am Satzanfang als Thema der Aussage. Wenn das Objekt ein Pronomen ist, kann es vor oder nach dem Komplement stehen.

这杯咖啡他只喝了**一口**。*Er hat nur einen Schluck von dieser Tasse Kaffee getrunken.*
我看了他**一眼**。oder　我看了**一眼**他。*Ich habe ihm einen kurzen Blick zugeworfen.*

Auch Maß- und Mengenwörter können als Komplement verwendet werden.

他比我大**两岁**。*Er ist zwei Jahre älter als ich.*
我比他高**三公分**。*Ich bin drei Zentimeter größer als er.*
她每天早来**十分钟**。*Sie kommt jeden Tag 10 Minuten früher.*
飞机晚到**半个小时**。*Das Flugzeug verspätet sich um eine halbe Stunde.*

[Übungen zu dem voran gehenden Abschnitt **18.6** s. **18.12**]

18.7 Übungen zu 18.1

18.7.1 Antworten Sie zuerst mit 很 als Komplement, dann mit 极了

1. 他这几天忙不忙？
2. 这个星期冷不冷？
3. 这个房间大吗？
4. 那个公园漂亮吗？
5. 他的身体怎么样？（好）
6. 你住的地方离大学有多远？（近）
7. 北京人说话怎么样？（有意思）
8. 上海的南京路怎么样？（热闹）

18.7.2 Antworten Sie mit dem Komplement des Grades

1. 这张画好看吗？（不得了）
2. 妹妹高兴吗？（不想回家）
3. 他们生活得怎么样？（一天比一天好）
4. 他洗澡洗得怎么样？（地上都是水）

5. 这部电影紧张吗？（让人害怕）
6. 她怎么样喜欢狗？（让狗在床上睡觉）
7. 他们俩聊天聊得怎么样？（课都没上）
8. 钱先生挣钱挣得怎么样？（不知道自己姓什么了）

18.7.3 Bilden Sie Sätze nach den folgenden Beispielen

a) 他学汉语学得很好。　c) 他汉语学得很好。
b) 汉语他学得很好。

1. 妹妹，骑，自行车，很慢
2. 妈妈，做，面条，好吃极了
3. 王先生，打，太极拳，很认真
4. 谢老师，介绍，图书馆，非常仔细

18.7.4 Verneinen Sie

1. 弟弟走得很慢。
2. 妹妹吃得很快。
3. 他们休息得很多。
4. 他学汉语学得很轻松。
5. 小王做事做得很马虎。
6. 马先生看京剧看得很少。
7. 我朋友坐飞机坐得很多。
8. 她出差出得很少。

18.8 Übungen zu 18.2

18.8.1 Welches Komplement passt?

到, 懂, 光, 好, 见, 清楚, 完, 着, 住, 走

1. 女儿的话她听______了。
2. 这里早上能听______狗叫。
3. 怎么去电影院，我已经问______了。
4. 王老师的眼镜找______没有？
5. 已经十一点了，儿子还没睡______。
6. 给市长的信写______了吗？
7. 他终于写______了他的毕业论文。
8. 那么多可乐你都喝______了？
9. 请你记______，音乐听多了也不好。
10. 他们带______了对北京的美好印象。

18.8.2 Stellen Sie Fragen mit „PN-Konstruktion + K“ und „P + K (了) 没有“. Beispiele:

a) 你吃没吃完饭？　b) 你吃完饭了没有？

1. 早饭做好了。
2. 今天天气变冷了。
3. 这部电影我看懂了。
4. 你要的地图买到了。
5. 弟弟把新自行车骑坏了。
6. 这个字他写错了。

18.8.3 Verneinen Sie die Sätze der Übung 2

18.8.4 Setzen Sie das passende Komplement ein

出, 起, 上, 下

1. 他一上车，火车门就关____了。
2. 妈妈一到家就忙____了花园里的活儿。
3. 请你把眼镜拿____来，让我检查一下。
4. 你妹妹在看书，请你把电视机关____。
5. 不要忘记写____你的电话号码。
6. 说____在德国留学的日子，他们总是非常高兴。
7. 我希望今天能吃____一顿真正的西餐。
8. 这套房子住得____五个人。
9. 再过半年我们就能住____新房子了。
10. A380 飞机特别大，坐得____500 个人。
11. 弟弟说____了哥哥想说的话。

18.9 Übungen zu 18.3

18.9.1 Setzen Sie zusammen mit 得 oder 不 das passende Komplement ein

动, 干净, 见, 了, 了, 起, 完, 住

1. 你说得太轻，我听__________。
2. 衣服太脏，洗__________。
3. 箱子这么重，你拿__________吗？
4. 书这么多，你拿__________吗？
5. 这套房子太贵，我买__________。
6. 你看__________这么厚的书吗？
7. 这么多生词你记__________吗？
8. 我解决__________这几个问题。

18.9.2 Stellen Sie mit „P 得 K + P 不 K" Fragen zu den markierten Teilen. Beispiel:

我吃得完。→ 你吃得完吃不完？

1. 他**说得清楚**。
2. 我今天**考得完**。
3. 姐姐**借得到**那本小说。
4. 那辆红汽车我**看得见**。
5. 这么多牛奶他**喝得下**。
6. 这几个故事老师**讲得完**。
7. 电脑我**买得起**。
8. 这张沙发他**搬得动**。

18.9.3 Verneinen Sie die Sätze der Übung 18.9.2

18.10 Übungen zu 18.4.1

18.10.1 Übersetzen Sie mit einfachem KRi

1. Komm bitte herein.
2. Kommt doch bitte alle nach oben.
3. Geht doch bitte alle zurück.
4. Sie sind alle hinausgegangen.

5. Komm bitte ins Zimmer.
6. Kommen Sie bitte die Treppe hoch.
7. Du kannst nach Hause gehen.
8. Er möchte zur Post gehen.

18.10.2 Setzen Sie das Objekt an der richtigen Stelle ein

1. 她寄 A 来 B。（一封信）
2. 妈妈买 A 来 B。（一盆花）
3. 我想到 A 去 B。（花店）
4. 王先生回 A 去 B 了。（公司）
5. 爸爸打 A 来 B 了。（电话）
6. 她进 A 去 B。（饭店）
7. 小狗进 A 来 B 了。（公园）
8. 同学们都回 A 来 B 了。（宿舍）

18.11 Übungen zu 18.4.2

18.11.1 Ordnen Sie

1. 过，她，去，走
2. 你，跳，上，可以，去
3. 操场，他们，去，回，得，跑
4. 你们，住，我这儿，来，到，吧
5. 他妻子，一个，带，回，来，消息，好
6. 一辆，她丈夫，新，汽车，开，回，来
7. 张小姐，寄，想，去，几本，书，回
8. 钱先生，一盒，打算，送，过，来，蛋糕

18.11.2 Welche Sätze sind richtig?

1a. 他们跑回家去。
1b. 他们跑回去家。
2a. 他拿回去一本书。
2b. 他拿一本书回去。
3a. 老先生站起来了。
3b. 老先生站起了来。
4a. 我带回了来那个玩具。
4b. 我带回来那个玩具了。

18.11.3 Setzen Sie das passende zusammengesetzte Komplement ein

进去, 过去, 下来, 过来, 上去, 下来, 回去, 过来

1. 爷爷在邮局等你，请你把这封信送________。
2. 我现在在家，你马上把新游戏带________吧。
3. 你哥哥在二楼，把苹果送________吧。
4. 我们已经到了上海，你们也飞________吧。
5. 已经夜里两点了，我只能坐出租车________了。
6. 墙上那幅画儿请你拿________，好不好？
7. 我们在楼下草地上，你把矿泉水带________吧。
8. 公共汽车里挤(jǐ)满了人，我挤不________。

18.11.4 Setzen Sie das passende zusammengesetzte Komplement in übertragener Bedeutung ein

出来, 起来, 下来, 下去

1. 你一定要锻炼，不能这样胖________了。
2. 我想不________我们什么时候见过面的了。
3. 他这么喝________，钱都喝光了，身体也喝坏了。
4. 看不________你们俩是一家人。
5. 遇到这么大的风，火车只好停________了。
6. 到了晚上，饭店里的人慢慢多________了。
7. 等你在北京住________以后，别忘了去看看王老师。
8. 当了经理以后，他慢慢地胖了________。
9. 我能看________，她是一位很有经验的医生。
10. 不少北京人吃____奶酪____了。

18.12 Übungen zu 18.6

18.12.1 Antworten Sie

1. 他今天休息了吗？(两次)
2. 这个月你回家了吗？(三趟)
3. 这部电影他们看了吗？(五遍)
4. 她病了，你去看过她吗？(三次)
5. 这首歌你听过吗？(两遍)
6. 你今年飞过北京吗？(六趟)
7. 他请你吃过饭吗？(一回)
8. 她做的面条你吃了吗？(一口)

18.12.2 Was passt?

几十个人, 两个平方米, 三公分, 三年, 四岁, 一个学期

1. 哥哥比弟弟大________。
2. 姐姐比妹妹高________。
3. 他来公司比我早________。
4. 我的房间比弟弟的大________。
5. 他们比我晚毕业________。
6. 今天来的人比昨天多________。

19 Besondere Konstruktionen

Die hier behandelten Konstruktionen werden nicht nur sehr häufig angewendet, sondern erweisen sich wegen ihrer Unterschiede zum Deutschen oft als schwierig.

19.1 Die 是...的-Konstruktion 是...的-结构

Die 是...的-Konstruktion dient zur Hervorhebung eines Satzgliedes. 是 steht vor dem Satzglied, das betont werden soll, und 的 am Satzende. 了 oder 过 im ursprünglichen Satz entfallen.

小明昨天跟爸爸一起来了。→ **是小明**昨天跟爸爸一起来**的**。
→ 小明**是昨天**跟爸爸一起来**的**。→ 小明昨天**是跟爸爸一起**来
的。

Dementsprechend können auch Fragen gestellt werden.

是谁昨天跟爸爸一起来的？ 小明**是什么时候**跟爸爸一起来的？
小明昨天是**跟谁一起**来的？

Die Verneinung der 是...的-Konstruktion erfolgt durch 不, das direkt vor 是 gestellt wird.

不是小明昨天跟爸爸一起来的。 小明**不是**昨天跟爸爸一起来的。
小明昨天**不是**跟爸爸一起来的。

Hat das Prädikat ein Objekt, kann 的 entweder wie oben an das Satzende oder direkt hinter das Prädikat gestellt werden.

am Satzende:

是妈妈和女儿一起去公园**的**。 妈妈是和女儿一起去公园**的**。

hinter dem Prädikat:

是妈妈和女儿一起去**的**公园。 妈妈是和女儿一起去**的**公园。

Um das Prädikat zusammen mit dem Objekt hervorzuheben, steht 的 am Satzende.

妈妈和女儿一起**是去公园的**。 他们在图书馆**是做练习的**。
张先生去商店是**买照相机的**。

Zur Hervorhebung des Objektes steht 是 direkt vor dem Objekt, 的 muss hinter das Prädikat gestellt werden und steht so vor dem 是.

妈妈和女儿一起去 **的** **是公园**。 他们今天上 **的** **是德语课**。
王先生**喝** **的** **是绿茶**。

[Übungen zu dem voran gehenden Abschnitt **19.1** s. **19.6**]

19.2 Die 连…都-Konstruktion 连… 都-结构

Zur Hervorhebung von Satzgliedern kann auch die 连…都 / 也-Konstruktion verwendet werden. Die Bedeutung entspricht „sogar" oder im verneinten Satz „nicht einmal". Wenn Subjekt oder Adverbialbestimmung betont werden, steht 连 direkt vor ihnen, während 都 bzw. 也 vor das Prädikat gestellt wird.

连八岁的孩子都参加了这次比赛。(Subjekt)
Sogar achtjährige Kinder haben an dem Wettbewerb teilgenommen.
他们家什么都是红的，**连墙也**是红的。(Subjekt)
Bei ihnen zu Haus ist alles rot, sogar die Wände sind rot.
他**连星期天也**不休息。(Adverbialbestimmung)
Selbst am Sonntag macht er keine Pause.
弟弟**连上课都**睡觉。
Der jüngere Bruder schläft sogar im Unterricht.

Zur Hervorhebung des Objektes ist seine Umstellung vor das Prädikat erforderlich.

他没去过西安。→ 他**连西安也**没去过。
Er war nicht einmal in Xi´an.
李小姐不知道中国银行。→ 李小姐**连中国银行都**不知道。
Fräulein Li weiß nicht einmal von der Bank of China.
我太累了，不想洗澡了。→ 我太累了，**连澡**也不想洗了。
Ich bin viel zu müde, nicht einmal mehr waschen will ich mich.

[Übungen zu dem voran gehenden Abschnitt **19.2** s. **19.7**]

19.3 Konstruktionen für Vergleiche 比较结构

Im Deutschen stehen zum Ausdruck des Vergleichs Komparativ und Superlativ (gut – besser – am besten) zur Verfügung, die es im Chinesischen in dieser Form nicht gibt. Um einen Vergleich auszudrücken, werden bestimmte Präpositional-Konstruktionen verwendet, die wegen ihrer hohen Fehlerquote beim Gebrauch besondere Beachtung verdienen.

19.3.1 A 比 B *W*: A ist im Vergleich zu B *wie*

a) A 比 B *W*

A und B werden hinsichtlich einer Eigenschaft verglichen. 比…*W* bedeutet „mehr W als“, positiv wie negativ. *W* kann ein Eigenschaftsverb oder ein Verb bzw. eine Verbalkonstruktion sein.

我比他高。*Ich bin größer als er.*
他比我忙。*Er ist beschäftigter als ich / Er hat mehr zu tun als ich.*
小明比小花喜欢游泳。*Xiao Ming schwimmt lieber als Xiao Hua.*
王先生比我了解中国。*Herr Wang ist besser über China informiert als ich.*

b) A 比 B *W* + Komplement

Um auszudrücken, um was oder um wie viel sich zwei Dinge voneinander unterscheiden, kann ein Komplement der Menge oder des Grades hinzugefügt werden.

我比他高**三公分**。*Ich bin drei Zentimeter größer als er.*
这本书比那本书贵**五元**。*Dieses Buch ist fünf Yuan teurer als jenes.*
这座楼比那座楼多**两层**。*Dieses Gebäude hat zwei Stockwerke mehr als jenes.*
他比我忙**得多**。*Er ist viel beschäftigter als ich / Er hat viel mehr zu tun als ich.*
她比他忙**得多得多**。*Sie hat sehr viel mehr zu tun als er.*

Werden A und B hinsichtlich des Komplements des Grades verglichen, gibt es dafür zwei Möglichkeiten:

A 比 B + Verb +得 Komplement

弟弟比哥哥玩得多。*Der jüngere Bruder spielt mehr als der ältere.*
我比弟弟吃得快。*Ich esse schneller als der jüngere Bruder.*

A + Verb 得 + 比 B + Komplement

弟弟玩得比哥哥多。*Der jüngere Bruder spielt mehr als der ältere.*
妹妹吃得比弟弟少。*Die jüngere Schwester isst weniger als der jüngere Bruder.*

Hat das Verb dazu noch ein Objekt, ergeben sich folgende Möglichkeiten:

A 比 B + Verb – Objekt – Verb + 得 Komplement

王小姐**比我**打电话打得多。*Fräulein Wang telefoniert mehr als ich.*
姐姐**比我**学英语学得早。*Meine ältere Schwester lernte Englisch früher als ich.*

A + Verb – Objekt + 比 B + Verb + 得 Komplement

王小姐打电话**比我**打得多。　姐姐学英语**比我**学得早。

A + Verb – Objekt – Verb + 得 + 比 B + Komplement

王小姐打电话打得**比我**多。　姐姐学英语学得**比我**早。

Verneinungsform

Zur Verneinung wird 没有 verwendet, das immer 比 ersetzt. Das bedeutet, dass 比 bei der Verneinung entfallen muss. Es bedeutet „nicht heranreichen an", also kein mehr, sondern ein minder, ein weniger.

A 没有 B *W*

他比我忙。→　我没有他忙。
Ich habe nicht so viel zu tun wie er.
王先生比我了解中国。→　我没有王先生了解中国。
Ich bin nicht so gut informiert wie …
弟弟比哥哥玩得多。→　哥哥没有弟弟玩得多。
Der ältere Bruder spielt weniger als der jüngere.
我吃得 比弟弟快。→　弟弟吃得没有我快。
Der jüngere Bruder isst nicht so schnell wie ich.
王小姐比我打电话打得多。→　我没有王小姐打电话打得多。
Ich telefoniere nicht so viel wie Fräulein Wang.
姐姐学英语比我学得早。→　我学英语没有姐姐学得早。
Ich lernte Englisch nicht so früh wie meine ältere Schwester.
我喝茶喝得比王先生多。→　王先生喝茶喝得没有我多。
Herr Wang trinkt nicht so viel Tee wie ich.

没有 kann i.d.R. durch 不如 ersetzt werden.

我没有他忙。=　我不如他忙。
我没有王先生了解中国。=　我不如王先生了解中国。
哥哥没有弟弟玩得多。=　哥哥不如弟弟玩得多。

[Übungen zu dem voran gehenden Abschnitt **19.3.1** s. **19.8**]

19.3.2 A 跟 B 一样 *W*: A und B sind in gleicher Weise *wie*

Um auszudrücken, dass A genau so ist wie B, werden folgende Konstruktionen verwendet:

a) A 跟 B 一样 *W*

我跟他一样大。*Ich bin genauso alt wie er.*

b) A 跟 B + Verb 得 + 一样 + Komplement

弟弟跟哥哥**走得**一样**快**。*Der jüngere Bruder geht genauso schnell wie der ältere.*
我跟她**唱得**一样**好**。*Ich singe genauso gut wie sie.*

c) A + Verb 得 + 跟 B 一样 + Komplement

弟弟**走得** 跟哥哥一样**快**。*Der jüngere Bruder geht genauso schnell wie der ältere.*
我**唱得**跟她一样**好**。*Ich singe genauso gut wie sie.*

Hat das Verb dazu auch noch ein Objekt, ergeben sich dann die folgenden Möglichkeiten:

d) A + Verb – Objekt + 跟 B + Verb 得 + 一样 + Komplement

王小姐看书跟我看得一样多。*Fräulein Wang liest genauso viel wie ich.*
小张学德语跟小马学得一样好。*Xiao Zhang lernt genauso gut Deutsch wie Xiao Ma.*

e) A + Verb – Objekt – Verb 得 + 跟 B 一样 + Komplement

王小姐看书看得跟我一样多。*Fräulein Wang liest genauso viel wie ich.*
小张学德语学得跟小马一样好。*Xiao Zhang lernt genauso gut Deutsch wie Xiao Ma.*

一样 kann durch das Adverb 差不多 modifiziert werden mit der Bedeutung, dass A und B fast gleich sind.

我跟他差不多一样大。*Ich bin fast so alt wie er.*
弟弟跟哥哥走得差不多一样快。*Der jüngere Bruder geht fast so schnell wie der ältere.*

Verneinungsformen

Mit der Form „**A 跟 B 不一样 *W***" wird ausgedrückt, dass A und B hinsichtlich *W* nicht gleich sind.

我跟他一样大。→ 我跟他不一样大。
Ich bin nicht genauso alt wie er.
弟弟跟哥哥走得一样快。→ 弟弟跟哥哥走得不一样快
Der jüngere und der ältere Bruder gehen nicht gleich schnell.

Die Form „**A 没有 B *W*** " bedeutet, dass A weniger *W* ist oder tut als B.

德国书跟中国书一样贵。→ 中国书没有德国书贵
Chinesische Bücher sind nicht so teuer wie deutsche.

他看小说看得跟我一样多。→ 他看小说看得没有我多
Er liest nicht so viele Romane wie ich.

19.3.3 A 不比 B *W*: A ist/hat nicht mehr *wie* als B

Mit der Form „**A 不比 B *W*“** wird ausgedrückt, dass A hinsichtlich *W* höchstens B gleicht oder nicht an B herankommt.

有的书不比杂志贵。*Manche Bücher sind nicht teurer als Zeitschriften.*
汉语不比德语难。*Die chinesische Sprache ist nicht schwerer als die deutsche.*
王先生看电影看得不比我多。*Herr Wang hat nicht mehr Filme gesehen als ich.*

[Übungen zu den voran gehenden Abschnitten **19.3.2–19.3.3** s. **19.9**]

19.3.4 一天比一天 (一次比一次, 一个比一个) *W*: immer / von Tag zu Tag mehr

Zum Ausdruck eines Vergleiches kann auch die Konstruktion „Nu-ZEW 比 Nu-ZEW *W*“ benutzt werden. Sie fungiert im Satz als Adverbialbestimmung oder Komplement.

小钱一天比一天努力。*Xiao Qian ist von Tag zu Tag fleißiger.*
他买的书一次比一次多。*Er kauft jedesmal mehr Bücher.*
这些苹果一个比一个大。*Bei diesen Äpfeln ist einer größer als der andere.*
这里发展得一年比一年快。*Die Entwicklung hier verläuft von Jahr zu Jahr schneller.*
他们说汉语说得一天比一天好。*Sie sprechen von Tag zu Tag besser Chinesisch.*

19.3.5 A 像 B: A ähnelt B

In dieser Form lässt sich ausdrücken, dass A und B sich ähnlich sind. Die Verneinungsform ist „**A 不像 B**“.

儿子像爸爸，女儿像妈妈。*Der Sohn ähnelt dem Vater, die Tochter ähnelt der Mutter.*
这只猫不像那只猫。*Diese Katze ähnelt nicht der anderen.*

Ausdrücke wie „A / B 很像“ (A und B sind sich ähnlich) oder „A / B 像得很“ (A und B ähneln sich sehr) sind auch möglich.

这两只小狗很像。*Diese beiden kleinen Hunde sind sich ähnlich.*
这座房子跟那座房子像得很。*Dieses Haus und jenes Haus ähneln sich sehr.*

Die Form **„A 像 B 这么/那么 *W*"** ermöglicht eine Erweiterung um eine Eigenschaft.

> 他像爸爸那么聪明。*Er ist so/ähnlich intelligent wie sein Vater.*
> 这只狗像那只狗那么好玩。*Dieser Hund ist so lustig wie jener.*
> 那匹马不像这匹马这么高。*Das Pferd ist nicht so groß wie dieses.*

[Übungen zu den voran gehenden Abschnitten **19.3.4–19.3.5** s. **19.10**]

19.4 Die PN-Konstruktion 正反结构

Entscheidungsfragesätze (Ja-Nein-Fragen) können nicht nur mit der Fragesatzpartikel 吗 (**vgl. Kap. 16.4**) gebildet werden, sondern auch in Form der Positiv-Negativ-Konstruktion (PN-Konstruktion), worin die bejahte und verneinte Form des Verbs oder Eigenschaftsverbs nebeneinander gestellt werden. Die Negationsadverbien 不 oder 没 werden unbetont ausgesprochen (**zum Gebrauch von Negationsadverbien vgl. Kap. 11.2**).

> 你今天**忙不忙**？ (Ev) 王先生**是不是**医生？ (Kopulaverb)
> 昨天晚上你**看没看**电视？ (Verb) 你们**想不想**去北京留学？ (Modalverb)

Bei der Verwendung der PN-Konstruktion gibt es allerdings eine Einschränkung, was bei dem Fragesatz mit 吗 nicht der Fall ist: Der Gebrauch von Adverbien ist nicht möglich.

> 他们都是学生。→ 他们都是学生吗？ → *他们都是不是学生？
> 她很想家。→ 她很想家吗？ → *她很想不想家？

Die PN-Konstruktion fungiert hauptsächlich als Prädikat, wie in den Beispielen oben, kann aber auch als Komplement verwendet werden.

> 他的字写得**好不好**？ 你看小说看得**多不多**？

Wird ein zweisilbiges Verb oder Eigenschaftsverb in der PN-Konstruktion verwendet, so kann die erste Silbe allein oder beide Silben zusammen in der positiven Form stehen: „A 不 / 没 AB" oder „AB 不 / 没 AB".

A 不 AB		AB 不 AB	
你姐姐**高不高兴**？	=	你姐姐**高兴不高兴**？	(Ev)
她**休不休息**？	=	她休息不休息？	(Verb ohne Objekt)
他**介没介绍**他自己？	=	他**介绍没介绍**他自己？	(Vk)

Bilden das Kopulaverb 是 oder Verbalkonstruktionen das Prädikat, so kann das Prädikatsnomen oder das Objekt in folgenden Positionen auftreten:

a) direkt hinter dem Prädikat (in Form der PN-Konstruktion)

> 你是不是**学生**？ 他喝不喝**茶**？

b) zwischen der positiven und der negativen Form

我是**你的朋友**不是？　　　你写**信**不写？

c) einmal hinter der positiven und einmal hinter der negativen Form

这本书是**小说**不是**小说**？　　　我们今天上**课**不上**课**？

Ein Komplement der Möglichkeit nimmt als PN-Konstruktion die Form „V 得 K – V 不 K“ an (**vgl. 18.3**).

他的话你**听得懂听不懂**？　　　这本书你**看得完看不完**？

Anstelle von „V 不 V“ kann auch die Konstruktion 是不是 eine Entscheidungsfrage markieren, wobei sie in unterschiedlichen Stellungen auftreten und sogar als „angehängte Frage“ fungieren kann.

你想不想家？　=　你**是不是**想家？
王先生明天来不来？　=　**是不是**王先生明天来？
你喜欢游泳，**是不是**？　*Du schwimmst gerne,* stimmt's?

[Übungen zu dem voran gehenden Abschnitten **19.4** s. **19.11**]

19.5 Passiv-Konstruktionen 被动结构

Im Chinesischen unterscheidet man zwischen dem markierten und dem nicht markierten Passiv.

19.5.1 Markiertes Passiv

syntaktisches S	+ 被 (Agens)	+ P/V	+ Ergänzung
电脑	被（弟弟）	拿	走了。

Wenn das Passiv markiert ist, dann meistens durch die Präposition 被, aber auch 叫, 让 oder 给 (**vgl. 12.6**) können das Passiv markieren. 被 führt den Urheber (Agens) oder das Mittel als Präpositionalobjekt ein und bildet zusammen mit diesem die 被-Konstruktion.

Aktiv 哥哥骑走了自行车。
Passiv 自行车**被哥哥**骑走了。
Aktiv 洗衣机把毛衣洗坏了。
Passiv 毛衣被**被洗衣机**洗坏了。

Wenn der Urheber oder das Mittel nicht genannt werden, können 被 und 给 auch ohne Agens das Passiv markieren, was bei 叫 oder 让 nicht möglich ist (**vgl. 12.6**). In diesem Fall steht 被 direkt vor dem Prädikatsverb.

自行车**被/给哥哥**骑走了。→ 自行车**被/给**骑走了。
那本词典**叫/让人**借走了。→ * 那本词典**叫/让**借走了。

Wichtig: In Passivsätzen muss das Prädikat i.d.R. erweitert sein, um auszudrücken, was mit dem syntaktischen Subjekt geschehen ist.

信被我寄**走了**。 巧克力被他吃**完了**。
他被人踢了**一脚**。 这本小说被翻译**成英文和德文了**。

Zur Verneinung wird i.d.R. 没 verwendet, das vor 被 steht muss.

自行车**没**被哥哥骑走。 毛衣**没**被洗坏。
这本小说**没**被翻译成英文和德文。

Zur Bildung der 被-Konstruktion können nur Verben verwendet werden, die ein oder zwei Objekte fordern (transitive Verben im Deutschen). Auch von diesen Verben können einige, wie 当, 得 (dé), 像, 有 und 在 nicht in Passivsätzen verwendet werden.

19.5.2 Nicht markiertes Passiv

Im Chinesischen sind Sätze, die passivische Bedeutung ausdrücken, aber von der Struktur her nicht als Passiv gekennzeichnet sind, sehr häufig.

练习做完了，字也写好了。 房间收拾干净了。
那本小说翻译完了。

Solche Sätze, in denen Sachen oder Tätigkeiten als Subjekt fungieren, sind von der Bedeutung her eindeutig und können nicht zu Missverständnissen führen. Wenn aber eine Person als Subjekt vorkommt, ist der Satz ohne Kontext zweideutig. So kann 女儿送来了 heißen:

女儿送来了，你不用去接了。*Die Tochter wurde hierher gebracht, du brauchst sie nicht mehr abzuholen.*
aber auch
我要的书呢？女儿送来了。*Und wo ist das Buch, das ich brauche? Die Tochter hat es schon gebracht.*

19.5.3 Die 受-Konstruktion und die 得到-Konstruktion

受 bedeutet ursprünglich „erleiden" und kann zusammen mit nominalisierten Verben Konstruktionen bilden, die eine passivische Bedeutung haben. Dabei ist die ursprüngliche Bedeutung von 受 verloren gegangen. Vor 受 kann das Adverb 很 (für die Gegenwart) oder dahinter das Komplement 到 (für die Gegenwart und abgeschlossene Handlungen) ergänzt werden, die beiden können aber nicht gleichzeitig verwendet werden.

很多学生受了美国电影(的)影响。*... wurden von amerikanischen Filmen beeinflusst.*
李老师上的课很受学生们的欢迎。*... sehr beliebt bei den Studenten.*
他的意见受到(了)公司的重视。*Seine Meinungen fanden Beachtung in der Firma.*

Häufig verwendete Konstruktionen mit 受 sind u.a.			
受表扬 *gelobt werden*	受调查 *untersucht werden*	受欢迎 *beliebt sein*	受教育 *eine Erziehung / Ausbildung erhalten*
受批评 *kritisiert werden*	受影响 *beeinflusst werden*	受重视 *beachtet werden*	受尊敬 *geschätzt werden*

得到 heißt „erhalten" und kann ähnliche Konstruktionen bilden wie 受, die ins Deutsche häufig mit „finden" (eine Erklärung finden, Unterstützung finden) übersetzen werden.

有困难的人应该得到帮助。*Menschen in Schwierigkeiten sollten Hilfe bekommen.*
这位政治家没有得到多少人的支持。*Dieser Politiker hat nicht viel Unterstützung gefunden.*

Häufig verwendete Konstruktionen mit 得到 sind u.a.			
得到帮助 *Hilfe erhalten*	得到表扬 *Lob finden*	得到改善 *Verbesserung finden*	得到解决 *Lösung finden*
得到使用 *Anwendung finden*	得到说明 *Erklärung finden*	得到提高 *Erhöhung erfahren*	得到支持 *Unterstützung finden*

[Übungen zu dem voran gehenden Abschnitt **19.5** s. **19.12**]

19.6 Übungen zu 19.1

19.6.1 Heben Sie die markierten Satzglieder mithilfe der 是…的-Konstruktion hervor, bei mehreren Markierungen in entsprechend vielen Sätzen

1. **他** **在上海** 工作过。
2. **他妻子** **昨天** 休息。
3. 小张 买了 **两本词典**。
4. 我姐姐 收拾了 **我的房间**。
5. 王先生 和**他朋友**一起 **坐飞机** 去了 **德国**。

19.6.2 Stellen Sie mit der 是…的-Konstruktion Fragen zu den markierten Satzgliedern der Übung 19.6.1

19.7 Übungen zu 19.2

19.7.1 Verwenden Sie die 连…都-Konstruktion für die markierten Satzglieder

1. **王先生**不知道这件事。
2. 小明过生日的时候，**在北京的爷爷奶奶**来了。
3. 学了四年汉语，他没有**德汉词典**。
4. 他来德国二十年，没去过**慕尼黑**。
5. 这本杂志**图书馆**里没有。
6. 他**下雨的时候**跑步。
7. 我高兴得不睡**觉**。
8. 他气得不想结**婚**了。

19.7.2 Stellen Sie mit der 连…都-Konstruktion Fragen zu den markierten Satzgliedern der Übung 19.7.1

Beispiel **我**不认识这个字 → 连谁也不认识这个字？

19.8 Übungen zu 19.3.1

19.8.1 Vergleichen Sie die beiden Brüder

a) mit „A 比 B …“ oder „B 比 A …“

b) mit „A 没有 B …“ oder „B 没有 A …“

	哥哥	弟弟		哥哥	弟弟
年龄	16 岁	15 岁	书	90 本	70 本
体重	50 公斤	48 公斤	画画儿	很好	不好

	哥哥	弟弟		哥哥	弟弟
身高	168 公分	170 公分	踢足球	好	很好
房间	15 平方米	12 平方米	玩电脑	很好	好

19.9 Übungen zu 19.3.2–19.3.3

19.9.1 Vergleichen Sie mit „A 跟 B 一样 *W*“ oder „A 跟 B 差不多一样 *W*“

	姐姐	妹妹		姐姐	妹妹
年龄	15 岁	14 岁	书	90 本	90 本
体重	40 公斤	39 公斤	画画儿	好	好
身高	158 公分	157 公分	踢足球	不喜欢	不喜欢
房间	12 平方米	12 平方米			

19.9.2 Vergleichen Sie mit „A 跟 B 不一样 *W*“

	汉堡	慕尼黑
人口	170 万	130 万
外国人	10%	20%
面积	755 平方公里	310 平方公里
地铁	9 条	8 条
外国领事馆	103	74
足球队 踢足球	不错	很好

19.9.3 Vergleichen Sie mit „A 比 B *W*“ oder „A 不比 B *W*“

	小明	小雨		小明	小雨
年龄	14 岁	14 岁	书	89 本	90 本

	小明	小雨		小明	小雨
体重	38 公斤	39 公斤	画画儿	好	好
身高	148 公分	149 公分	踢足球	很好	好
房间	13 平方米	13 平方米			

19.10 Übungen zu 19.3.4–19.3.5

19.10.1 Ordnen Sie

1. 一天比一天，小猫，好玩
2. 少，上历史课的人，一次比一次
3. 贵，一本比一本，他买的书
4. 长得，小狗，大，一天比一天
5. 这个公司的人，努力，一个比一个，工作得
6. 变得，由于，夏天，气候的变化，热，一年比一年

19.10.2 Übersetzen Sie

1. Der jüngere Bruder ähnelt seinem älteren Bruder.
2. Die beiden Städte sind sehr ähnlich.
3. Diese Gegend sieht nicht wie eine Schule aus, sondern wie ein Park.
4. Dein Bild sieht ähnlich aus wie sein Bild.
5. Er arbeitet nicht so locker wie Herr Qian.
6. Sie freut sich so wie ihre Mutter.

19.11 Übungen zu 19.4

19.11.1 Formulieren Sie die Sätze unter Verwendung der PN-Konstruktion um

1. 今天冷吗？
2. 他们这几天忙吗？
3. 你弟弟明天打工吗？
4. 王先生昨天散步了吗？
5. 你们买东西了吗？
6. 李小姐明天过生日吗？
7. 他们去法国留学吗？
8. 公司想去中国投资吗？

19.11.2 Stellen Sie mit der PN-Konstruktion Fragen. Schöpfen Sie alle Möglichkeiten bei der Wortstellung des Objektes und der Form des zweisilbigen Verbs aus

1. 明天下雨。
2. 他回答这个问题。
3. 钱先生翻译了这本书。
4. 我们明天参观博物馆。

19.12 Übungen zu 19.5

19.12.1 Formulieren Sie die Sätze unter Verwendung der 被-Konstruktion um

1. 他改变了计划。
2. 大家没有忘记他。
3. 同学们解决了一个很难的问题。
4. 小王骑自行车到公司去。
5. 他走遍了北京。
6. 老师批评了小天。
7. 他一天就花了 1000 元。
8. 他接他儿子回家了。

19.12.2 Formulieren Sie die Sätze unter Verwendung der 被-Konstruktion um

1. 妈妈把饭做好了。
2. 他把车开走了。
3. 我把房间扫了又扫。
4. 小马把信交给王先生了。
5. 爸爸把那幅画挂到了墙上。
6. 姐姐把衣服都洗了。
7. 他把那本德汉词典送给了别人。
8. 我弟弟把老虎画成了猫。

19.12.3 In welchen Sätzen kann 被 durch 叫 oder 让 ersetzt werden?

1. 那本杂志被拿走了。
2. 足球被弟弟找到了。
3. 那瓶啤酒被我喝了。
4. 我们的东西被忘在车里了。
5. 照相机被哥哥放在书架上了。
6. 大家都被弄得糊里糊涂的。

19.12.4 Formulieren Sie die Sätze um

1. 老师表扬了这几个同学。（受到）
2. 这位作家影响了不少人。（受）
3. 大家重视这次考试。（受到）
4. 人们非常欢迎这项运动。（受）
5. 很多朋友帮助他。（得到）
6. 这家公司支持这个足球队。（得到）
7. 他的汉语水平提高得很快。（得到）
8. 有人把这个问题说明得很清楚。（得到）

20 Lösungen

1 Nominα

1.5.1

1. 老师们都走了。Richtig
2. 我跟三个人们聊天。Falsch. Wenn die Mehrzahl durch eine Nu-ZEW-Gruppe ausgedrückt wird, wird 们 nicht verwendet.
3. 一些经理们才二十几岁。Falsch. Wenn die Mehrzahl durch 一些 ausgedrückt wird, wird 们 nicht verwendet.
4. 她看见同学们在学习。Richtig
5. 他家里有三只小狗们。Falsch. 1. wird 们 nicht zusammen mit einer Nu-ZEW-Gruppe verwendet, 2. wird 们 i.d.R. nur für Menschen verwendet.
6. 三个学生不想上课。Richtig

1.5.2

1. 孩子们在玩玩具。
2. 两个医生从中国回来了。
3. 学生们都同意明天去看电影。
4. 我给老师们都打电话了。
5. 我有很多朋友。他们今天都来了。
6. 同学们都很累，想睡觉。

1.5.3

1. 我今天休息。
2. 她帮助我。
3. 我们研究德国历史。
4. 同学们学习汉语语法。
5. 医生发现一个问题。
6. 张老师翻译这本小说。
7. 我弟弟复习中文生词。
8. 大学欢迎新同学。

1.5.4

1. 老师对学生的欢迎
2. 我朋友对这本小说的介绍
3. 这家公司对几个大学生的帮助
4. 学校对学习时间的规定
5. 王先生对这两本小说的翻译
6. 妹妹对这次旅游的安排
7. 同学们对新问题的分析
8. 我弟弟对这个想法的解释

2 Nomina der Zeit

2.8 Übungen zu 2.1–2.6

2.8.1

1. 一九六零年九月 oder 一九六 0 年九月
2. 二十世纪五十年代
3. 去年三月
4. 一九七八年四月一号 / 日
5. 一年有十二个月。
6. 八月有三十一天。
7. 他天天去工作。
8. 这个星期没下雨。
9. 上个星期他不在这儿。

2.8.2

1. 五点十分
2. 六点二十分
3. 七点半 / 七点三十分
4. 八点五十分 / 差十分九点
5. 九点零六分
6. 十点十五分 / 十点一刻

7. 十一点三十分 / 十一点半
8. 十二点四十五分 / 十二点三刻 / 差一刻十三点 / 差一刻（下午）一点
9. 十三点五十分 / 差十分十四点 / 差十分（下午）两点

2.8.3
1. 我早上七点半起床。
2. 八点钟我吃早饭。
3. 八点半我去上班。
4. 中午十二点半我吃中饭。
5. 下午三点三十我喝咖啡。
6. 下午五点半我回家。
7. 晚上十八点半我做晚饭。
8. 晚上八点我看电视。
9. 夜里一点我睡觉。

2.8.4
1. 去年　今年
2. 明天　后天
3. 下个星期　下下个星期
4. 上个月　这个月
5. 昨天　今天
6. 下个月　下下个月
7. 明年　后年
8. 上个星期　这个星期
9. 上上个星期 上个星期

2.8.5
1. 今天下午两点我们上课。
2. 下个星期六下午我们去游泳。
3. 我十一月二十三日晚上回家。
4. 明年九月一日他去北京工作。
5. 他后天上午十点坐飞机去柏林。
6. 三十年代张老师在德国留学。

2.8.6
1a. 一月我还在德国。
2a. 我花了一个月时间学游泳。
3a. 王先生休息了十分钟。
4a. 我们上了三个星期的中文课。
4b. 我们上了三星期的中文课。

2.9 Übungen zu 2.7

2.9.1
1. 我忙了一天。
2. 他昨天上班了。
3. 去年他们不在德国。 oder 他们去年不在德国。
4. 我打了三分钟(的)电话。 oder 我打电话打了三分钟。
5. 上个星期我去游泳了。
6. 我看了一个小时(的)电视。 oder 我看电视看了一个小时。
7. 一年前她还不认识我。
8. 下下个月我学一个星期(的)英语。 oder 下下个月我学英语学一个星期。

2.9.2
1. 我洗了一个小时的澡。
2. 我上午上了三个小时的课。
3. 他们去年在德国学德语学了五个月。
4. 我们几个月没说汉语。
5. 昨天他一天没看电视。
6. 上个月他一个月不在家。

2.9.3
1. 你多长时间没休息了？
2. 她什么时候没打电话？
3. 我们多长时间没看报纸了？
4. 你姐姐什么时候没复习英语？
5. 妹妹什么时候没听音乐？
6. 弟弟什么时候没收拾房间？
7. 我们多长时间没聊天了？
8. 王老师多长时间不上课？

2.9.4
a)
1. 我们游一个小时(的)泳。
2. 他们上两个钟头(的)地理课。
3. 中文系的学生学四年(的)汉语。
4. 王经理每天锻炼三十分钟(的)身体。
5. 高小姐喝了半个小时(的)咖啡。

6. 同学们准备了三个星期(的)英语考试。
7. 我们打了一个半小时(的)网球。
8. 李老师翻译了一年(的)小说。

b)
1. 我们游泳游一个小时。
2. 他们上地理课上两个钟头。
3. 中文系的学生学汉语学四年。
4. 王经理每天锻炼身体锻炼三十分钟。
5. 高小姐喝咖啡喝了半个小时。
6. 同学们准备英语考试准备了三个星期。
7. 我们打网球打了一个半小时。
8. 李老师翻译小说翻译了一年。

3 Lage- und Richtungswörter (LRW)

3.6 Übungen zu 3.1

3.6.1

1. 上个星期 / 上周
2. 下个月
3. 五天前
4. 三年后
5. 书中 / 书里
6. 地下
7. 城南
8. 城北

3.6.2

1. 公司里没有人。
2. 食堂门外站着很多人。
3. 五年前我还在南京。
4. 一年后他们要去日本。
5. 上个星期我没来。
6. 下个月我不来。
7. 我们往左 / 右 走。
8. 他们向左 / 右看。

3.6.3

1. 楼上，楼下，楼前，楼后
2. 城东，城南，城西，城北
3. 屋里，屋外，屋前，屋后
4. 前年，后年，
5. 年前，年后
6. 左手，右手
7. 桌上，桌下
8. 地上，地下
9. 门里，门外，门前，门后
10. 往上，往下，往左，往右，往东，往南，往西，往北

3.7 Übungen zu 3.2

3.7.1

1. 前面是德国最大的火车站。
2. 飞机场在东边，火车站在西边。
3. 我睡上面，你睡下面。
4. 前面的宿舍是公司的，后面的宿舍是大学的。
5. 上面的报纸是中文的，下面的是德文的。
6. 屋子中间的沙发上躺着一只猫。

3.7.2

1a. 汽车上面 auf dem Auto
1b. 上面的汽车 das obere Auto
2a. 里面的房间 das Zimmer drinnen
2b. 房间里面 im Zimmer
3a. 图书馆前面 vor der Bibliothek
3b. 前面的图书馆 die vordere Bibliothek
4a. 左边的邮局 das Postamt auf der linken Seite
4b. 邮局左边 links vom Postamt
5a. 电脑里面 im Computer
5b. 里面的电脑 der Computer drinnen
6a. 公园对面的大楼 das Gebäude gegenüber dem Park

6b. 对面公园的大楼 das Gebäude im Park gegenüber

3.7.3

1. 桌子上 / 上面
2. 桌子上 / 上面的电视
3. 图书馆前 / 前面
4. 图书馆前 / 前面的学生
5. 教室里 / 里面
6. 教室里 / 里面的猫
7. 词典上 / 上面
8. 上面的词典
9. 前面的办公室
10. 办公室前 / 前面

3.7.4

1. 他们和我们之间没有问题。
2. 我们之间关系不错。
3. 学生中间有一个人去过美国。
4. 中间的那辆自行车是他的。
5. 这家公司与那家公司之间联系很多。
6. 书店在食堂和图书馆的中间。

3.8 Übungen zu 3.3

3.8.1

1. 六十岁以上的人不用买票。
2. 三十岁以前他没工作过。
3. 十二岁以下的学生不可以看这部电影。
4. 洗完澡以后他喜欢听听音乐。
5. 上海以东是大海。
6. 工作时间以外你什么书都可以看。
7. 长江以南地区没有暖气。
8. 黄河以北有很多草原。
9. 你三个小时以内得把作业写完。
10. 高速公路以西是工业区。

3.8.2

1. 商店在公园的左边，
2. 邮局在公园的右边，
3. 公园的前边是茶馆，
4. 公园的后边是电影院。
5. 公园在电影院和茶馆之间，
6. 商店、电影院、邮局和茶馆的中间是公园。

3.9 Übungen zu 3.4

3.9.1

1. 在生活中每天都有很多有意思的事情。
2. 她吃饭前一直在工作。
3. 结完婚后他们去法国旅行。
4. 她在医院里给我很多帮助。
5. 在电影院里面的人想出来。
6. 他们住在北京城里。

3.9.2

1. 啤酒在他的饭桌上。
2. 我们在北京学习汉语。
3. 北海公园的东边是一座山。
4. 谁站在医院大门前？
5. 沙发上躺着一个病人。
6. 墙上的灯是红的。
7. 他在德国踢了一年足球。
8. 钱在桌子上的包里。

3.9.3

1. 我跟经理住一个宿舍，我住在楼下，他住在楼上。
2. 我们俩在一个办公室办公，我坐在经理左边。
3. 办公室里有一张沙发，沙发旁边是一台电视。
4. 中午休息时，经理喜欢看电视。电视里面有好节目他就告诉我。
5. 因为经理很忙，所以下班后我先回家。
6. 在离开办公室前我总要跟经理说一声“再见”。
7. 经理的汽车停在办公楼前的停车场上。
8. 司机总是在车里等他。

3.9.4

1. 经理坐在前面的汽车里。/ 前面的汽车里坐着经理。
2. 黑板前面站着一位中国女老师。
3. 今天晚上电视里有一部有意思的电影。
4. 我写完信后去医院看一个朋友。
5. 您先往东走，然后往北拐。
6. 城墙外边是一条又长又干净的河。
7. 我在认识他以前不知道他是一位作家。
8. 在德国六岁以下的孩子坐车不用买汽车票。

3.10 Übungen zu 3.5

3.10.1

1. 她在学习上经常帮助我。
2. 在朋友们的帮助下张小姐找到了工作。
3. 在实习中他们学到了很多新东西。
4. 在父母亲的支持下他完成了大学的学习。
5. 在投资上香港对中国非常重要。
6. 他们在投资的过程中发现了不少问题。
7. 在工作上经理们对她很满意。
8. 在解决问题的过程中大家应该互相帮助。

3.10.2

1. 他在朋友的支持下写完了这本书。
2. 王小姐在实习(的)过程中认识了很多人。
3. 我在教授的指导下写完了硕士论文。
4. 小李在留学(的)过程中了解了德国。
5. 北京在经济发展上成绩不小。
6. 中国在投资上发展很快。
7. 大陆跟台湾在经济上关系很密切。
8. 德国和法国在政治上合作得很好。

4 Zahlwörter

4.10.1

1. 一百零八, 一百一十, 一百一十五, 一百三十三
2. 一千零一, 一千零一十, 一千一百六十六, 一千九百零八
3. 一万, 一万二千五百二十八, 三万四千零五十, 五万三千四百五十六
4. 六万, 六十万, 六百万, 六千万
5. 八亿, 十三亿

4.10.2

1. 101, 220, 392
2. 6 565, 3 305, 4 084
3. 35 000, 65 400, 89 222
4. 423 250, 1 705 000, 3 000 000
5. 153 000 000, 1 300 000 000

4.10.3

1. 一八七一年
2. 一九一四年
3. 一九八九年
4. 二零零六年
5. 公元前四四七年
6. 公元前二百零六年

4.10.4

1. 二分之一 oder 一半, 三分之二, 八分之七
2. 百分之五, 百分之二十, 百分之百
3. 一点九九, 三点零五, 一百二十二点二二

4.10.5

1. (x) 三十; 差不多
2. 五十 (x); 左右
3. 十二 (x); 以上
4. 一百 (x); 上下

5. (x) 六十五; 约
6. (x) 一千; 不到

4.10.6

1. (二) 十杯, 十 (二) 瓶, (二 / 两) 百(二) 十(二) 种
2. (二 / 两) 千人, (二 / 两) 万个学生, (二 / 两) 亿五千万
3. (两) 个书架, (二) 十万个, 六十 (二) 只猫
4. (两) 双鞋; (两) 倍, 十 (二) 件衬衫

4.10.7

1. 我喝了半杯茶。
2. 姐姐买了半个面包。
3. 他女儿不到半岁。
4. 哥哥来北京半年多了。
5. 今天的报纸她读了一半。
6. 有一半的同学不知道老师姓什么。
7. 今天的比赛没意思，我们只看了小半场。
8. 这个星期他一大半时间不在家。

4.10.8

1. 半年前他在中国。
2. 她儿子今年两岁半了。
3. 这本小说她读了一半。
4. 他的女朋友工作了不到一年半。
5. 半个月前他开始学汉语。
6. 这部电影我只看了一半。

5 Nominale Zähleinheitswörter

5.12 Übungen zu 5.1–5.6

5.12.1

1. 一 (场 / 部) 电影, 一 (枝) 笔
2. 四 (只 / 条) 狗, 这 (台) 电脑
3. 十 (条) 裙子, 这 (个 / 位) 老师
4. 三 (张) 床, 五 (把) 椅子
5. 这 (封) 信, 一 (场) 比赛
6. 五 (杯 / 瓶) 啤酒, 那 (间) 房子
7. 一 (朵) 花, 一 (句) 话
8. 一 (个)工作, 一 (根) 黄瓜
9. 一 (只) 眼睛, 一 (个) 方法

5.12.2

1. 一 (群) 学生, 一 (对) 花瓶
2. 三 (套) 房子, 这 (副) 手套
3. 十 (双) 鞋子, 一 (打) 铅笔
4. 一 (袋 / 包) 水果, 一 (袋 / 包) 咖啡
5. 一 (系列) 问题, 一 (袋 / 包) 苹果

5.12.3

1. 个，位
2. 张，本
3. 杯，瓶
4. 个，家
5. 件，套
6. 个，家
7. 块，包
8. 间，套

5.12.4

1. 水，啤酒，茶
2. 水，啤酒，白酒
3. 纸，桌子，床，票
4. 书，词典，地图
5. 头发，黄瓜
6. 河，狗，路
7. 猫，狗，眼睛
8. 衬衫，衣服，事情
9. 笔，香烟，花
10. 大楼，桥，山
11. 小说，文章，课文
12. 人，茶，草，树

5.13 Übungen zu 5.7

5.13.1

1. 一公斤有 1 000 克。

2. 1 000 公斤是 一吨。
3. 一公尺有 100 公分。
4. 1 000 公尺是一公里。
5. 一平方公里有 1 000 000 平方公尺。

5.13.2

1. 他的房间有 20 平方公尺。
2. 北京到南京的距离是 1 100 公里。
3. 这封信不到 20 克。
4. 她弟弟 10 岁了，个子有 1 米 60。
5. 他的体重只有 62 公斤。
6. 中国的面积是 960 万平方公里。

5.14 Übungen zu 5.8

5.14.1

1. 张小姐今天有一点儿累。
2. 王先生一点儿也不高兴。
3. 我昨天买了一点儿绿茶。
4. 李老师一点儿酒也不喝。
5. 他弟弟有一点儿想回家了。
6. 她哥哥一点儿牛奶也不喝。
7. 电视我今天一点儿也没看。
8. 游泳以后我觉得舒服了一点儿。
9. 她一点儿也不知道今天学校罢课。

5.14.2

1. 我只喝了一点儿咖啡。
2. 她认识一些法国学生。
3. 一些学生回家了。
4. 弟弟学了一点儿 / 一些汉字。
5. 我对他一点儿也不了解。
6. 王老师在德国参观了一些博物馆。
7. 他一点儿中文也不会说。
8. 电脑我只懂一点儿。
9. 她的房间比我的房间只大一点儿。
10. 张经理比我想得多一些 / 一点儿。

5.14.3

1. 我一点儿也不累。
2. 她今天一点儿也没休息。
3. 我弟弟一点儿面包也没吃。
4. 她哥哥一点儿烟也不抽。
5. 我们一点儿也不喜欢游泳。
6. 他们一点儿也不知道这件事。
7. 我一点儿上海话也不会说。
8. 她一点儿也不喜欢听现代音乐。

5.15 Übungen zu 5.9–5.11

5.15.1

1. 一点儿的茶 ( ), 一条的裙子 ( )
2. 一床的玩具 (X), 一件的衬衫 ( )
3. 一张的桌子 ( ), 一桌子的饭 (X)
4. 一些的人 ( ), 这台的电脑 ( )
5. 一车的人 (X), 一房间的书 (X)
6. 三本的地图 ( ), 这家的公司 ( )

5.15.2

1. 一箱子的衣服
2. 一桌子的饭菜
3. 一床的玩具
4. 一碗汤
5. 一口袋的糖
6. 一飞机的旅游者

5.15.3

1. 一 ( ) 把椅子, 三 ( ) 台收音机
2. 五 (X) 瓶水, 一 ( ) 条裙子
3. 一 ( ) 个书架, 一 ( ) 只猫
4. 三 (X) 碗饭, 一 (X) 杯咖啡
5. 一 ( ) 双鞋子, 一 (X) 群学生
6. 一 ( ) 家图书馆, 一 (X) 盆花
7. 一 (X) 间房间, 四 ( ) 打筷子
8. 一 ( ) 辆自行车, 一 (X) 包咖啡

5.15.4

1. 经理们**个个**都在工作。
2. 桌子上的啤酒**瓶瓶**都是空的。
3. 他写的小说**篇篇**都不错。
4. 我们**场场**比赛都赢了。
5. 他们的房间**间间**都收拾得很干净。
6. 只要有新电影他**场场**都看。

6 Verbale Zähleinheitswörter

6.6.1

1. 南京很漂亮，我去过一次 / 一回。
2. 上海他去过三次。/ 他去过三次上海。
3. 这部新电影我已经看过两次了。
4. 请等一下。
5. 这本小说他看了一遍。
6. 我骑一下你的自行车好吗？
7. 她常常回家。这次她坐火车。
8. 经理叫了他三声 / 次。
9. 他的女朋友看了他一眼 / 下。
10. 这个故事我听过四遍了。

6.6.2

1. 他爸爸叫了他三声 / 次。
2. 我去找了他两回 / 次。
3. 王经理看了他一眼。
4. 这部电影我已经看了五遍了。
5. 我有个小问题，请你来帮我一下，好吗？
6. 这句话我听了三遍也没听懂。
7. 听到这个消息，他想了一下，马上打了个电话。
8. 她坐火车去了两回 / 次慕尼黑。

6.6.3

1. 我今年回过一次 / 趟家。
2. 这部电影我看了一遍。
3. 柏林我去过一趟。
4. 她刚才休息了一下。
5. 王经理昨天说了我一顿。
6. 他今天叫了我一声。
7. 我弟弟喝了一口白酒。
8. 这件衣服他看了一眼。

6.6.4

1. 这本书我一遍也没看。
2. 这个游戏他一回也没玩过。
3. 这件事他一次也没告诉我。
4. 中餐我一次也没吃过。
5. 这条裙子她一眼也没看。
6. 这瓶啤酒我一口也没喝。
7. 我在他家一顿饭也没吃。
8. 她今年一次差也没出。

6.6.5

1. 老师们**次次**都不休息。
2. 王先生**回回**都来。
3. 他说话**次次**都受欢迎。
4. 我回家**趟趟**都能见到老朋友。
5. 他**次次**都把她送回家。
6. 我在食堂**顿顿**都吃不饱。

7 Pronomina

7.8 Übungen zu 7.1–7.2

7.8.1

1. 看了您的信，我们 都很高兴。
2. 今天下午咱们一起去游泳，好吗？
3. 你不去上海，我们也不去。
4. 咱们什么时候去看电影？
5. 你说咱们该不该去看他？
6. 她不想去，咱们去吧。

7.8.2

1. 我们家在北京，他们家在南京。
2. 他们家的狗很大。
3. 我们的电脑坏了。
4. 王老师说他们老师还要开会。
5. 同学们对他们的老师很满意。
6. 咱们的想法都差不多。
7. 他的书架上有很多书。
8. 他们公司的经理都很年轻。

7.9 Übungen zu 7.3

7.9.1

1. 这些书都是中文的。

2. 这点啤酒我喝了。
3. 这台电视机是日本的。
4. 那件事情我不会忘记。
5. 那三个问题你能回答吗？
6. 这几张中国画很有名。

7.9.2

1. 这点儿作业我10分钟就能做完。
2. 这位是新来的王经理。
3. 这些书我都看过了。
4. 这次我们一定要去西安。
5. 请你告诉我，这是谁的电脑。
6. 三年前的那次旅游太有意思了。
7. 老师说这次考试不难。
8. 那些宿舍离这儿太远了。

7.9.3

1. 明年她想去德国。
2. 我从汉堡去北京。
3. 他在我这儿看足球比赛。
4. 我们想去朋友那儿聊天。
5. 张先生在法国朋友那儿喝了法国葡萄酒。
6. 我的汉德词典在不在你那儿？
7. 王经理想到她哥哥那儿去。
8. 李小姐想到中国公司去工作。

7.9.4

1. 这样的小说我没看过。
2. 你听说过这样的学习计划吗？
3. 这句话不能这样翻译。
4. 这样的方法是最好的方法。
5. 像她这样的运动员不多。
6. 我从来没有参观过这样的博物馆。

7.10 Übungen zu 7.4

7.10.1

1. 谁买了三个玩具?
2. 他买了什么？
3. 他买了几个玩具？
4. 他给谁买了三个玩具？
5. 他在哪儿 / 在什么地方给弟弟买了三个玩具？
6. 他什么时候在城里给弟弟买了三个玩具？
7. 他什么时候在什么地方给弟弟买了三个玩具？
8. 谁昨天在城里给谁买了几个玩具？

7.10.2

1. 谁在北京学中文 / 汉语？
2. 你在德国学什么？
3. 您在什么 / 哪个大学工作？
4. 这是谁的衣服？
5. 您从什么地方来？ / 您是从什么地方来的？
6. 他们什么时候在什么地方学德语？
7. 哪种 / 什么绿茶最好喝？
8. 他怎么去柏林？
9. 去散步怎么样？
10. 她的俄语怎么样？

7.10.3

1. 你几月几号过生日？
2. 你有几个哥哥？
3. 你这两天看了几场足球？
4. 大教室里能坐多少个学生？
5. 中文系有几个老师？
6. 汽车里能做几个 / 多少人？
7. 你给了他几百块钱？
8. 中国有多少亿人？

7.10.4

1. 哪本书是你的？那本新书是我的。
2. 你看的是什么书？我看的是中文书。
3. 她喝的是什么茶？她喝的是绿茶。
4. 这是哪家的猫？这是他家的猫。
5. 哪朵花是你送的？这朵花是我送的。
6. 你要的是什么地图？我要的是德国地图。

7. 王小姐买的是什么水果？王小姐买的是苹果。
8. 哪辆自行车是刚修好的？左边的自行车是刚修好的。

7.10.5
1. 你为什么不说话？
2. 这个字怎么写？
3. 这个菜怎么做？
4. 他为什么没来上课？
5. 你们为什么没坐飞机去柏林？
6. 请问，去火车站怎么走？
7. 他们为什么不高兴？
8. 你们怎么准备明天的考试？

7.10.6
1. 哪儿有邮局？
2. 大学图书馆在哪儿？
3. 哪儿是学生宿舍？
4. 哪儿有很多经济发达的城市？
5. 中国的少数民族主要在哪儿？
6. 哪儿是中国最发达的地区？

7.10.7
1. 你的办公室在哪儿？
2. 哪儿是最漂亮的教堂？
3. 哪儿有电影院？
4. 火车站在市中心。
5. 植物园里有很多热带植物。
6. 港口的南面和西面是大海。
7. 德国最大的飞机场在哪儿？
8. 长江以南有几个发达的城市。

7.11 Übungen zu 7.5–7.6

7.11.1
1. 他在这家公司什么都学。
2. 谁都想去法国旅游。
3. 你什么时候都可以给我打电话。
4. 这部电影什么地方 / 哪儿都可以看(到)。
5. 我什么车都会 / 能开。
6. 你们谁都可以问。
7. 她告诉我，这本小说怎么好。
8. 这本书你在什么书店 / 哪家书店都可以买到。

7.11.2
1. 谁都想看这场比赛。
2. 我第一次来柏林，哪里 / 哪儿都想去看看。
3. 他什么都想学，就是不想学做饭。
4. 我到什么地方都想跟人聊天。
5. 你怎么想就怎么做。
6. 你们到哪家公司都要努力工作。
7. 他看谁谁就害怕。
8. 世界上哪里 / 哪儿都有中国人。

7.11.3
1. 昨天谁都不高兴。
2. 今天我谁都没看见。
3. 这件事情他谁都告诉了。
4. 这一次王小姐谁的朋友都请了。
5. 她弟弟什么都想玩。
6. 我哥哥什么球都打。
7. 什么名山我都想看看。
8. 什么 / 哪家书店都没有这本书。

7.11.4
1. 不管谁 / 什么人对他都不满意。
2. 不管张先生的什么小说我弟弟都看过。
3. 不管什么人 / 谁的自行车他都借过。
4. 不管欧洲什么国家她哥哥都去过。
5. 不管哪种狗我都喜欢。
6. 不管哪家银行我都可以去。
7. 不管哪儿我们都想去。 / 不管去哪儿都可以。
8. 不管什么花我姐姐都喜欢。

7.11.5
1. 房间这么干净，是不是谁打扫过了。
2. 这件事谁曾经说过一次。

3. 他明天过生日，你买点什么送给他吧。
4. 还有两个星期时间，我想多学点什么。
5. 你什么时候再来一次吧。
6. 他们可能在哪儿等我们呢。

7.11.6
1. 不会开车没什么，可以坐公共汽车。
2. 她不想去没什么关系，回来以后我可以告诉她。
3. 王经理今天一句话也不说，好像不怎么高兴。
4. 他的英语不怎么样，英国人听不懂。
5. 这几天没什么新情况，你不用担心。
6. 李先生最近太忙，也不怎么散步了。

7.12 Übungen zu 7.7
7.12.1
1. 今天有人来过吗？
2. 别人都走了，你为什么还没走？
3. 天好了，人们都去散步了。
4. 你听，有人敲门。
5. 人们都想知道这里的发展计划。
6. 上午有人打电话找你。
7. 能帮助别人，他感到很高兴。
8. 人家的花园真漂亮，我们得向人家学习。

7.12.2
1. 有人说，这本书很有意思。
2. 人们都想知道明年情况怎样。
3. 他不相信别人说的。
4. 这几天人们都想看这部电影。
5. 别人想去日本旅游，我不想去。
6. 有人会打太极拳吗？
7. 某个先生要到我们公司来。
8. 有些人喜欢这个节目，有些人一点也不喜欢。

7.12.3
1. 他 每天都是早上五点起床。
2. 老师请每一个人写一封信。
3. 各家公司有各家公司的困难。
4. 他在各方面都很努力。
5. 德国平均每家有一辆汽车。
6. 他写的每一封信都很有意思。
7. 经理们有各种各样的想法。
8. 各公司的经理都来了。

7.12.4
1. 北京大学的学生各省的都有。
2. 这里的每一套房子都不错。
3. 这家商店巧克力很多，我每种都买了一点。
4. 他想到各公司去看看。
5. 图书馆的每份报纸王先生都要看。
6. 他们把每个/间房间都收拾干净了。
7. 各家有各家的好主意。
8. 他买的衣服每件都很合适。

7.12.5
1. 有的人不喜欢听音乐。
2. 外国留学生有些想去长城，有些想去北海公园。
3. 这些词我有的知道，有的不知道。
4. 这个公司有些技术是自己发明的。
5. 他在某公司实习了三个月。
6. 张先生现在一定在某家茶馆里。
7. 有些事你可以不管了。
8. 在某些情况下你最好别说话。

8 Verben

8.5 Übungen zu 8.1

8.5.1

1. 帮 A 忙, 搬 A 家
2. 罢 A 课, 参加 B
3. 吃 A 饭, 出 A 差
4. 打 A 工, 复习 B
5. 欢迎 B, 回 A 家
6. 介绍 B, 讨论 B
7. 开 A 车, 开始 B
8. 留 A 学, 起 A 床
9. 请 A 客, 上 A 课
10. 收拾 B, 说 A 话

8.6 Übungen zu 8.2.1–8.2.2

8.6.1

1. 王小姐还没醒。
2. 他们努力得很。
3. 李先生工作三年了。
4. 你们休息吗?
5. 他们生活得很舒服。
6. 小猫还活着。
7. 我们旅游吧。
8. 公司发展了。

8.6.2

1. 哥哥帮妹妹的忙。
2. 她今年出了五趟差。
3. 他们打了四个星期的工。
4. 王先生在德国留了两年学。
5. 去公园我付了五十元钱。
6. 我妹妹今天上早班。
7. 他洗了十五分钟的澡。
8. 这个星期我们游了四次泳。

8.6.3

1. 他暑假打了两个月的工。
2. 李先生下个月要出两趟差。
3. 马小姐在日本留了两年学。
4. 我睡了一个好觉。
5. 妈妈明天上早班。
6. 我们晚上上中文课。
7. 弟弟洗了五分钟的澡。
8. 哥哥理了一个短发。

8.7 Übungen zu 8.2.3–8.2.5

8.7.1

1. 他在等他的老朋友。
2. 这家公司生产彩色电视机。
3. 我们昨天讨论了明天开会的事情。
4. 广州属于广东省。
5. 王老师给我们解释了这个字的意思。
6. 我怕明天的考试。
7. 他们习惯了大学的生活。
8. 李先生忘了公司的电话号码。

8.7.2

1. 他们想回北京。
2. 王先生住他妈妈那儿。
3. 弟弟明天想去哥哥那儿。
4. 我们现在住学生宿舍。
5. 她现在在谁那儿?
6. 钱先生去银行。

8.7.3

1a. 老师们都站着。
2a. 弟弟睡在床上。
3b. 公共汽车停在银行前面。
4a. 他住北京。
4b. 他住在北京。

8.8 Übungen zu 8.2.6–8.2.8

8.8.1

1. 公司对王经理的工作很满意。
2. 张先生不想跟李先生合作了。
3. 我对这种汽车不太了解。
4. 德国由 16 个州组成。
5. 马先生说他们公司愿意为所有的顾客服务。
6. 他在工作中得跟不同的人交往。
7. 长江发源于青藏高原。
8. 这些孩子对画画儿都很感兴趣。

8.8.2
1. 他弟弟开始学说话。
2. 我姐姐喜欢看电影。
3. 请你继续讲故事。
4. 他们打算在哪儿实习？
5. 这家公司考虑去中国投资。
6. 夜里她不敢一个人回家。

8.8.3 (Lösungsbeispiele)
1. 我认为他做得不好。
2. 他希望马先生来帮忙。
3. 我还记得他们在这里工作过。
4. 张小姐证明你们都很努力。
5. 她估计你明天能到。
6. 这样做可以保证每个人都去实习。

8.9 Übungen zu 8.2.9–8.2.13

8.9.1
1. 哥哥送他一个玩具。
2. 钱老师教我们中国地理。
3. 他妹妹告诉他明天不上课。
4. 我妈妈提醒我早点睡觉。
5. 公司派我去开会。
6. 图书馆让他还词典。
7. 李经理要我出差。
8. 银行安排钱经理去北京工作。

8.9.2
1. 北京大学跟南京大学比赛排球。
2. 王小姐给她的学生讲了一个故事。
3. 钱先生借给公司十万欧元。
4. 他们结婚时我送给他们一张沙发。
5. 他给他爸爸提了一个很有意思的问题。
6. 张先生给他儿子买了一台电脑。
7. 大家都选他当班长。
8. 大风大雨给这里的人造成了很多困难。

8.9.3
1. nein
2. nein
3. 我给 / 替他还了几本书。ja
4. 这位老人请马先生给 / 替他写一封信。ja
5. nein
6. 我在图书馆给 / 替妹妹借了几本书。ja

8.9.4
1. 我们对学过的课文进行复习。
2. 她对新来的同学表示欢迎。
3. 老师对这学期的课进行了介绍。
4. 我们对明天罢课表示同意。
5. 我要对这件事加以了解。
6. 请大家对宿舍的情况加以讨论。
7. 公司要对这件事搞调查。
8. 她想对这个城市的交通情况做研究。

8.9.5
1. 哥哥要弟弟马上回家。
2. 公司安排马小姐去南京工作。
3. 大家都劝他坐飞机去。
4. 北京的朋友欢迎我下星期去北京。
5. 同学们祝张老师生日快乐。
6. 他打电话提醒我晚上看电影。
7. 大学要求留学生住在留学生宿舍。
8. 这里的风景使我想起了我的家乡。

8.9.6
1. 他把你哥哥介绍给了电脑公司。
2. 史先生把《家》这本小说翻译成了德文。
3. 我把那本旅游的书还给图书馆了。
4. 李小姐请我把欧洲地图挂到墙上。
5. 他们把玩儿跟休息结合起来。
6. 他们家把这间房间租给了一个留学生。
7. 我们把箱子放到汽车里。
8. 人们把没有农药的水果叫做生态(shēngtài)水果。
9. 很多人把抽烟跟交际联系在一起。
10. 他把旅游当做最开心的事。

8.10 Übungen zu 8.4

8.10.1

1. 帮帮忙, 搬搬家
2. 罢罢课, 参加参加
3. 吃吃饭, 出出差
4. 打打工, 复习复习
5. 欢迎欢迎, 回回家
6. 介绍介绍, 喝喝茶
7. 开开车, 开开门
8. 留留学, 起起床
9. 请请客, 上上课
10. 收拾收拾, 说说话
11. 讨论讨论, 跳跳舞
12. 修理修理, 休息休息
13. 学习学习, 游游泳
14. 准备准备, 做做饭

8.10.2

1. 我想休息休息。
2. 今天晚上我想跳跳舞，聊聊天。
3. 请你认真收拾收拾你的房间。
4. 这个月我想打打工，复习复习德语语法。
5. 我们想请他给你们上上课。
6. 请你好好地准备准备去中国的旅行。
7. 请你们讨论讨论这个问题。
8. 他们看看书，聊聊天，跳跳舞。

8.10.3

1. 你们要好好关心关心新同学。
2. 让他们多散散步。
3. 我们应该认真研究研究这本书。
4. 请他们仔细想想这个问题。
5. 他们得好好锻炼锻炼身体。
6. 请他多看看他的老朋友。

9 Modalverben

9.5 Übungen zu 9.2–9.3

9.5.1

1. 老师下午能来吗？老师下午没事，能来。
2. 今天的工作我做完了，可以回家了吗？你可以回家了。
3. 来德国上大学必须学好德语。
4. 学生宿舍能住多少人？能住 300 人。
5. 时间不多了，我们得走了。
6. 我想请他教我打太极拳，不知道他愿意不愿意？
7. 去德国旅游，应该看看柏林、慕尼黑和汉堡。
8. 孩子们为什么喜欢电脑？因为电脑要听人的命令。
9. 学生不应该整天坐在电视机前。
10. 他想抽烟，但不知道可以不可以。

9.5.2

1. 我必须去中国学汉语。
2. 我想把书寄到南京。
3. 她想骑自行车回家。oder: 她想回家骑自行车。
4. 我得把这件事告诉我的朋友。
5. 这件事情不能被他知道。
6. 你应该把词典放在桌子上。
7. 我和他都想晚上去跳舞。
8. 你们应该马上去火车站找他。

9.5.3

1. 今天晚上我不用去医院看小王。
2. 有钱了，我不用打工了。
3. 他们不想参加比赛。
4. 我不用学会打字。
5. 电影院里不能抽烟。
6. 火车票没买到，我们不能走。
7. 这本小说不用看。

8. 他们都不愿意去投资。
9. 天亮了，小王不想睡觉。
10. 这些孩子不用学钢琴。

9.5.4

1. 他想坐火车去昆明，因为能多看看。
2. 很多中国孩子往往只能星期六看一个小时的电视。
3. 很多中国孩子必须吃很多他们不想吃的东西。
4. 很多年轻夫妇不想生孩子，因为他们太忙了。
5. 您能不能介绍一下您的书？
6. 很多上海人不愿意去其他地方工作。
7. 他不知道办公室里不 能 / 可以 抽烟。
8. 如果他有困难，我们应该帮助他。

9.6 Übungen zu 9.4

9.6.1

1. 他会请我吃饭。
2. 这么多练习妹妹今天能做完。
3. 这本小说张老师 应该 看过。
4. 他哥哥应该会开车。
5. 我姐姐今天会回家。
6. 我哥哥会 跟我们去看电影。

9.6.2

1. 明天会下雨吗？
2. 钱先生应该到南京了。
3. 他应该知道这件事了。
4. 他今天还会来吗？
5. 你朋友应该会说汉语吧。
6. 这个问题他应该自已能解决。

10 Eigenschaftsverben

10.5 Übungen zu 10.1.1

10.5.1

1. 这几天很热。/ 这几天热了。
2. 他的信很短。/ 他的信短了。
3. 这件衣服很旧。/ 这件衣服旧了。
4. 这台电脑很轻。
5. 他的个子很高。/ 他的个子高了。
6. 这条河很深。
7. 钱老师家的书很多。/ 钱老师家的书多了。
8. 这杯咖啡很苦。

10.5.2

1. 这是一件很亮的房间。
2. 房间里有两个旧书架。
3. 书架上放着好几本厚厚的书。
4. 书架旁边是一张新书桌。
5. 书桌上有一台很新的电脑，
6. 还有几枝黑铅笔。
7. 书桌旁边有一张小的白沙发。
8. 沙发上放着一只大老虎。

10.5.3

1. 医生让他少吃一点。
2. 昨天他们多喝了几瓶啤酒。
3. 小王早上喜欢慢跑。
4. 哥哥让弟弟快告诉他。
5. 他们轻轻地读了一遍生词。
6. 马先生重重地敲了几下门。
7. 请你好好地学跳舞。
8. 这个李小姐多挣了一百元。

10.5.4

1. 哥哥比我高十公分。
2. 王先生又多了一个德国朋友。
3. 马小姐少了一只手套。
4. 他们家比我们家远五公里。
5. 这套房子比那套贵二百五十欧元。
6. 他比他弟弟重三公斤。

7. 南京比北京热三度。
8. 他的手机比我的轻五克。

10.5.5

1. 弟弟吃得很饱。
2. 王老师说得对。
3. 这棵树长得很快。
4. 姐姐想得很多。
5. 哥哥穿得少。
6. 这本书我看得很慢。
7. 这家公司发展得非常快。

10.6 Übungen zu 10.1.2–10.1.4

10.6.1

很大的房子, **很**多学生
很认真的老师, **很**好的电影
很白的墙, 红衣服
很漂亮的公园, **很**干净的教室
雪白的花瓶, 冰凉的手
很高兴的样子, **很**复杂的情况
金黄的头发, **很**简单的问题

10.6.2

红(**的**)沙发, 很高**的**书架
远路, 最近**的**新闻
干净(**的**)房间, 很安静**的**地方
容易**的**问题, 健康**的**工人
笔直**的**路, 困难(**的**)决定
关键(**的**)时候 / 时刻, 整整齐齐**的**书架
高高兴兴**的**时候

10.6.3

1b. 他的头发花白。
2b. 弟弟的衣服非常干净。
3b. 这件事十分复杂。
4a. 他的手冰凉。

10.6.4

1. 大家早来了。
2. 他们都很认真地学习英语。
3. 我们轻轻松松地聊聊天。
4. 医生安静地坐在那儿。
5. 花经理高兴地喝了一杯酒。
6. 老师们认真讨论这个问题。

10.6.5

1. 孩子们玩得很高兴。
2. 这位老师的课上得很认真。
3. 他的房间收拾得非常马虎。
4. 他的汉语说得很漂亮。
5. 我的任务完成得比较轻松。
6. 这个问题他们说明得非常清楚。
7. 这本小说他看得很仔细。
8. 这些生词我背得烂熟。

10.7 Übungen zu 10.1.5

10.7.1

1. 到了夜里，公园里静悄悄的。
2. 王经理的讲话干巴巴的。
3. 他喝了很多酒，现在脸上红通通的。
4. 春天到了，这里的草地绿油油的。
5. 这座山光秃秃的。
6. 妹妹在爸爸面前说话慢吞吞的。
7. 刚做好的菜热乎乎的。
8. 马先生八十多岁了，现在糊里糊涂的。

10.7.2

1. 今天很冷，你得多穿点衣服。
2. 现在黑白照片越来越少，彩色照片越来越多。
3. 解决这个问题不很容易，需要很多时间。
4. 他的房间总是乱糟糟的。
5. 图书馆里很安静。
6. 请你说话声音轻一点。
7. 我们慢慢地骑着自行车，觉得很舒服。
8. 这个老师讲课干巴巴的，没意思。

10.7.3

1. 天黑沉沉的，快要下雨了。
2. 图书馆里静悄悄的。
3. 他慢吞吞地说，他太累了，想休息一会儿。

4. 这里人太多，让人觉得乱糟糟的。
5. 下雨以后，风吹得凉飕飕的。
6. 他弟弟把房间涂(tú)得红通通的。
7. 小张慌里慌张地跑进了教室。
8. 钱先生糊里糊涂地把钱包丢了。

10.8 Übungen zu 10.2

10.8.1

1. 大型企业
2. 彩色电视机
3. 公共汽车
4. 新式电脑
5. 日常生活
6. 长期努力
7. 古典音乐
8. 黑白老照片

10.8.2

1. 小型汽车
2. 老式房子
3. 困难的任务
4. 勇敢的孩子
5. 严重的情况
6. 快乐的人
7. 男人
8. 漂亮的汽车

10.8.3

1a. 今天的早餐是西式的。
2a. 这里森林是天然的。
3a. 这种工作很复杂。
4b. 他喜欢的小说是古典的。

10.9 Übungen zu 10.3

10.9.1

1. **漂亮** → 漂漂亮亮
2. **干净** → 干干净净
3. **安静** → 安安静静
4. **红通通**
5. **干巴巴**
6. **金黄** → 金黄金黄
7. **笔直** → 笔直笔直
8. **清楚** → 清清楚楚
9. **漆黑** → 漆黑漆黑
10. **完全** → 完完全全
11. **认真** → 认认真真
12. **整齐** → 整整齐齐
13. **马虎** → 马马虎虎
14. **雪白** → 雪白雪白
15. **冰冷** → 冰冷冰冷
16. **慢吞吞**

10.9.2

1. 这个问题简简单单的。
2. 这个公司普普通通的。
3. 她的脸雪白雪白。
4. 妹妹的手冰凉冰凉。
5. 小钱轻轻松松地完成了任务。
6. 孩子们安安静静地在看电视。
7. 房间打扫得干干净净的。
8. 他弟弟玩电脑玩得高高兴兴的。

10.10 Übungen zu 10.3.3

10.10.1

1. 安静: 安安静静，安静安静
2. 冷静: 冷冷静静，冷静冷静
3. 高兴: 高高兴兴，高兴高兴
4. 马虎: 马马虎虎，马虎马虎
5. 轻松: 轻轻松松，轻松轻松
6. 舒服: 舒舒服服，舒服舒服
7. 热闹: 热热闹闹，热闹热闹

10.10.2

1. 现在上课了，请大家安静安静。
2. 他做事不太认真，总是马马虎虎的。
3. 为了让大家高兴高兴，公司明天请大家看电影。
4. 中午休息的时候，马小姐喜欢散散步，轻松轻松。
5. 王经理舒舒服服地休息了一个星期。
6. 完成了作业以后，他们高高兴兴地去踢足球了。
7. 请大家冷静冷静，不要着急。
8. 新年到了，我们一起热闹热闹吧。

10.11 Übungen zu 10.4

10.11.1

1. 她去过很多地方。
2. 我已经学了不少生词了。
3. 他们的德语水平提高了很多。
4. 美国电影王小姐看了不少。
5. 知道这件事的人很多 / 很少。
6. 他们家的中文书不少 / 不多。
7. 他弟弟很少玩电脑。
8. 巧克力他姐姐很少吃。

10.11.2

1. 我们买了不少 / 很多词典。
2. 不少人不知道这个字怎么写。
3. 他喝了不少 / 很多啤酒以后，说了很多话。
4. 你们得多想想，怎么解决这个问题。
5. 他虽然说得不多，却很客气。
6. 我不需要很多朋友，但需要真正的朋友。

11 Adverbien

11.16 Übungen zu 11.2

11.16.1

1. 这不是图书馆的书。
2. 马老师今天不上课。
3. 张先生不骑自行车。
4. 这种工作不(很)舒服。
5. 她在学习上不(很)认真。
6. 他姐姐不想散步。

11.16.2

1. 我没学开车。
2. 他没看电视。
3. 他们没去过柏林。
4. 我们没喝过白酒。
5. 我没学过中文。
6. 马小姐没病。

11.16.3

1. 我不坐飞机去。
2. 我没有中国地图。
3. 我没打电话。
4. 我不知道这个字怎么写。
5. 我昨天没买电脑。
6. 他不是从中国来的。
7. 他没在上海住过。
8. 他没在德国工作过。

11.16.4

1. 我不姓张，我姓花。
2. 我不 / 没想看电视。
3. 他现在不忙。
4. 没有电脑我怎么工作？
5. 他们知道不知道今天罢课？
6. 你想没想过这个问题？
7. 这个星期我哪儿都不去，想在家里休息休息。
8. 我没听说过这件事，你能不能告诉我？

11.16.5

1. 你回不回家？
2. 你喝不喝绿茶？
3. 你去没去过西安？
4. 你看没看过这部电影？
5. 你想不想学俄语？
6. 你能不能帮我忙？
7. 公司买没买汽车？
8. 公司去没去中国投资？

11.16.6

1. 我哥哥不住在家里了。
2. 我姐姐不踢足球了。
3. 王小姐没有事了。
4. 马先生没有办法了。
5. 明天没有雨了。
6. 小钱不想坐飞机了。

11.16.7
1. 别听收音机了。
2. 别说话了。
3. 这件事别告诉他。
4. 自行车别借给他。
5. 别把钱花完。
6. 别把这件事忘了。

11.17 Übungen zu 11.3

11.17.1
1. 昨天很冷，今天更冷。
2. 这辆车贵，那辆车更贵。
3. 他比较喜欢和 / 跟我打乒乓球。
4. 王先生对欧洲比较了解。
5. 美国公司对你最合适。
6. 他最喜欢在床上看电视。
7. 他爸爸最喜欢去中国旅游。
8. 听到这个消息，他高兴极了。
9. 几年来东西越来越贵了。

11.17.2
1. C: 这本书很厚。
2. C: 我买了一台很贵的电脑。
3. B: 他们对这个工作很满意。
4. C: 弟弟每天都忙得很。
5. A: 小明很喜欢踢足球。
6. B: 大家都很高兴地在聊天。

11.17.3
1b. 我们三个人中他最高。
2b. 这部电影太有意思了。
3b. 我们都很喜欢打网球。
4a. 他们最近忙得很。
5b. 慕尼黑人多，汉堡人更多，柏林人最多。
6b. 我很愿意去北京。

11.17.4
1. 今天比昨天更冷。
2. 他有三个手机，最贵的 500 欧元，最便宜的 100 欧元。
3. 他的日文说得不错，但中文说得更好。
4. 我最不喜欢早上八点上课。
5. 这件衣服漂亮极了。
6. 找到了好工作，她多么高兴啊。
7. 那部电影没意思，这部还算比较有意思。
8. 我很愿意帮助你，可是你自己也得努力啊。
9. 这里的人太多了!

11.17.5
1. 雨越来越大。
2. 现在的工作越来越有意思。
3. 马经理越来越喜欢跳舞。
4. 她越来越不相信政治家。
5. 钱先生讲得越多，张先生越害怕。
6. 她的书法写得越来越漂亮。oder 她的书法越写越漂亮。

11.18 Übungen zu 11.4

11.18.1
1. 我正想去打工，电话响了。
2. 他在准备明天的考试。
3. 你在哪儿？我们正到处找你呢！
4. 王老师一直在想，这个问题怎么解决。
5. 他正在看电视，不想吃饭。
6. 我们正要下课，他走进了教室。
7. 他正在公司工作，不能回家。
8. 我们正在读一本德国小说。

11.18.2
1. 他在看报。
2. 我给我姐姐打电话的时候，她正在做饭。
3. 一个星期以来他一直在写他的作业。
4. 我在图书馆时，他在收拾房间。
5. 下雨时，我们正在散步。
6. 她在担心她的新汽车。

11.19 Übungen zu 11.5

11.19.1
1. 我已经知道这件事了。

2. 我曾经在王老师那儿学过书法。
3. 西安曾经是世界上最大的城市。
4. 现在，不会用电脑的人已经很少了。
5. 你毕业的时候，我已经工作了。
6. 他们俩曾经是好朋友。
7. 他已经不是十几岁的孩子了。
8. 他曾经学过法律，现在已经不学了。

11.19.2

1. 请你轻一点，妹妹刚睡。
2. 我刚到家，你就来了。
3. 那封信已经寄走了。
4. 从南方来的同学已经习惯北方的生活了。
5. 王先生出差刚回来。
6. 旅游的事大家已经讨论了。

11.19.3

1. 刚才我在图书馆看见她了。
2. 钱老师刚从图书馆回来。
3. 刚才下雪了。
4. 小李刚想去游泳，外面下大雨了。
5. 他们刚才帮助小明复习生词了。
6. 我刚认识他，还不太了解他。

11.20 Übungen zu 11.6–1.7

11.20.1

1. 早上他总是先看报。
2. 艺术家的头发往往很长。
3. 他们不常去锻炼身体。
4. 我们往往坐地铁进城。
5. 周末我常常跟我弟弟聊天。
6. 钱先生往往工作到夜里。

11.20.2

1a. 他有了问题往往找高老师，不找王老师。
2a. 到了北京以后，我会常常给你打电话的。
3a. 我不常常给她打电话。
4a. 四十岁以上的人往往不愿意换工作。

11.20.3

1. 我们先往东，还是先往西？
2. 她早就会写汉字了。
3. 他们先以为汉语很难，学了以后才知道不太难。
4. 王先生早和他的妻子去旅游了。
5. 陈老师先在黑板上画了一个苹果，然后问大家。
6. 面包早坏了。

11.21 Übungen zu 11.8–11.11

11.21.1

1. 请你等一下，我马上来。
2. 八点上课，小张七点已经来了。
3. 王先生只去过日本。
4. 飞机马上要起飞了。
5. 公司里只来了三个人。
6. 一上床她马上睡着了。
7. 李先生只会说一句德文。
8. 他一上课马上头疼。

11.21.2

1. 马先生刚到北京。
2. 刚毕业她就找到了一个好工作。
3. 他爸爸昨天晚上八点才回家。
4. 我爸爸吃完晚饭以后就上网。
5. 今年才下了一次 / 场雪。
6. 一年以后公司将派我去美国。

11.21.3

1. 我们马上就到家了。
2. 飞机就要起飞了。
3. 足球比赛将在上海进行。
4. 明年公司将派一个人去法国。
5. 他一起床就看报纸。
6. 他们将在三个月以后结婚。

11.21.4

1. 这部电影他不喜欢，看了几分钟就不看了。

2. 上海有两千万人，汉堡才一百七十万。
3. 他先工作了几年，三十岁才上大学。
4. 她太累了，晚上八点就睡觉了。
5. 今年比较冷，十月就下雪了。
6. 张老师早上五点半就去公园打太极拳了。
7. 他玩电脑玩到早上六点才睡觉。
8. 他四十岁才学会开车。

11.22 Übungen zu 11.12–11.14

11.22.1

1. 我想再去一次西安。
2. 他又买了一本德语小说。
3. 下个星期他又要出差了。
4. 我们看完电影以后再讨论怎么样？
5. 陈小姐再也不吃肉了。
6. 他们不再讨论这个问题了。

11.22.2

明天又是星期天了。我问小张，想不想再去看电影。他说想，还问我小王去不去。我又打电话问小王。小王说，他星期一考试，还得复习功课，所以不能去。他说他没钱了，有时间还要去打工。我告诉他，星期一我也要考试，但星期天我得放松放松。

11.22.3

1. C
2. C
3. C
4. A
5. B
6. C

11.23 Übungen zu 11.15

11.23.1

1. 那里的人都很客气。
2. 他的女儿都上了大学。
3. 我姐姐 / 妹妹每天都吃水果。
4. 都一月了，还没有下过雪。
5. 父亲和女儿一起去博物馆。
6. 他们一共看了三个展览。
7. 过生日他只 / 就请了五个人。
8. 这本书我只 / 仅仅看了三页。

11.23.2

1. 他们都不抽烟了。
2. 德国现在到处都有中餐馆。
3. 他不想多工作，只想舒服。
4. 只有学好了德语，才能来德国上大学。
5. 别人都在打扫教室，只有他在打电话。
6. 中国的大城市我只有重庆没去过，其它的都去过了。
7. 中国的家长都希望自己的孩子能上大学。
8. 在中国，一个家庭一般只可以生一个孩子。
9. 中国的很多河流都被污染了。

11.23.3

1. 谁跟我一起去南京留学？
2. 你们一共有多少人？
3. 我们一起坐火车去柏林吧。
4. 他喜欢跟哥哥姐姐在一起。
5. 我在北京一共花了两千欧元。
6. 我们一共就四个人，汽车里能坐下。
7. 他们是老同学，一起在大学学了四年。
8. 三个玩具一共多少钱？

12 Präpositionen

12.12 Übungen zu 12.1-12.2

12.12.1

1a. Verb
1b. Präp
2a. Präp
2b. Verb
3a. Präp
3b. Verb
4a. Präp
4b. Verb
5a. Verb
5b. Präp
6a. Verb
6b. Präp

12.12.2

1. 我们对你的工作很满意。
2. 他们今天在大学图书馆学习。
3. 因为工作我早上六点钟起床。
4. 我昨天给她打电话了。
5. 我想跟王老师借一本书。
6. 他跟我一起坐飞机去北京。

12.13

12.13.1

1. 我在家的时候喜欢睡觉。
2. 我们在学中文的同时也学经济。
3. 他们想在办公楼外打太极拳。
4. 李老师在这一年里一直很忙。
5. 我(在)过完生日以后马上给你打电话。
6. 词典放在书架上。
7. 上海和汉堡之间的关系非常好。
8. 身高在一米以下的学生不用买票。

12.13.2 (Keine Lösungsvorgaben)

12.13.3

1. 他从明天起学开车。
2. 离星期天还有三天。
3. 从上海到南京有三百公里。
4. 我从图书馆去你那儿。
5. 教室离食堂只有两百米。
6. 这里离海边不远。

12.14 Übungen zu 12.4

12.14.1

1. 下课以后同学们往 / 向外走。
2. 黄河从西往东流向大海。
3. 开往汉堡的火车还没有到。
4. 她喜欢朝窗户坐。
5. 我向他学了做中国饭。
6. 火车站在西边，你应该先往东，然后往西走。
7. 这封信是寄往德国的。
8. 她朝我笑了笑，说欢迎欢迎。

12.14.2

1. 请大家向右看，那儿就是长江。
2. 我想去电影院，往南走还是往北走？
3. 她喜欢把照片往墙上挂。
4. 我们一起朝出租车喊。
5. 开往北京的火车很舒服。
6. 我应该向你学习，每天去游泳。

12.15

12.15.1

1. 你在对谁说话？
2. 他在给谁打电话？
3. 德国朋友对她很热情。
4. 我们给她送去一本地图。
5. 我寄一封信给我的同学。
6. 他给我讲了一个故事。
7. 对这个问题我们要好好想想。
8. 她对学习很认真。

12.15.2

1. 老师对同学们表示欢迎。
2. 我们对中国历史进行研究。
3. 他们对你们的想法表示了同意。
4. 公司的经理对他们进行了批评。
5. 公司对你的工作表示非常满意。
6. 我们对汉语语法好好进行学习。

12.15.3

1. 她跟她妈妈一样高。
2. 北京比南京大。
3. 汉堡的天气跟上海的天气不一样。
4. 他的学习跟我的学习差不多。
5. 他比我多学了一年汉语。
6. 她做饭比你做得好。
7. 这家公司不比那家公司大。
8. 这张椅子跟那张椅子一样舒服。

12.16 Übungen zu 12.6

12.16.1

1. 啤酒被/叫/让/给我们喝完了。
2. 我的自行车被/叫/让/给他借走了。
3. 他被/叫/让/给经理批评了。
4. 今天的报纸被/叫/让/给他拿走了。
5. 他们家的汽车被/给卖了。
6. 大学的客人被/叫/让/给我们接走了。
7. 这件事情怎么被/叫/让/给他知道的?
8. 那本德汉词典被/叫/让/给我找到了。

12.16.2

1. 我把茶喝了。
2. 她把自行车修好了。
3. 他想把房间收拾好。
4. 我们把生词复习了一下。
5. 我把这件事忘记了。
6. 她弟弟把衣服穿好了。
7. 他们能把这部电影看完。
8. 我姐姐想把这本中文书带回家。

12.16.3

1. 教室里的电视机被修理好了。
2. 请您把这个句子翻译成英文。
3. 中国来的朋友被他接/送回家了。
4. 请你把自己介绍一下。
5. 您能马上把书还给图书馆吗?
6. 他想把他的学习计划写完。
7. 他哥哥经常被老师批评。
8. 词典被放回了书架。

12.17 Übungen zu 12.7–12.11

12.17.1

1. 他为/为了学习打工。
2. 我根据你说的地址找到了他家。
3. 除了星期天他每天都工作。
4. 随着经济的发展,很多人都买了汽车。
5. 除了柏林以外慕尼黑和汉堡的人口也超过了一百万。
6. 因为/由于工作她不能来跟你一起过生日。
7. 除了你我谁都不认识。
8. 随着天气的变化,散步的人越来越少。
9. 按照公司的规定我们星期六也要工作。
10. 他为我去了一趟法国。

12.17.2

1. 除了英语和法语她还会说俄语。
2. 除了跳舞以外他对什么都不感兴趣。
3. 根据他的建议我想秋天去北京。
4. 按照大学的规定大学生们必须(去外国)留学半年。
5. 随着学生人数的增加老师越来越忙。
6. 随着汉语水平的提高他现在懂得越来越多。

13 Konjunktionen

13.10

13.10.1

1. 李老师和她的儿子一起去图书馆。
2. 我去了北京和东京。
3. 小张星期一和星期五没课。
4. 哥哥买了小说和巧克力。
5. 钱经理喜欢游泳和散步。
6. 他的汉语在发音和表达方面进步很快。

13.10.2

1. 上海和北京是中国最大的城市。
2. 爸爸修自行车既快又好。
3. 他对自己的学习和工作都很满意。
4. 妈妈去了商店并且买了一盆花。
5. 我们应该帮助他，而不是不管他。
6. 大家讨论和 / 并且通过了这个计划。

13.10.3

1. 他们又喝咖啡又喝茶。Sie trinken sowohl Kaffee als auch Tee.
   他们不仅喝咖啡而且喝茶。Sie trinken nicht nur Kaffee, sondern auch Tee.
   他们既喝咖啡又喝茶。Sie trinken sowohl Kaffee als auch Tee.
2. 王小姐又会说英文又会说日文。Fräulein Wang kann sowohl Englisch als auch Japanisch sprechen.
   王小姐不仅会说英文而且会说日文。… kann nicht nur Englisch, sondern auch Japanisch sprechen.
   王小姐既会说英文又会说日文。… kann sowohl Englisch als auch Japanisch sprechen.
3. 北京烤鸭不仅在中国很有名，而且在世界上也很有名。Peking-Ente ist nicht nur in China, sondern auf der ganzen Welt sehr berühmt.
4. 妹妹又想学德语，又怕没时间。…möchte einerseits Deutsch lernen und fürchtet andererseits, keine Zeit zu haben.
   妹妹既想学德语，又怕没时间。…möchte einerseits Deutsch lernen und fürchtet andererseits, keine Zeit zu haben.
5. 客人们在这里吃得又好又不贵。… essen hier gut und billig.
   客人们在这里吃得不仅好而且不贵。… essen hier nicht nur gut, sondern auch billig.
   客人们在这里吃得既好又不贵。… essen hier gut und billig.
6. 前天他们不仅玩了长城、北海，而且看了一位老朋友。Vorgestern waren sie nicht nur an der Großen Mauer und im Beihai-Park, sondern haben auch einen alten Freund besucht.
   前天他们既玩了长城、北海，又看了一位老朋友。(wie a)
   前天他们玩了长城、北海，此外，还看了一位老朋友。Vorgestern waren sie an der Großen Mauer und im Beihai-Park, außerdem haben sie einen alten Freund besucht.

13.11 Übungen zu 13.4–13.5

13.11.1

1. 他想学汉语，但是不想写汉字。
2. 小王请他帮忙，他却说没时间。
3. 她的文章简短而生动。
4. 已经一月了，天气却很暖。
5. 我不是去游泳就是去看电影。
6. 姐姐只想躺一会儿，而不是想睡觉。
7. 张先生不是不想过生日，而是不知道要请多少人。
8. 爸爸今天不但把饭做好了，而且收拾了房间。

13.11.2

1. 你星期三还是星期四有空？
2. 我们下个月或者下下个月去旅游。
3. 他们想坐飞机还是想坐船？
4. 你弟弟想学太极拳还是猴拳？
5. 雨不大，带雨衣或者雨伞都可以。

13.12 Übungen zu 13.6-13.7

13.12.1

1. 因为太累了，所以他想马上上床。
2. 由于天气太冷，操场上没有人。
3. 不管做什么工作，他都做得很认真。
4. 我们现在必须去车站，不然就赶不上(公共)汽车了。
5. 只有听完了故事他才上床睡觉。
6. 因为还有很多事，所以他不等你了。

13.12.2

1. 弟弟因为病了，所以今天没去上课。
2. 只有多打几天工，我才有钱去度假。
3. 要是没去过长城，就不知道长城多么好看。
4. 不管你什么时候来，我都在家等你。
5. 妹妹一定有急事，不然不会现在打电话。
6. 谢小姐又想去度假，又想学开车。

13.13 Übungen zu 13.8-13.9

13.13.1

1. 为了让翻译翻得更好，王经理说话说得很清楚。Damit die Übersetzerin besser übersetzen kann, spricht Herr Wang sehr deutlich.
2. 越来越多的人坐地铁上班，为的是减少环境污染。Immer mehr Menschen fahren mit der U-Bahn zur Arbeit, um die Umweltverschmutzung zu verringern.
3. 虽然他是外地人，但是他觉得在北京很舒服。Obwohl er von auswärts kommt, fühlt er sich in Beijing sehr wohl.
4. 尽管大家想了很多办法，但是问题还是没有解决。Obwohl sich alle viele Möglichkeiten ausgedacht haben, gibt es noch keine Lösung für das Problem.

14 Aspektpartikeln

14.4 Übungen zu 14.2–14.3

14.4.1

1. 同学们在看着地图。
2. 我去的时候王先生在办公室里打着电话。
3. 教室的门关着。
4. 花园里的花开着。
5. 大家在那儿等着你呢。
6. 他们躺着看报。
7. 张先生听着音乐看书。
8. 我们笑着骑车。

14.4.2

1a. 老人们在花园里坐着。
2b. 她哥哥在沙发上躺着。
3b. 一瓶啤酒放在桌上。
4a. 火车里坐着很多人。

14.4.3

1. 她还在想着这件事。
2. 他在家看着足球比赛。
3. 我们在运动场上慢慢跑着。

4. 他弟弟还在学着法语。
5. 老师讲故事的时候，同学们都在听着。
6. 她一直在帮着我。
7. 一个病人在床上躺着。
8. 他手上拿着一张报纸。

14.4.4

1. 他曾经学过日语。
2. 我爸爸去过慕尼黑。
3. 她曾经当过老师。
4. 我朋友打过网球。
5. 我们曾经一起写过书。
6. 他们还没参观过工厂。
7. 这三个月她还没休息过。
8. 我弟弟还没玩过这个玩具。

15 Strukturpartikeln

15.4 Übungen zu 15.1

15.4.1

1. 今天的报纸
2. 这辆自行车
3. 一家公司
4. 四分之一的书
5. 很老的电话
6. 舒服的生活
7. 老朋友
8. 我姐姐
9. 很多邮票
10. 不少时间
11. 一房间的人
12. 一箱一箱的衣服

15.4.2

1. 这是学中文的学生。
2. 那是很有名的大学。
3. 这是一封他写的信。
4. 那是他喜欢听的中国音乐。
5. 我看刚买的书。
6. 她吃她妈妈做的饭。
7. 我们看介绍中国的电视。
8. 她骑刚修好的自行车。

15.4.3

1. 一封刚写好的信
2. 这位教英语的老师
3. 我(的)那辆旧自行车 oder 我那辆旧的自行车
4. 北京的许多大学生
5. 中国五千年的历史 oder 中国的五千年历史
6. 公司里(的)那间最大的办公室

15.5 Übungen zu 15.2

15.5.1

1. 弟弟慢慢(地)吃。
2. 哥哥大声(地)唱。
3. 姐姐认真(地)做。
4. 妹妹安静地听。
5. 爷爷一本一本(地)写。
6. 奶奶慢慢(地)散步。
7. 爸爸一辆一辆(地)修。
8. 妈妈一间一间(地)打扫。

15.5.2

1. 请你们快走，好不好？
2. 图书馆里应该轻轻地说话。
3. 他们高高兴兴地玩着电子游戏。
4. 同学们非常安静地听老师讲故事。
5. 王小姐和客人们不停地用英语在说话。
6. 为了找书，小马一个房间一个房间地看。
7. 他们俩边吃边喝地看完三部电影了。
8. 小明在教室里像机器人一样地走路。

15.5.3
1. 我们要认真(地)工作。
2. 茶要一口一口(地)喝。
3. 王经理客气地递给他一支烟。
4. 他们非常快地把咖啡喝完了。
5. 同学们又说又笑地离开了操场。
6. 她像老朋友一样地关心我们。

16 Modalpartikeln

16.6.1
1. 这是北京大学吗？
2. 马先生是老师吗？
3. 他饿了吗？
4. 弟弟回家了吗？
5. 他们想去中国学习吗？
6. 姐姐跟妹妹去过邮局吗？
7. 明天会下雪吗？
8. 他说德文你听得懂吗？

16.6.2
1. **我**想去游泳。你呢？
2. **哥哥**去看电影了。弟弟呢？
3. **昨天**天气不好。今天呢？
4. **咖啡**她不喝。茶呢？
5. **这张照片**不错。那张呢？
6. 我不看**这本书**。那本呢？

16.6.3
1. 王小姐到北京了吧。
2. 李先生喜欢喝茶吧。
3. 他们不高兴了吧。
4. 姐姐不想去吧？
5. 我们上课吧！
6. 请你去医院吧！
7. 把作业写完吧。
8. 明天八点再见吧。

16.6.4
1. 他是你的好朋友吗？/他是你的好朋友吧？
2. 我们喝什么茶呢？
3. 他们应该到家了吧？
4. 你想坐飞机去吗？/你想坐飞机去吧？
5. 在哪儿能借到这本书呢？
6. 坐火车太慢。坐飞机呢？
7. 先把自行车修好吧。
8. 你到家了没有？没有，我还在火车上呢。

17 Partikel 了

17.4 Übungen zu 14.1.3–14.1.12

17.17.1
1. 我弟弟写信了。
2. 我姐姐写了一封信。
3. 她买了三本练习本。
4. 桌子干净了。
5. 她今天洗澡了。
6. 我们今天去了书店、邮局和食堂。
7. 他姐姐喝咖啡了。
8. 王先生坐了一个小时火车。
9. 我们大家休息了三十分钟 。
10. 李老师教了一年德国文学。
11. 他弟弟洗澡洗了二十分钟。
12. 留学生们讨论这个问题讨论了半天。

17.17.2
1. 今天我借书了。
2. 他帮助了他的同学。
3. 张先生吃中饭了。

4. 你学了多少汉字了？
5. 他今天没去火车站。
6. 我姐姐没复习生词。
7. 我昨天知道了这件事。
8. 王先生没同意我们的计划。

17.7.3

1. 她没舒服。
2. 他在学习上没认真。
3. 我弟弟没回家。
4. 张小姐没休息。
5. 李老师没睡觉。
6. 我妈妈昨天没去北京。
7. 王经理没喝五瓶啤酒。
8. 上午我们没上中文课和历史课。
9. 他的话我没听懂。

17.17.4

a)

1. 王先生做了二十分钟(的)饭了。
2. 同学们复习了三天(的)语法了。
3. 我们看了三个小时(的)电影了。
4. 李老师写了两年(的)小说了。
5. 他妹妹打了两个小时(的)电话了。
6. 他们几个人踢了一个小时(的)足球了。
7. 我哥哥玩了八个小时(的)电脑了。
8. 大家讨论了两天(的)问题了。

b)

1. 王先生做饭做了二十分钟了。
2. 同学们复习语法复习了三天了。
3. 我们看电影看了三个小时了。
4. 李老师写小说写了两年了。
5. 他妹妹打电话打了两个小时了。
6. 他们几个人踢足球踢了一个小时了。
7. 我哥哥玩电脑玩了八个小时了。
8. 大家讨论问题讨论了两天了。

c)

1. 饭王先生做了二十分钟了。
2. 语法同学们复习了三天了。
3. 电影我们看了三个小时了。
4. 小说李老师写了两年了。
5. 电话他妹妹打了两个小时了。
6. 足球他们几个人踢了一个小时了。
7. 电脑我哥哥玩了八个小时了。
8. 问题大家讨论了两天了。

17.17.5

1. 我们今天没游泳。
2. 弟弟早上没洗澡。
3. 这个月没热几天。 / 这个月热了没几天。
4. 她没帮我。/ 她帮我帮了不到一年。
5. 姐姐没听音乐。/ 姐姐听音乐听了不到三个小时。
6. 王老师没教书。/ 王老师教书教了不到二十年。
7. 我没修自行车。/ 我修自行车修了不到四个小时。
8. 公司没研究新产品。/ 公司研究新产品研究了不到五年。

17.17.6

1. 我几天没看报了。
2. 张经理三个星期没上班了。
3. 王小姐一个星期没买东西了。
4. 我们一年没见面了。
5. 很多年没这么冷了。
6. 他爸爸很长时间没这么高兴了。
7. 我们两年多没去旅游了。
8. 他们几个月没去图书馆借书了。

17.18 Übungen zu 17.13–17.16

17.18.1

1. 今天天气太好了。
2. 我们今天太高兴了。
3. 花经理这几天太忙了。
4. 王老师这个星期太累了。
5. 他工作太不认真了。
6. 我哥哥跑得太快了。

7. 张老师教得太好了。
8. 她妈妈做菜做得太好吃了。

17.18.2
1. 一年以后他们要来德国旅游了。
2. 还有两天就要开学了。
3. 明天他就要过生日了。
4. 还有三个星期我们就要毕业了。
5. 半个小时以后就要到北京了。
6. 他上完课马上就回家了。
7. 还有十分钟比赛就要开始了。
8. 他妹妹快要毕业了。

17.18.3
1. 我们曾经去过他家。
2. 他们正说着话呢。
3. 学生们已经下课了。
4. 王先生没喝过咖啡。
5. 我姐姐只去过一次柏林。
6. 现在大家都在地上坐着。
7. 她不想学化学了。
8. 这件事情我曾经了解过。

18 Komplemente

18.7 Übungen zu 18.1

18.7.1

a)
1. 他这几天忙得很。
2. 这个星期冷得很。
3. 这个房间大得很。
4. 那个公园漂亮得很。
5. 他的身体好得很。
6. 我住的地方离大学近得很。
7. 北京人说话有意思得很。
8. 上海的南京路热闹得很。

b)
1. 他这几天忙极了。
2. 这个星期冷极了。
3. 这个房间大极了。
4. 那个公园漂亮极了。
5. 他的身体好极了。
6. 我住的地方离大学近极了。
7. 北京人说话有意思极了。
8. 上海的南京路热闹极了。

18.7.2
1. 这张画好看得不得了。
2. 妹妹高兴得不想回家。
3. 他们生活得一天比一天好。
4. 他洗澡洗得地上都是水。
5. 这部电影紧张得让人害怕。
6. 她喜欢狗喜欢得让狗在床上睡觉。
7. 他们俩聊天聊得课都没上。
8. 钱先生挣钱挣得不知道自己姓什么了。

18.7.3

a)
1. 妹妹骑自行车骑得很慢。
2. 妈妈做面条做得好吃极了。
3. 王先生打太极拳打得很认真。
4. 谢老师介绍图书馆介绍得非常仔细。

b)
1. 自行车妹妹骑得很慢。
2. 面条妈妈做得好吃极了。
3. 太极拳王先生打得很认真。
4. 图书馆谢老师介绍得非常仔细。

c)
1. 妹妹自行车骑得很慢。
2. 妈妈面条做得好吃极了。
3. 王先生太极拳打得很认真。
4. 谢老师 图书馆介绍得非常仔细。

18.7.4
1. 弟弟走得不慢。
2. 妹妹吃得不快。

3. 他们休息得不多。
4. 他学汉语学得不轻松。
5. 小王做事做得不马虎。
6. 马先生看京剧看得不少。
7. 我朋友坐飞机坐得不多。
8. 她出差出得不少。

18.8 Übungen zu 18.2

18.8.1

1. 女儿的话她听懂了。
2. 这里早上能听见狗叫。
3. 怎么去电影院，我已经问清楚了。
4. 王老师的眼镜找到没有？ oder 王老师的眼镜找着没有？
5. 已经十一点了，儿子还没睡着。
6. 给市长的信写好了吗？
7. 他终于写完了他的毕业论文。
8. 那么多可乐你都喝光了？
9. 请你记住，音乐听多了也不好。
10. 他们带走了对北京的美好印象。

18.8.2

a)

1. 早饭做没做好？
2. 今天天气变没变冷？
3. 这部电影你看没看懂？
4. 我要的地图买没买到？
5. 弟弟把新自行车骑没骑坏？
6. 这个字他写没写错？

b)

1. 早饭做好了没有？
2. 今天天气变冷了没有？
3. 这部电影你看懂了没有？
4. 我要的地图买到了没有？
5. 弟弟把新自行车骑坏了没有？
6. 这个字他写错了没有？

18.8.3

1. 早饭没(有)做好。
2. 今天天气没(有)变冷。
3. 这部电影我没(有)看懂。
4. 你要的地图没(有)买到。
5. 弟弟没(有)把新自行车骑坏。
6. 这个字他没(有)写错。

18.8.4

1. 他一上车，火车门就关上了。
2. 妈妈一到家就忙起了花园里的活儿。
3. 请你把眼镜拿下来，让我检查一下。
4. 你妹妹在看书，请你把电视机关上。
5. 不要忘记写下你的电话号码。
6. 说起在德国留学的日子，他们总是非常高兴。
7. 我希望今天能吃上一顿真正的西餐。
8. 这套房子住得下五个人。
9. 再过半年我们就能住上新房子了。
10. A380 飞机特别大，坐得下 500 个人。
11. 弟弟说出了哥哥想说的话。

18.9 Übungen zu 18.3

18.9.1

1. 你说得太轻，我听不见。
2. 衣服太脏，洗不干净。
3. 箱子这么重，你拿得动吗？
4. 书这么多，你拿得了吗？
5. 这套房子太贵，我买不起。
6. 你看得完这么厚的书吗？
7. 这么多生词你记得住吗？
8. 我解决得了这几个问题。 oder 我解决不了这几个问题。

18.9.2

1. 他说得清楚说不清楚？
2. 你今天考得完考不完？
3. 姐姐借得到借不到那本小说？
4. 那辆红汽车你看得见看不见？
5. 这么多牛奶他喝得下喝不下？
6. 这几个故事老师讲得完讲不完？
7. 电脑你买得起买不起？
8. 这张沙发他搬得动搬不动？

18.9.3
1. 他说不清楚。
2. 我今天考不完。
3. 姐姐借不到那本小说。
4. 那辆红汽车我看不见。
5. 这么多牛奶他喝不下。
6. 这几个故事老师讲不完。
7. 电脑我买不起。
8. 这张沙发他搬不动。

18.10 Übungen zu 18.4.1

18.10.1
1. 请进来。
2. 请你们都上来吧。
3. 你们都回去吧。
4. 他们都出去了。
5. 请进房间来。
6. 请您上楼来。
7. 你可以回家去了。
8. 他想上邮局去。 oder 他想到邮局去。

18.10.2
1. A / B
2. A / B
3. A
4. A
5. A / B
6. A
7. A
8. A

18.11 Übungen zu 18.4.2

18.11.1
1. 她走过去。
2. 你可以跳上去。
3. 他们得跑回操场去。
4. 你们住到我这儿来吧。
5. 他妻子带回来一个好消息。/ 他妻子带回一个好消息来。/ 他妻子带一个好消息回来。
6. 她丈夫开回来一辆新汽车。/ 她丈夫开回一辆新汽车来。/ 她丈夫开一辆新汽车回来。
7. 张小姐想寄回去几本书。/ 张小姐想寄回几本书去。/ 张小姐想寄几本书回去。
8. 钱先生打算送一盒蛋糕过来。/ 钱先生打算送过来一盒蛋糕。

18.11.2
1a.
2a.
2b.
3a.
4b.

18.11.3
1. 爷爷在邮局等你，请你把这封信送过去。
2. 我现在在家，你马上把新游戏带过来吧。
3. 你哥哥在二楼，把苹果送上去吧。
4. 我们已经到了上海，你们也飞过来吧。
5. 已经夜里两点了，我只能坐出租车回去了。
6. 墙上那幅画儿请你拿下来，好不好？
7. 我们在楼下草地上，你把矿泉水带下来吧。
8. 公共汽车里挤(jǐ)满了人，我挤不进去。

18.11.4
1. 你一定要锻炼，不能这样胖下去了。
2. 我想不起来我们什么时候见过面的了。
3. 他这么喝下去，钱都喝光了，身体也喝坏了。
4. 看不出来你们俩是一家人。
5. 遇到这么大的风，火车只好停下来了。

6. 到了晚上，饭店里的人慢慢多起来了。
7. 等你在北京住下来以后，别忘了去看看王老师。
8. 当了经理以后，他慢慢地胖了起来。
9. 我能看出来，她是一位很有经验的医生。
10. 不少北京人吃起奶酪来了。

18.12 Übungen zu 18.6

18.12.1

1. 休息了两次。
2. 回家了三趟。
3. 看了五遍。
4. 看过三次。
5. 听过两遍。
6. 飞过六趟。
7. 请过一回。
8. 吃了一口。

18.12.2

1. 哥哥比弟弟大四岁。
2. 姐姐比妹妹高三公分。
3. 他来公司比我早三年。
4. 我的房间比弟弟的大两个平方米。
5. 他们比我晚毕业一个学期。
6. 今天来的人比昨天多几十个人。

19 Besondere Konstruktionen

19.6 Übungen zu 19.1

19.6.1

1. 是他在上海工作的。他是在上海工作的。
2. 是他妻子昨天休息的。他妻子是昨天休息的。
3. 小张买的是两本词典。
4. 我姐姐收拾的是我的房间。
5. 是王先生和他朋友一起坐飞机去德国的。王先生是和他朋友一起坐飞机去德国的。王先生和他朋友一起是 坐飞机去德国的。王先生和他朋友一起坐飞机去的是德国。oder 是王先生和他朋友一起坐飞机去的德国。王先生是和他朋友一起坐飞机去的德国。王先生和他朋友一起是坐飞机去的德国。王先生和他朋友一起坐飞机去的是德国。

19.6.2

1. 是谁 在上海工作的？他是在哪儿工作的？
2. 是谁昨天休息的？他妻子是什么时候休息的？
3. 小张买的是什么？
4. 你姐姐收拾的是什么？
5. 是谁和他朋友一起坐飞机去德国的？王先生是和谁一起坐飞机去德国的？王先生和他朋友一起是怎么去德国的？王先生和他朋友一起坐飞机去的是哪儿？oder 是谁和他朋友一起坐飞机去的德国？王先生是和谁一起坐飞机去的德国？王先生和他朋友一起是怎么去的德国？王先生和他朋友一起坐飞机去的是哪儿？

19.7 Übungen zu 19.2

19.7.1

1. 连王先生都不知道这件事。
2. 小明过生日的时候，连在北京的爷爷奶奶都来了。
3. 学了四年汉语，他连德汉词典都没有。
4. 他来德国二十年，连慕尼黑都没去过。
5. 这本杂志连图书馆里都没有。
6. 他连下雨的时候都跑步。

7. 我高兴得连觉也不 / 没睡。
8. 他气得连婚都不想结了。

19.7.2

1. 连谁都不知道这件事?
2. 小明过生日的时候，连谁都来了?
3. 学了四年汉语，他连什么都没有?
4. 他来德国二十年，连哪儿都没去过?
5. 这本杂志连哪儿都没有?
6. 他连什么时候都跑步?
7. 我高兴得连觉也怎么样?
8. 他气得连婚都怎么样了?

19.8 Übungen zu 19.3.1

19.8.1

a)

1. 哥哥比弟弟大一岁。oder 弟弟比哥哥小一岁。
2. 哥哥比弟弟重两公斤。oder 弟弟比哥哥轻两公斤。
3. 哥哥比弟弟矮两公分。oder 弟弟比哥哥高两公分。
4. 哥哥的房间比弟弟的大三个平方米。oder 弟弟的房间比哥哥的小三个平方米。
5. 哥哥的书比弟弟的多二十本。oder 弟弟的书比哥哥的少二十本。
6. 哥哥画画儿比弟弟画得好。哥哥画画儿画得比弟弟好。哥哥比弟弟画画儿画得好
7. 弟弟踢足球比哥哥踢得好。弟弟踢足球踢得比哥哥好。弟弟比哥哥踢足球踢得好。
8. 哥哥玩电脑比弟弟玩得好。哥哥玩电脑玩得比弟弟好。哥哥比弟弟玩电脑玩得好。

b)

1. 弟弟没有哥哥大。
2. 弟弟没有哥哥重。
3. 哥哥没有弟弟高。
4. 弟弟的房间没有哥哥的大。
5. 弟弟的书没有哥哥的多。
6. 弟弟画画儿没有哥哥画得好。
7. 哥哥踢足球没有弟弟踢得好。
8. 弟弟玩电脑没有哥哥玩得好。

19.9 Übungen zu 19.3.2–19.3.3

19.9.1

1. 姐姐比妹妹大。
2. 姐姐跟妹妹差不多一样重。
3. 姐姐跟妹妹差不多一样高。
4. 姐姐的房间跟妹妹的房间一样大。
5. 姐姐的书跟妹妹的一样多。
6. 姐姐跟妹妹画画儿画得一样好。姐姐画画儿跟妹妹画得一样好。姐姐画画儿画得跟妹妹一样好。
7. 姐姐跟妹妹一样不喜欢踢足球。

19.9.2

1. 汉堡的人口跟慕尼黑的不一样多。
2. 汉堡的外国人跟慕尼黑的不一样多。
3. 汉堡的面积跟慕尼黑不一样大。
4. 汉堡的地铁跟慕尼黑不一样多。
5. 汉堡的外国领事馆跟慕尼黑不一样多。
6. 汉堡足球队踢足球踢得跟慕尼黑足球队不一样好。

19.9.3

1. 小明不比小雨大 / 小。
2. 小明比小雨轻。
3. 小明比小雨矮。
4. 小明的房间不比小雨的房间大 / 小。
5. 小明的书比小雨少。
6. 小明画画儿画得不比小雨差。
7. 小明踢足球踢得比小雨好。

19.10 Übungen zu 19.3.4–19.3.5

19.10.1

1. 小猫一天比一天好玩。
2. 上历史课的人一次比一次少。
3. 他买的书一本比一本贵。
4. 小狗长得一天比一天大。

5. 这个公司的人工作得一个比一个努力。
6. 由于气候的变化夏天变得一年比一年热。

19.10.2

1. 弟弟像哥哥。
2. 这两个城市很像。
3. 这个地方不像学校，像公园。
4. 你的画儿很像他的画儿。
5. 他工作得不像钱先生那么轻松。
6. 她像妈妈那么高兴。

19.11 Übungen zu 19.4

19.11.1

1. 今天冷不冷？
2. 他们这几天忙不忙？
3. 你弟弟明天打不打工？oder 你弟弟明天打工不打工？
4. 王先生昨天散没散步？oder 王先生昨天散步没散步？
5. 你们买没买东西？oder 你们买东西没买东西？
6. 李小姐明天过不过生日？oder 李小姐明天过生日不过生日？
7. 他们去不去法国留学？
8. 公司想不想去中国投资？

19.11.2

1. 明天下不下雨？
   明天下雨不下？
   明天下雨不下雨？
2. 他回不回答这个问题？
   他回答不回答这个问题？
   他回答这个问题不回答？
   他回答这个问题不回答这个问题？
3. 钱先生翻没翻译这本书？
   钱先生翻译没翻译这本书？
   钱先生翻译这本书没翻译？
   钱先生翻译这本书没翻译这本书？
4. 你们明天参不参观博物馆？
   你们明天参观不参观博物馆？
   你们明天参观博物馆不参观？
   你们明天参观博物馆不参观博物馆？

19.12 Übungen zu 19.5

19.12.1

1. 计划被他改变了。
2. 他没被大家忘记。
3. 这个很难的问题被同学们解决了。
4. 自行车被小王骑到公司去了。
5. 北京被他走遍了。
6. 小天被老师批评了。
7. 1000 元被他一天就花了。
8. 他儿子被他接回家了。

19.12.2

1. 饭被妈妈做好了。
2. 车被他开走了。
3. 房间被我扫了又扫。
4. 信被小马交给王先生了
5. 那幅画被爸爸挂到了墙上。
6. 衣服都被姐姐洗了。
7. 那本德汉词典被他送给了别人。
8. 老虎被我弟弟画成了猫。

19.12.3

1. 那本杂志被拿走了。nein
2. 足球被弟弟找到了。ja
3. 那瓶啤酒被我喝了。ja
4. 我们的东西被忘在车里了。nein
5. 照相机被哥哥放在书架上了。ja
6. 大家都被弄得糊里糊涂的。nein

19.12.4

1. 这几个同学受到了老师的表扬。
2. 不少人受了这位作家的影响。
3. 这次考试受到大家的重视。
4. 这项运动很受人们的欢迎。
5. 他得到很多朋友的帮助。
6. 这个足球队得到这家公司的支持。
7. 他的汉语水平得到很快的提高。
8. 这个问题得到(了)很清楚的说明。

Register der deutschen Begriffe

Register der chinesischen Begriffe